富永譲・建築の構成から風景の生成へ

富永譲■建築の構成から風景の生成へ

富永譲■編著

鹿島出版会

建築が生まれるとき、建築家が生まれるとき――まえがきにかえて

富永　譲

建築はいったいどのように生み出されるのだろう。

　人間的な出来事の生起する容器――「建築」はまず、「どこにでも」ありえるような理想化された場所、普遍的な生活を「かた」として、脳内空間に収められた記憶から構想される。これまでの歴史、人間とその生活の履歴が刻み込まれたパターン、原型――抽象的な建築構成が呼び出される。しかし、個別の敷地、制作の展開する具体的な場所に当面すると、その原型は変容する。生成変容する主要な契機は、風土の自然であり、光であり、風であり、また制約が複雑に絡み合った固有な場所の特性のあれこれである。そして、また、そこにしか、最終的な建築形態の成立するしっかりとした根拠はないのだ。人間の履歴が刻み込まれた抽象的なパターンは次第に具体的な場所の陽射しを受けとめ土壌の養分を吸い上げ、根を張り、成長し、葉を拡げ、ときとともに独自のもの、「ここにしか」ない姿となり、ときに花を咲かせ、あたりに薫りをまき散らし内側から輝きを秘めたものとして場所に働きかけてゆく。建築の構成から風景の生成へと、跡形が消えてしまうまで長い時間関わっていくことになる。

　建築家にとって生成変容のプロセスをそのときどきで追ってゆくことこそ、設計であり、「建築を生きる」ことであり、制作の実態であり、ひとつの建築の生誕の物語であろう。

しかし、ひとりの人間の生成も同じではないか。人はどのように建築家になるのだろう。そして「教育」とはいったい何だろう。人間は生まれたとき、ほとんど何もできない。それが成長するにしたがって、まわりの環境に挑戦し、いろいろな経験を重ね、体と頭で覚えてゆく。這えば立て、立てば歩めの親心。つまり成長が、親や社会にとって嬉しいことだから、「早く」という気持ちは

誰でも持っている。しかし二段跳びや三段跳びで階段を上がってゆくようにすると、すぐに息切れがし、若いうちにして興味が燃え尽きてしまう。人間は一段からもう一段と行程を踏みしめてそこに無限に多くの意味を学ぶものだ。「早さ」が大切なのではない。むしろ回り道のプロセスにこそ個性は育つだろう。興味ある方向を見定め、そちら方向に根を伸ばし、そこから固有の経験を吸い上げ、ゆっくりと「どこにでも」ある人から「ここにしか」ない姿の建築家になってゆく熟成のプロセス。この本のなかで、少々立ち入った事柄ではあるが、育った家庭や場所——その人の生い育った空気に言及しているのも、すべての始まりがそこにあると思っているからだ。

幼少期の引越しや生活の場所の変化が、生育にどれだけ影響するか。自然への驚異の感覚、人間関係への目覚めが、ナイーブな心のなかに生まれ、感性の幅を押し広げ、人を変容させてゆくか、それは八人の建築家、建築史家との対話のなかでも尋ねてみたい事柄であった。親から受け継いだ履歴、その人の幼い本性は、生い育った空気のなかで生成変容してゆく。

大樹に隠れてひっそりとしていた樹木が、切り倒されたり、植え替えられたりした途端、新しい光を浴び、すくすくと、天空に向かって見違えるように枝葉を拡げ、開花してゆくことも稀ではない。悪いときも、いいときも、それがずっと続くことはないということだ。生成変容の契機は、時間を持て余していた若いときの予測しえない偶然の出会いや出来事が関わっている。そのプロセスのさなかに建築家の生誕の物語が潜んでいるようにも思う。

戦後世代であった私たちにとっても、自らの本性のなかにあるイデアルなものを、すくすくと、純粋に伸ばしてゆくことは、ひどく困難だっただろう。だがそれにも増して戦後七〇年、現在の日本がどれだけ混迷しているのかとも思う。子ども時代のつつましい生活を通じて心のなかに深く植え付けられた、自分を律して生きてゆく、努力の感覚。平凡な、何かしらの倫理的意志。それは皆、私たち世代の生活の核を構成し、支えてきたものだ。

そして今、日本はまったく自らを見失って、何か目に見えないものに振り回されているようだ。物離れ、極端な拝金主義、センセーショナルで広告的な大衆社会、マーケット化する芸術、そして自らの歴史の抹消、価値の計量化《デジタル》への無定見な信仰、政治とジャーナリズムの痛ましいほどの荒廃、それらは人々の生活をかき廻し、分断された情報に耽って徒らに空転しているように見える。それは天災や気候の不気味な変容だけでなく、人間にまつわるもの、現在の日本が迎えた、社会、心理学的な地形の地崩れであり、変容である。

だがそれもいつか終わるだろう。「二一世紀のとば口に立つわれわれをとりまく思想状況は、前世紀初頭の思想の極北が見ていたものが『神の死』ということであるとすれば、今世紀のそれは、『人間の死』『人類の死』ということであるともいわれる。何かしら人間にまつわるもの、あるいは人間そのものの死が、終わりが予感されている」*といった不吉な予感が仮に時代の空気であったとしても、次世代そしてまた次の世代を経て、文明のバランスを求める本能は、次なる時代の生活のトータルな様式を、長い時間をかけてでも回復してゆくだろう。七〇年前の国土の荒廃に代って精神の荒廃から新しい世界のヴィジョン、人間のヴィジョンを生み出そうとするだろう。

それがどんな土壌になるのか、またその生活の「かた」からどんな建築家が生まれるか、それは誰にもわからない。しかし何を失いつつあるのかを知ったうえで、進んでそのなかに入っていけばよいのだ。私は、現在のすべてが文字どおり過去の引き続きとして出てきていること、さらにこれからの未来すら、目先にある〈今、ここ〉だけではなく、自らを歴史としてふりかえる謙虚のむこうにすでに予見されることを、個人的な経験として次なる世代に言っておきたかった。

今あらためて「風景の生成」と「人間の自然」こそが問われている。

*——竹内整一『「おのずから」と「みずから」——日本思想の基層』春秋社、二〇〇四年、増補版二〇一〇年

目次

Ⅳ章　友人との対話

ブックデザイン
中野豪雄・川瀬亜美（中野デザイン事務所）

Ⅰ章

モダニズムをめぐって

モダニズムをめぐって——私の遍歴時代

信州ですごした幼少期

私の生い立ち、住まいの記憶のようなものからお話します。

私は一九四三（昭和一八）年五月に四人兄弟の末子として台湾・台北市で生まれました。富永家は代々医者の家系で、奈良・郡山藩の御典医でした。私の父も医師で、台湾では公衆衛生の行政に携わっていましたが、私自身は台湾での印象があまりなく、煉瓦塀で囲われた広い庭のある住まいの記憶がおぼろげにあるだけです。

終戦を迎えると、家財道具をすべて失った状態で敦賀の港に引き揚げました。そのうち、父が信州大学の医学部に赴任することになり、六歳まで松本にある大学構内の官舎で過ごしました。もともと兵舎だったこの建物は木造三階建てでとてもがっしりしていましたが、暮らしていたのは二〇坪ほどの狭い部屋です。このころはいつも外に出て遊んでいた記憶があります。広い構内で隠れ家や宝物の隠し場所を見つけたりして遊んでいました［写真1］。

冬の朝、起きるとあたり一面が真っ白になっていたこともありました。入試シーズンには構内がにぎやかになります。夏休みは逆に、せみしぐれだけが響く静まりかえった空間に変わります。一日一日と環境の変化に心踊らせて暮らしていました。

写真1｜幼少のころ（左が筆者）。信州大学構内で

父は細菌学が専門でした。研究室で実験の様子をそばで見ていたこともあります。顕微鏡をのぞかせてもらったり、薬品の甘酸っぱい匂いが広がる部屋が遊び場でもありました。けっして豊かではないけれど、外へ出ればアルプスの山々が遠景に望める、広い構内を自分の庭として過ごしていました。

工業都市・川崎へ

小学生になるころ、父は川崎市の衛生行政に携わることになりました。うって変わって京浜工業地帯の中心部に移り住むことになったのです。それまで暮らした大学構内は閉鎖的で、学生や先生、助手で構成されるある種の村社会でした。これに対して川崎は、夜でも遠くで溶鉱炉の明かりが煌々と灯されていて、荒々しい工員たちが行き交う鉄鋼の街にやってきたわけです。

家の周りはバラックだらけで低所得者が大勢いました。学校を休んだ友だちの家に給食のパンを届けにいくと夜逃げしていたり、そうかと思えば三ヵ月後にはまた戻ってきている、生きることに切実な人がいっぱいいました。とにかくいろんな種類の人が集まって、さまざまに生きているという社会的な認識がこのころに芽生えました。松本とは正反対の環境です。川崎は活気あって地域全体が現場のような、工業主義、モダニズムの環境でした。

学校から帰るとだいたいカバンを置いて、アスファルトの街を日が暮れるまで走り回っているような毎日でした。当時は戦災の傷痕が都市のあちこちに刻まれていて、壊れたコンクリートの基礎の瓦礫だったり、そういうものの隙間から緑が繁茂しているような場所で集まって遊んでいました。山に囲まれた松本とちがって川崎は海が近く、油が浮いているような海でハゼ釣りをしたりしました［写真2］。

同時にその当時は映画もよく観ました。というのも、父が市役所の仕事で査察に入

写真2｜小学生のころ、兄と川崎で

るために、映画街のフリーパスをもらっていたんです。本人は仕事以外で使えないから、日曜日は私がそれを使って、二館をハシゴしたりしていました。そのころ上映されていたのは「新諸国物語 笛吹童子」（一九五四年公開）、「新諸国物語 紅孔雀」（一九五五年）といったチャンバラ映画や、子どもながらメロドラマなどのませた映画もたくさん観ました。生涯に観た映画の本数を数えたら、かなりの数になるでしょう。小津安二郎、成瀬巳喜男、吉村公三郎の映画は小学生のころにはすでに相当な数を観ていたと思います。

一度、映画の感想文を書いたことがあります。横光利一の小説が原作の「家族会議」（一九五四年公開）です。株屋が倒産して家庭がピンチになる話しなのですが、男女関係もあるような〝ませた〟映画について作文したところ、先生がたいへん心配なさって、親は「こんな映画を見せていて大丈夫か」と注意されたそうです。学校では、算数や写生、書道が得意でした。将棋をおぼえたのもこのころで、屋台のおじさんと指したりしていました。

数学と古典に打ち込んだ中高時代

中学受験し、東京教育大附属駒場中学校に入学しました。そのころ、父が南武線の武蔵新城——私がいま住んでいるところです——で、木造平屋の家を新築しました。学校は教育大農学部付属の男子校で、中高六年間通いました。不思議な校風の学校で、文化祭では自分たちが田植え・収穫したコメで赤飯をつくったりするんです。また当時、運動会と言えば、だいたいフォークダンスでした。近くには吉永小百合の出身校としても知られる都立駒場高校があって、女の子を呼んでイイところを見せたいとみんな思っていた。ところが、駒場中では民謡を踊る習わしがあったんです。これでは恥ずかしくて誰も呼べません。運動会だけはとても嫌だった思い出があります。

とはいえ規制がまったくなく、不思議な人たちが集まる学校でもありました。振り返るととても「大地性」の豊かな学校だったと思います。たとえば、蝶を一所懸命採集している人がいたり、「四葉のクローバーを探してこい」というような課題が出たり。一級下にはＮＨＫのアナウンサーになった松平定知さんがいて、卒業生にはほかに演出家の野田秀樹さんや、文学者の四方田犬彦さんなどがいます。

中学二年に上がるころにプールが完成し、水泳部に所属しました。学校のプール開きに、潜水泳法をはじめた平泳ぎの古川勝選手が来てくれたことがきっかけになりました。水泳は高校まで続け、ずいぶん鍛えられました。

当時の得意科目はとても偏っていました。もともと好きだった数学に加え、古文の成績もよかった。ところが、テストの点数がよかったことで古文の先生にも目をかけられてしまい、「君は国文学者になってくれ、やらなきゃいかん」と言われて困った記憶があります。とはいえ、大学に入るための受験勉強などはほとんどやらずに六年間すごしていました。高校三年最後の六ヵ月しか打ち込んだ覚えがありません。当時は文学作品に熱中していました。三島由紀夫やドストエフスキー、マルタン・デュ・ガールの『チボー家の人々』を読んでいた。翌朝に鏡を見ると主人公の顔に変わったように錯覚するほど、別の世界に浸っていたのです［写真3］。

それと同時に、どういうわけか日本の古典文学の翻訳にも興味をもっていました。『源氏物語』の谷崎潤一郎訳や『蜻蛉日記』、『平家物語』などです。いま読んでもかなり難しい内容です。古文ができたというのも文法が理解できたのではなく、王朝の世界、その文脈、話の筋道をよく知っていたからだと思います。

そして、建築へ

古文と数学の成績がよいまま進路を決める時期になり、結局東大の理Ⅰ類を受けまし

写真3｜修学旅行。瀬戸内海にて

た。医業を継ぐはずの兄は美術が好きで映画方面に進んでしまったので、もし私が理Iを落ちたら、医科歯科大学に入って継いでほしいと言われていました。ですから無事に理Iに入学できて、理学部で数学をやろうと考えていたのですが、教養の数学にすこし触れてみて、パズル的ではない哲学的な風土にこれは違うのではないかと感じました。一生続けるのは厳しいなと思っていたころ、代々木に〈国立屋内総合競技場〉ができます。私と同年代で建築に進んだ連中は一様に、代々木が建築家の道に踏み込ませたと言いますが、あの建築がみるみる立ち上っていき、チャラチャラした渋谷の街で地鳴りがするようにドーンと現れたのは、背筋が凍るような感動でした。建築家という職業があることを知り、建築に進もうと考えたきっかけです。

ですから建築では、丹下健三先生の授業にとても期待しました。授業は早朝が多く、前の晩はお帰りにならなかったのかなと思うほど早く教室に現れ、窓を開けて、所在なさげにタバコをふかしていました。蝶ネクタイ姿で外を眺めている姿に、ずいぶん小さい人だと感じた記憶があります。授業もボソボソと小さな声で話すので、注意していなければ聴きとれませんでした。

内容はロストウの経済理論などを引きながら、日本は高度成長期に入るから建設投資量が増えていくだろうと、これからの日本経済の話をされました。正直に言うとこれは期待外れでした。おそらく建築を成立させる一番大きな背景は経済なんだと言いたかったのだと思いますが、学生から見ると、本当にこの人が〈国立屋内総合競技場〉をつくったのかなとみんな疑いの目を持っていました。

丹下先生はそのころとても忙しい時期で、授業はだいたい隔週でした。代行で来られていたのが若い磯崎新さんです。エーゲ海あたりを旅したスライドをいろいろ見せてくれました。しかし私たち学生にはこれまた何がよいのかわからない。磯崎さんもそれを感じ取ってか、「君たちにはわからないだろうけどね」と言っていました。

写真4｜大学時代

建築学科に進学したのは四〇人ほどです。まとまりもよかった。当時、吉武泰水先生から言われたことをよくおぼえています。「君たちはデザインの仕事をしたいと思っているかもしれないけれど、デザイナーになれるのはせいぜい二～三人です。設計の仕事はそれで十分なんだ。むしろつくることに関わる仕事はたくさんある。それを知ったうえで心して進路を決めてください」

私は不器用な学生で、おそらく製図も下手でした。吉武先生のお話しを聞いていたにもかかわらず、なぜ建築のデザインに就いたのか――。やはり設計製図をまとめた後の充実感、徹夜して提出した後の解放感が忘れられず、そういう仕事をしたいと感じたからだと思います。このころ、兄もローマに渡り、映画製作に携わっていました。おそらく勤め人には向かない人だったのでしょう。その姿を見て、私も自分のペースで好きなことをやりながら一生をすごしたいと考えていました。それでおそらく二～三人しか残らない建築の道を歩んでみようと思ったわけです［写真4］。

菊竹清訓との出会い

設計製図のエスキスは、吉武先生の助手の船越徹先生、それから内田祥哉先生、丹下健三先生、それから講義では丹下先生の助手をやっていた渡辺定夫さん、大谷幸夫先生等が印象に残っています。大谷先生はコンペに当選した〈国立京都国際会館〉がちょうど完成し、京都まで学生を連れ説明してもらいました［写真5］。

卒業論文は吉武研で書きました。当時ドクターとして池辺研にいた高橋鷹志先生――後に東大で建築計画の人間学の分野を開拓した方ですが――その方の指導で「識別尺度に関する研究」をやりました。

卒業設計は〈COMMUNION SPACE 21C〉というタイトルでした［図1］。丹下さんの〈国立屋内総合競技場〉が好きで、あの建物のまわりをうろうろしていたものだから、

写真5｜大学時代の奈良・京都での古建築旅行にて。
中央に稲垣栄三先生、その右に著者

敷地をその目の前に設定してつくりました。卒業設計の締め切り前に出版された『国際建築』がルイス・カーンの特集（一九六七年一月号）でした。僕はそれまでもルイス・カーンの建物のたたずまいが非常に好きで、特集の表現に魅かれて、隅々真似していました［写真6］。

それから当時、ポール・ルドルフが設計したニューヨークの〈イエール大学建築学部棟〉の断面パースが非常に印象的で、それを見てこんな断面パースも描きたいなと感じていました。そんな表現法が先行したよこしまな気持ちで、卒計をやったわけです。ルイス・カーンも、肌理が荒れたような写真、模型写真がすごく印象に残っていましたが、結局全然そこまでいきませんでした。

とはいえ、卒業設計賞をもらうことができ、『造 product + system』（一九六七年四月号、きづき書房）という雑誌にも掲載されました。東大からは僕のほかにもう一作品、計二作品が収録されていますが、鈴木成文先生が「成績は最優秀ではないけども夢のある計画と論理的に破綻したような設定でやった計画がある」と講評のコメントを寄せている。どちらとは書いてありませんが、おそらく僕のほうが論理的に破綻した計画だったのだろうなと思います。

鈴木先生は東大生の作品としては異色だと思ったのでしょう。「東大生ってもうちょっと地味なきちっとしたものをやるのになんかはみ出した人たちです」という講評もありました。

大学を卒業後、四谷の菊竹清訓さんの事務所に勤めてはじめて建築の仕事を知ります。当時菊竹さんは四〇歳ぐらいで、すでに〈国立京都国際会議場〉設計競技で非常に注目されていました。代表作〈出雲大社 庁の舎〉をはじめ、〈館林市庁舎〉、〈ホテル東光園〉など密度のあるシャープな建物をすでに完成させていて、早熟な人だったと思います。

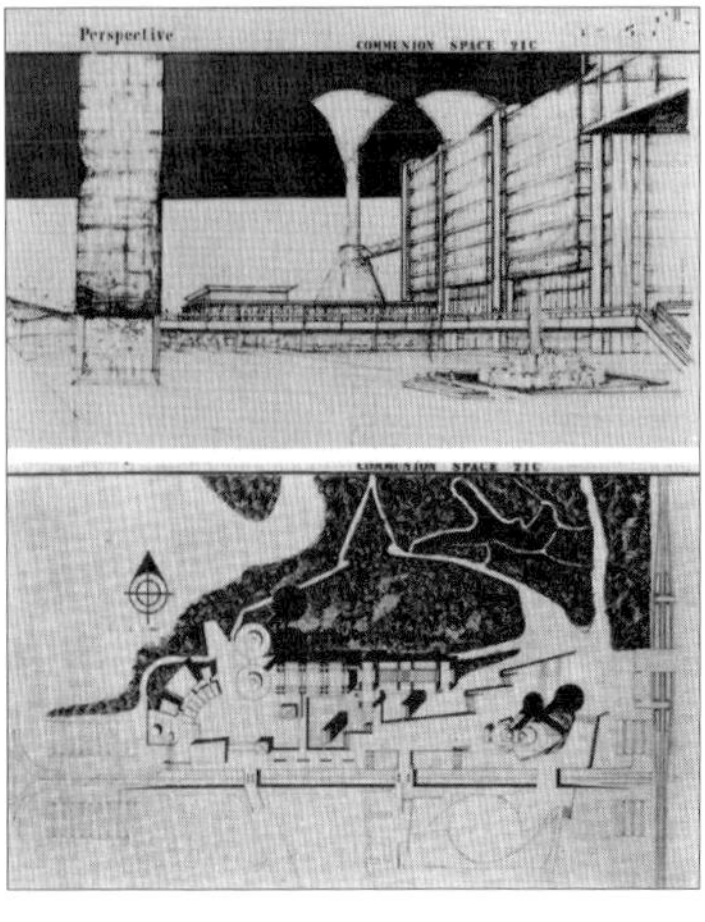

図1｜〈国立屋内総合競技場〉の前の敷地に設定してつくった卒業設計〈COMMUNION SPACE 21C〉（出典『造 product＋system』1967年4月号）

ルイス・カーンと共通しているところは、「もののけ」のムードがあること。丹下先生もそうですが、建築というものでしか表現できない、場を支配していくような力を持っている。ある種の精神性というか、建築というメディアが体現する言うに言われない雰囲気に魅かれていました。

吉武先生に紹介状を書いてもらい、八重洲のオフィスにおそるおそる訪ねていったのをおぼえています。図面を見せたときの印象はきわめて物腰が柔らかく、アドバイスもしてもらった記憶があります。そこで「春からいらっしゃい」と言われました。

学生時代は、もっぱらカーン、丹下さん、菊竹さんなど、モダニズムのなかでも「ものの静けさと存在感」のある建築家や建築に惹かれていました。造形の新奇性よりたたずまいのよさを求めていたのだと思います。

菊竹事務所の実地修行

事務所に入所してみると、優しい先生だと思っていたのがじつはとんでもない人だということがだんだんわかってきました。二〇人ほどの事務所でしたが、当時二年先輩に伊東豊雄さんと長谷川逸子さん、三年先輩に仙田満さん、それから遠藤勝勧さん、武者英二さんがいて、ちょうど〈島根県立図書館〉、〈久留米市民会館〉、〈萩市民会館〉という公共建築の三部作が同時に動いていて、たいへん忙しく活気のある雰囲気でした。

入所早々、入札用の実施図面を書くようにと割りあてられました。遠藤さんに聞くと「A1のトレペをだいたい一日一枚仕上げるのが普通、鉛筆書きで一日一枚A1の図面を仕上げろ」と。これはとんでもないところにきたと思いました。

事務所に入って机を並べると、二週間ほどでその人の実力や能力がだいたいすべてわかってしまう。この人はどの程度できるか、この人は口だけか、そういうところが一切わかってしまいます。

写真6｜ルイス・カーンが表紙を飾った『国際建築』1967年1月号

そうして朝から晩までそのトレペに取り組んで、一日が終わったわけです。僕はあんまり器用でもなかったので、けっこう苦しかったですね［写真7］。

菊竹事務所にいたころのことで忘れられないエピソードがあります。〈久留米市民会館〉の断面図を僕が担当しました。断面図と言っても詳細図じゃなく一般図です。この計画では地下に機械室があり、その上にプラザがありました。そのプラザの高さを、人がすぐ上がって来られるような高さにしたいと言われ、「断面図を書いているんだから、ここに書いてある機械室の階高を最小にしてください」と言われた。さらに、「機械室にはいったい何が入るのかあなたは知っていますか？　機械を配置してみれば機械の高さはもちろんわかりますが、そこからどういうふうにダクトが出て、どういうふうに伸びているか、それがわからなければ階高は決まらないでしょう」と言われた。たしかにそうなんですが、ダクトの回し方なんてわかりません。建築設備の桐田勝さんのところに行って教えてもらい、これは給水のもの、これはあれと全部色分けして、機械室の大きな模型をつくりました。最小の寸法は先生が決めます。「あなたがちゃんとやってくれたら私は高さを決めます」と。建築の設計は厳密だとそのとき実感しました。つくづくたいへんな仕事場に入り込んだなあという感じで、泣きそうになりました。

同期入所の人たちは、早稲田大学や日本大学の出身者で、彼らはけっこう能力があるとみなされていたのだと思います。一年目にしてひとりで大きな現場に飛ばされていました。〈久留米市民会館〉のあんな大きな建物をひとりの新人が常駐して現場を任されるなんていま思うと、事務所にとってもたいへんリスキーな話ですよね。所員としてはたいへん厳しい環境ですが、実務や技術的なことは実地で学ばされたわけです。

菊竹事務所の所員は、だいたい四〜五年で独立していきますが、こうした傾向の要因はそういうところにもあったと思います。勉強せざるをえないし、実務を知らざる

写真7｜菊竹事務所時代

をえない。

菊竹先生の哲学として「基本的なことができる人ならば何だってできる」と思っていた節がある。差別はしなかったけれど、僕にとってとんでもなく難しいことを言われました。東大出身だから工学に強いだろうと誤解され、ホールの音響設計をするように言われたことがあります。当時、ＮＨＫで永田穂《みのる》さんが音響部長をやっていて、小川有子さんという女性が課長をやっていましたが、砧のＮＨＫ技術研究所に三ヵ月通って音響設計をやりました。僕が音響について、けっこういろんなことを知っているのはそのせいです。

菊竹さんのアイデアで、〈久留米市民会館〉のホールを三つの部屋に仕切って使えるようにしてくださいと言われたことがあります。さらに間仕切り自体が電動で上昇し、音響の反射板にもなるようにとも。仮説は面白いアイデアで、その可動音響板の設計をさせられました。永田さんは菊竹さんと会っているときは、「おもしろいですね、おもしろいですね」と言うんですが、僕には「あんなことできっこない」と言う。直接話してもらわないと困るんですが、板挟みにあっていろんな苦労をしました。このアイデアは実現して、音響反射板は〈久留米市民会館〉にあります。

菊竹事務所では設計変更が非常に多いことにもびっくりしました。設計はパッと決めて一気につくり込むものだと思っていたら、締切一〇日前くらいに先生がやってきて、昔のことはすべて忘れたような風で、ここはこういうふうにしましょうと言って帰る。補佐する人が多かったこともあって、まわりのスタッフ全員で一〇日前ぐらいから入札図を書き直します。それは新入りだろうが経験のある人だろうが関係ありません。公共建築だといまは一〇〇枚くらい書きますが、当時は二三～二四枚で済んでいました。ひとりだいたい二～三枚ずつ割りあてられて、みんなで一斉に書いていきます。おそらく菊竹先生は、若いときに自分で事務所を開いてやってきたときの経験なのだろうと思いますが、全身全霊知力を尽くせばできないことはないと思っていたんだと思います。ザワザワした感じの、明日をも知れないような事務所で、そういうダイナミズムのなかで建築が建ち上がっていくのを実感しました。

建築雑誌デビューと古建築をめぐった京都時代

私はなかなか現場に出させてもらえませんでした。ところが、入所してから一年半くらい経ったころ、雑誌『建築』の菊竹特集号に文章を寄せるよう言われました。「構え論」というタイトルで一九六九年一月号に収録されていますが［本書五二ページに再録］、これはとても異例なことだったと思います。読み返すと、いまの自分の考えと同じようなことが書かれていて、進歩がないなと思いました。論文らしい文章が雑誌に載ったのはこれがはじめてでした。僕が二五歳のときです。

この論文がきっかけとなって、クリストファー・アレグザンダーが来日したとき、同行して、旅行の手伝いをするよう言われました。アレグザンダーは最初数学を専攻した後、建築に転向して、『パタン・ランゲージ』を発表した建築家です。

僕は三日間、アレグザンダーの高山旅行に同行しました。東京へ戻る車中で「バークレイに研究員として来ないか」と誘ってくれたのですが、僕はまだひとつも建築をつくっていなかったのでお断りをしました。そっちを選んでいたらおそらくいまとは全然違う道を歩んでいたと思います。

菊竹事務所のスタッフとして三年目に入り、小さい仕事ですが〈芹沢文学館〉を基本設計から現場まではじめて任されました［写真8］。そこでやっと建築を仕事にしてよかったと充実感をもつことができました。自分が実際に考えたものを職人さんがつくってくれるのはじつにありがたいことです。いま見ると、ルイス・カーンの影響が非常に強く出ている印象もあります。

写真8｜〈芹沢文学館〉スタディ模型。
海岸の砂浜に松林を避けて建つ案で、
実現したものとは異なっている

〈芹沢文学館〉の仕事を終えたとき、一連の京都の信用金庫の建て替えのプロジェクトがあり、京都の分室長をやるように命じられました。これは店舗をすべて何年か以内に建て替えていくという大きなプロジェクトでした。下鴨東本町に下宿して、店舗の展開のデザインマニュアルをつくりました。そのひとつが〈京都信用金庫修学院支店〉です［写真9］。「アンブレラ・ストラクチャー」という、野点の傘みたいなものを小さな広場として町に点在させる。バンクはお金儲けだけども、コミュニティのプラザにもなるという考え方でした。これは川添登さんがディレクターを務め、ベンチや電話ボックス、カウンターをGKインダストリアル・デザイン研究所がやりました。さらに広告グラフィックを勝井三雄さんと粟津潔さんがやっています。そこで僕は、京都文化人の梅棹忠夫さんや加藤秀俊さんなどとつきあってとてもおもしろい経験をしましたが、一年に三店舗くらいのペースでつくっていたから非常にたいへんな仕事でした。コストから工期、施工まですべて解決していかないといけない。三人ぐらいであわただしくずっと集中して取り組んでいました。そのときのことは『コミュニティ・バンク論——地域社会との融合をもとめて』（CDI編、鹿島研究所出版会、一九七三年）という本にまとめられています。

そのころは日曜日になると、京都の古建築をけっこう見て回っていました。同僚の建築家の鈴木啓二くんが二川幸夫さんの本の図面を描いていて、京都で古建築の実測をやったりしていたので、大徳寺に行ったり、庭や町家に出かけたりしていました。東大の助手のときに、日本建築の場所のつくり方について研究したいと考えたのは、こうした経験があったからだと思います。そういう具合で五年ほどの間、ずっと忙しくしているうちに自分なりにじっくり考えてみたい、本腰を入れて勉強したいという気持ちが芽生えはじめ、ほどなくして独立し、表参道で事務所を構えることになります。

写真9｜〈京都信用金庫修学院支店〉

ル・コルビュジエの住宅模型づくりに打ち込む

菊竹事務所から独立し、事務所を立ち上げたものの、来る日も来る日も仕事のない日々が続きました。近くには伊東豊雄さんの事務所があって、ときどき電話がかかってくる。週に二回くらいは一緒にお昼を食べて、夜は渋谷ガード下ののんべい横丁で飲んだりしていました。そこに「とん平」というお店があって、私たちの行きつけだったのですが、そんな経済的な余裕がどこにあったのか、いま考えると不思議です。

そのころの鬱々としていた気分を表しているのが、『建築』から「未完の建築」というテーマを与えられて提案したプロジェクトです（「未完の建築その二」『建築』一九七三年二月号）［図2］。二メートル四方の立方体と二〇メートル四方の立方体を湾岸のゴミ処理場にモンタージュしたもので、これはどこか不吉な、要するに棺桶なんですね。実作がなかったときの作品です。伊東さんは、「未完の建築その一」で砂漠のなかに何か文字や記号を貼り付けたようなグラフィックをつくっています。

仕事がなく、時間だけがすぎていく生活を送っていると頭の調子もおかしくなってくるんですね。これは何かしなければいけないと感じていました。そこでそのころ『*Le Corbusier 1910–1929*』『*Le Corbusier 1929–1934*』という二冊の全集をたよりに、ル・コルビュジエの五〇分の一の住宅模型をつくりはじめたのです。

ル・コルビュジエについて思い起こせば、最初に買った建築の専門書が、じつは『伽藍が白かったとき』（ル・コルビュジェ著、生田勉・樋口清訳、岩波書店、一九五七年）だったんです。最初はなんか嫌な人だなという感じでした。読んでいると広告や挑発めいた惹句があって、詩的な言葉と論理的なことがごちゃ混ぜになった感じがある。読み進めてもついていけないような感じがして、最初はあまりいい印象を持っていませんでした。

ですからこの模型づくりが、最初のル・コルビュジエの建築体験なんです。なぜこういうことをはじめたか自分でははっきりしないいんですが、作品集を毎日見ていても

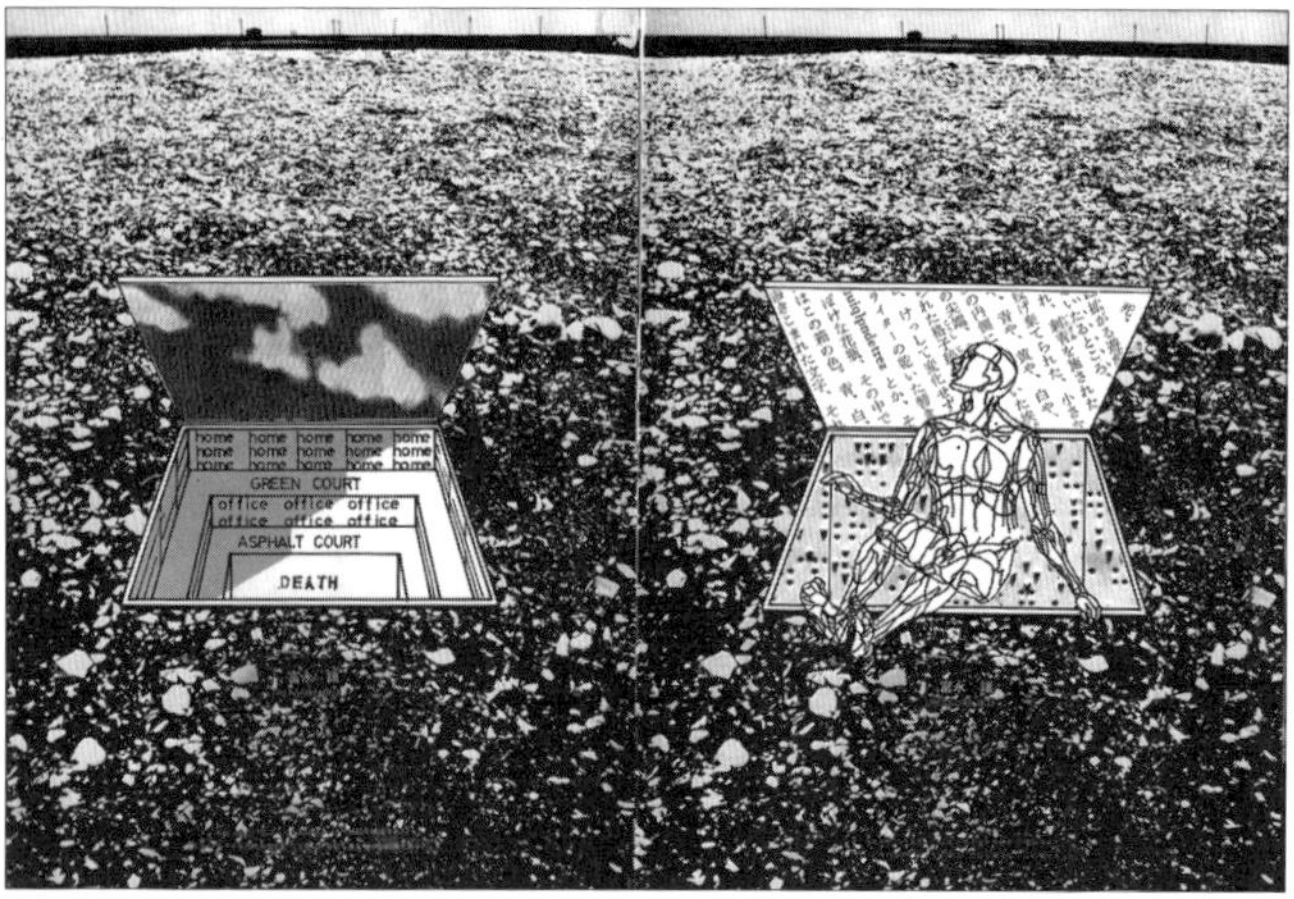

図2｜独立後まもなく、雑誌編集部からテーマを与えられて制作したグラフィック作品（出典『建築』1973年2月号）

わかったようでわからない、何か惹きつけられる空間的な奥行があり、平面や断面で理解しようとしてもよくわからない、だがそこに非常な魅力がある。これはいったい何なのだろうと、自分なりにたしかめてみたいと思ったわけです。ル・コルビュジエという人が考えていたこと、つまりスピリットのようなものを、自分で手を動かし、より身体に引き寄せて捉えてみたかったんだと思います。

そんな役に立たないようなことを続けていたら、雑誌『ＳＤ』の編集長だった長谷川愛子さんから、「今何やっているの」と訊かれました。それでこういうことをやっていると話したら、『ＳＤ』で誌面を用意してくれました。そこではじまったのが、「近代住宅の再発見」というシリーズ（『ＳＤ』一九七五年七月号〜一九七八年五月号、全一二回）です。これが三年ほど続き、結局、一二の模型をつくることになりました［写真10］。

最初につくったのは〈ラ・ロッシュ＝ジャンヌレ邸〉でした。まったく資料もなしに、作品集の情報だけで想像してつくったのですが、その後で実物を見に行ったら違っていた。アトリエの採光の位置なんてスケッチとは全然違っていて、悪いことしたなと思っています。当時は、私の文章をもとに論文報告を書いちゃった研究者がいるような時代でした。雑誌に出すとそういうことも起きるんだと責任を感じました。

そんな白の時代の模型をつくっているときから、小住宅の依頼を少しずつ受けるようになります。依頼といっても、赤の他人ではなく、親戚筋や知り合いなど、そういう関係からになります。

時代と共振した「白の時代」への関心

このころ、現実の住宅の設計とル・コルビュジエへの興味を重ね合わせることはできないかと考えていました。ちょうど『*Five Architects*』（Oxford Univ. Press、一九七五）という五人の建築家（アイゼンマン、グレイヴス、グワスミー、ヘイダック、マイヤー）を取り上げた

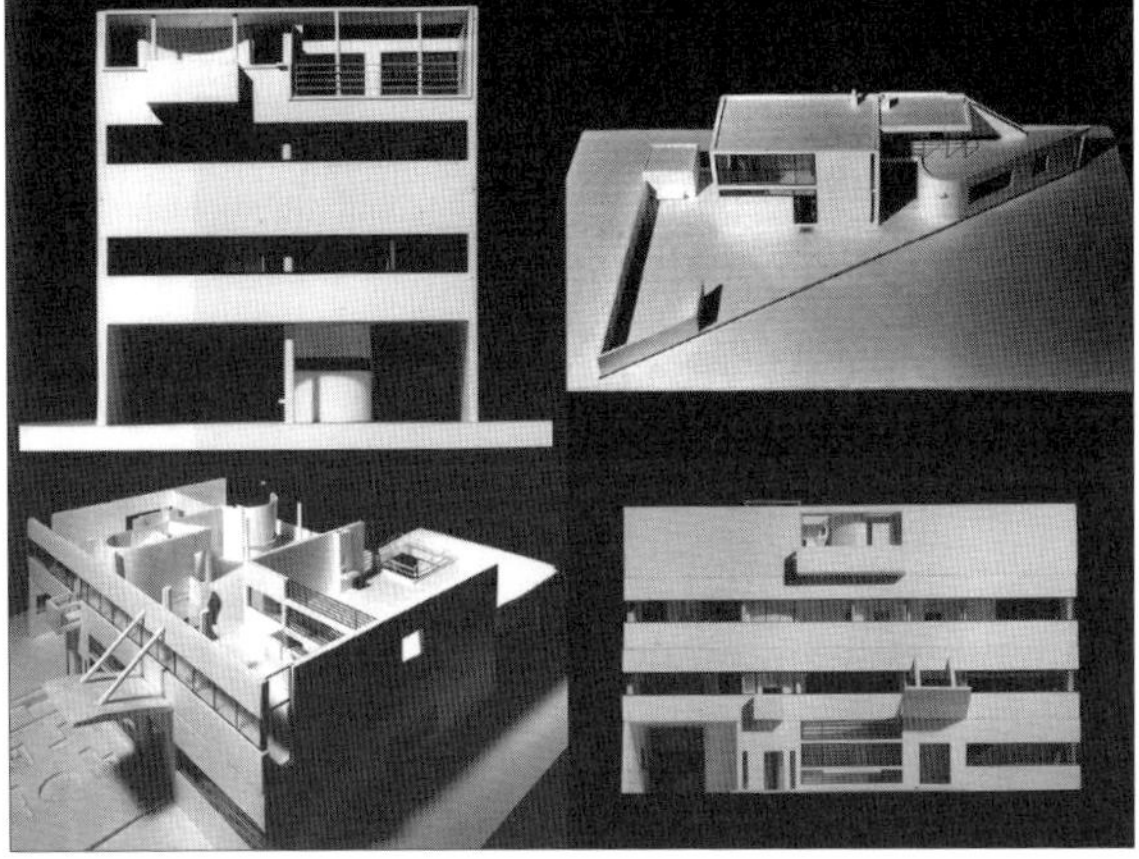

写真10｜雑誌『SD』の連載へとつながったル・コルビュジエの住宅模型

本が出版され、ニューヨークでも同時代的に白の時代に注目が集まっていました。東大の建築学科に意匠系で芦原義信研究室の講座（建築計画第三講座担当）が開かれ、助手に来ないかという誘いがあったのもそのときです。安定的な収入が入るし、願ってもないチャンスだと思って行かせてもらうことになりました。

じつは東大のスタジオの間でも白の時代のデザインが伝染していた。僕の関心は最初から『ファイヴ・アーキテクツ』と別のところにあったんですが、東大の学生も同時代的な共感を持っていたのがわかりました。東大ではル・コルビュジエの研究と、京都・奈良で古建築を見た体験から日本建築の研究をやろうと考えました。

だからといって僕自身、ル・コルビュジエに傾倒していたわけではありません。実物を見たわけではなく、作品集を見て入っていったのが最初です。そこにはグロピウスのような他の建築家の近代建築とは明らかに異質な、どこか人間を惹き付ける空間の構造や視覚的な構造があると感じてはいました。

ですから、身体的な共感のない感じで模型をつくっていったわけです。ル・コルビュジエの精神がどうだったかとかではなく、白の時代の言語は何かに使えるんじゃないか、自分の仕事をおもしろくできるんじゃないか、一般的な日本の住宅の通念を変えていくきっかけになるんじゃないか、といったことを考えて取り組んでいました。

当時は東大で助手の仕事をしながら、夜は事務所で設計するといった日々を送っていて、北山恒さんや湯澤正信さんがアルバイトで来てくれていました。隈研吾さんは僕が助手の時代に関わった学生のひとりです。一九七五（昭和五〇）年には、高橋鷹志先生の奥さんの高橋公子先生に誘われて、日本女子大学で家具構成という講義を行ったのが最初で、その後三〇年ほど日本女子大学で授業を受け持つことになります。篠原聡子さんや石黒由紀さん、赤松佳珠子さんはそのときの生徒でした。妹島和世さんもそのひとりです。妹島さんは、公子先生から頼まれ、卒業論文と修士論文の指導も

写真11｜最初の海外旅行。
兄とパラッツォ・マッシモ・アレ・コロンネを訪れる
（左が兄、1974年、ローマ）

しました。妹島さんの卒論は、ル・コルビュジエのカーブに関するものだったのですが、いま見てもなかなかおもしろい研究です。

ル・コルビュジエの研究「近代住宅の再発見」は、三〇年経って『ル・コルビュジエ　建築の詩――一二の住宅の空間構成』（鹿島出版会、二〇〇三年）という本にまとまりました。事務所のみんなとの近代建築の研究（連載「近代建築の空間再読」『ディテール』一九八一年秋季号〜一九八三年夏季号・全七回）は、『近代建築の空間再読〈巨匠の作品〉にみる様式と表現』（彰国社、一九八六年）という本になっています。とにかくスローペースですね。

『建築文化』では伊東豊雄さん、八束はじめさん、布野修司さんたちと一緒に連載「近代の呪縛に放て」（『建築文化』一九七五年一月号〜一九七七年一〇月号・全一〇回）をやりました。学生運動の匂いのするタイトルで私は「物の味方」（『建築文化』一九七五年七月号）という、「構え論」の続編のような文章を書きました。近代主義は物を凝視することを忘れて、人間側の都合で操作できるものと考えはじめました。そこに大きな誤りがあるのではないかと僕は考え、物の側から、見方ではなく、味方となって、人間というこの不定のものを吟味すべきではないかという、文章にするには難しい主旨の内容です［本書五七ページに再録］。

外部との緩衝帯としての「内なる空」

いままで自分自身が取り組んできたものを振り返ると、大きく三つのことを考えてきたのかなと思います。

ひとつ目は「内なる空」。これは反モダニズムです。やはり実存的な空間というか、主体があって空間が生成するんだと。主体の側から建築をみる、という実存的空間のことです。

ふたつ目は、『都市の事実』とル・コルビュジエの『白の時代』。これはモダニズム

写真12｜40代のころ。渡航先のアテネにて

と日本固有の都市現象についてです。その当時モダニズムの時代の、田園のなかの白い物体ではなくて、その当時の日本の都市現象、モダニズムとのアマルガムとして建築を考えていくということ。

それから三つ目は、「大地の空間と建築の空間」。これはいまも続いているものですが、建築の「大地性」ということ、これも反モダニズムとしてということです。そのようなことを考えて取り組んできました。

一九七三（昭和四八）年、青山南町に〈青山南町の住宅 内なる空Ⅰ〉をつくりました［写真13、14］。現在も建っています。坂本一成さんの〈雲野流山の家〉と一緒に『新建築』一九七四年二月号に掲載されました。同じ号で篠原一男さんの三つの住宅〈成城の住宅〉〈東玉川の住宅〉〈久ヶ原の住宅〉が巻頭を飾っています。これはこじんまりした住宅なのですが、いま見ると無意識に名づけた「内なる空」という言葉が、それ以降の自分の建築の定義、興味の中心であることは変わっていないなということを感じます。

この住宅はキュービックなもののなかにひとつの世界がありますが、内側の空間に対して、外側の空間、つまり自然の空間や都市といった空間、それらと建築を結びつける方法を考えました。経験する主体の側から存在論的に定義づけるようなときに生まれる言葉が「内なる空」なんです。主体のあるような空間、そういう建築がつくるひとつの生活世界と外界を結びつける。外界を一度せき止めて、内部にある建築の世界をつくる。そういう「world in the world」を保持しようとするような方向性。それはやはりその後の仕事でも変わってないと感じます。自分の仕事を時系列に並べてみると、すべて「内なる空」を中心に構成されていることに驚きます。

ひとつの世界がきちんとあり、それが外側の世界と結びつく、

写真13、14｜〈青山南町の住宅 内なる空Ⅰ〉
外観（上）と内観、1973年

そこに建築性というものがある。それが、自分がこれまでやってきた建築のあり方じゃないかと思います。この住宅は東和映画の配給をやっていた兄の知人の家で、四〇年経った現在も使われています。『続・建築家が建てた幸福な家』（松井晴子著、村角創一写真、エクスナレッジ、二〇〇七年）に載っています。

次につくったのが〈コート世田谷 内なる空II〉です［写真15］。これは昭和女子大の前に建っている狭い学生下宿です。広場を囲むように建築が廻っていますが、それは計画論的に、ある種のコミュニティをつくりたいと考えていたわけではありません。やはり個室が外側の荒々しい世界に直接結びつくことに違和感がありました。そこに住む人間の問題として、外側の世界に対して「内なる空」というひとつの緩衝帯のようなものが必要なんじゃないかと思った。住まいの場所のスケールとその外側の世界とを調節するような場を設けたかったわけです。外側の世界に対しては「内なる空」であり、居住の場に対しては外側であるような性格を持った空間をめざしました。そういうものを保持することが建築の問題ではないかと当時は考えていたのです。

それを本能的に「内なる空」という題名で発表した。精神の自由を保証する場になるだろうと考えていました。

これができてすぐ、先輩の仙田満さんが部屋の住人になりました。仙田さんの自宅は湘南で、忙しくて夜遅くまで仕事をしなくてはならないときに、ここを泊まる場所として使っていたのだと思います。

その後、さまざまな建築を手がけましたが、長野の〈今井ニュータウン〉も「内なる空」を中心にして展開している建物です。長野新幹線の長野駅の途中から見えます。異質な感じの

写真15｜〈コート世田谷 内なる空II〉中庭
1973年
写真16｜〈今井ニュータウン〉
1998年

空白とも思えるような、扇形の中庭、広場をつくりました。駅から通学路であり、繁華街へとつながる道がこの広場を貫通しています[写真16]。

水戸市の〈茨城県営長町アパート〉は、茨城の非常に高密な、大工町という飲屋街に建っている住宅です。六年かけて一つひとつ建て替えていきました。これも敷地のなかに空白を取り、その建物のなかにまた小さな空白があるという構成で、入れ子状に「内なる空」がつくられています[写真17]。「内なる空」は、集合住宅を設計するときも外側の空間とのつながりを考えるうえでテーマになることが多い。

都市の不整合への視座——論考「都市の事実」

次に、『都市の事実』とル・コルビュジエの『白の時代』についてお話しします。これは、ル・コルビュジエの白の時代の研究と、いま日本でつくることのアマルガム、落差を問題にしています。雑多な都市の現象という活気あるイメージ、あるいはありふれた工業製品の場、白の時代とはまったく違うような、住宅の敷地にしても狭く、荒っぽいところでつくっていくという事実を、どうやって住まいの場の表現を見出していくか、そんなことを考えていました。

〈上田の住宅〉は義理の父の家で、現在も建っています。建築家はだいたい親族に迷惑かけながら、こういうものからはじまるわけです[写真18]。

〈小田原の住宅〉では、ある種の白の時代の要素を使いながら、木造の建築で、慣習的な日本の住宅の建築的なものを変えていこうという意欲を持って取り組みました[写真19、20、図3-5]。

写真17｜〈茨城県営長町アパート〉
1999年
写真18｜〈上田の住宅〉
1978年

先ほど挙げたニューヨークの五人組の住宅とはまったく違います。リチャード・マイヤーの建物を「美しい庭園のなかに住む機械」と言っていますが、端正できれいなものをつくることとは違う。架構や日本の風土、環境のなかで変容させられないかと僕は考えました。木造の軸組構造や、日本の建築が中間地帯である縁側や床の間を持っているように、ある種の心理学的な地形というようなものを白の時代のボキャブラリーを使い、つくることができないかと考えたのです。

〈武蔵新城の住宅〉は自邸です。これを設計したとき、『新建築』の編集長だった石堂威さんに勧められて「都市の事実」（『新建築』一九八一年五月号）というかなり長いエッセイをとても短い時間で書きました。これは『JA』にも翻訳され、さらにその当時はいろんな方が注釈をつけてくれました。都市で起きている出来事というものの自分なりの解釈と、自分がつくっている建築との間にある関係について書いています［本書七三ページに再録］。東京オリンピックが終わってからしばらく経ち、都市のなかでさまざまな出来事が起きていました。高速道路が街のなかに突如介入してくるなど、いろん

写真19

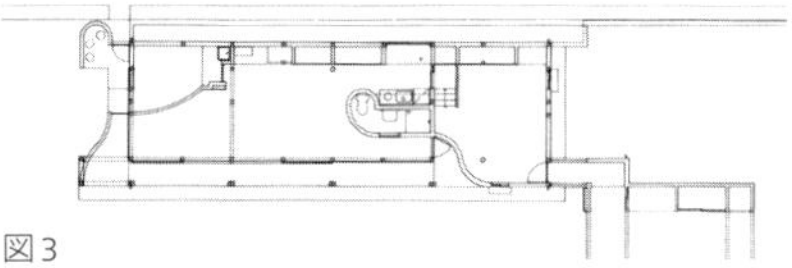
図3

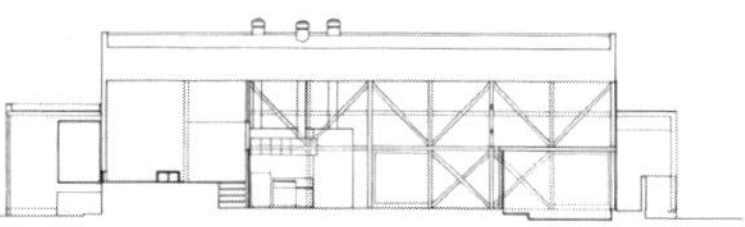
図4

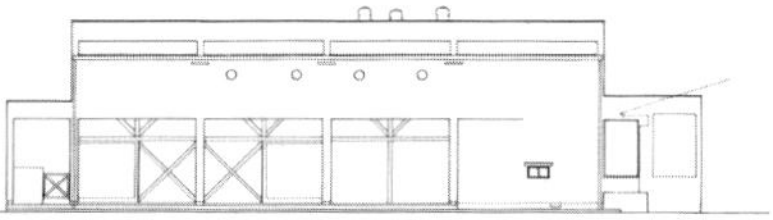
図5

写真20

写真19｜〈小田原の住宅〉、1979年

図3｜同1階平面図

図4｜同断面図

図5｜同立面図

写真20｜同妻側立面

な不整合が都市でたくさん起こってきた。そういういろんな原理が重合してできている事実がおもしろいと考え、そこに建築的な表現や建築を考えるうえでのヒントを見出すことができるのではないかという思いでした。

生き生きとした表現を見出すということは、建築が個人の表現や創造ではなく他者の場である、自己と他者が共存する場として一個の現実であるという認識まで行き着かなければいけない。外界との交渉、あるいはそこにクリエイティブなものを見出すことが必要だと感じたのです。脳内空間ででっち上げるのではない、いま都市ではおもしろいことがいっぱい起きていると、非常に希望に満ちた書き方の文章です。

普通の工場で見られるような、一番簡素な構造で、皮膜があり、そうしたものにきちんとプロポーションを与え、つくっていけばいいのではないかと考えていた節があります。

「都市の事実」と建築的実践

〈経堂の住宅〉はキュービックなものから、斜線制限だったり、さまざまな固有の条件にもとづいて掻き取っていっても、そこに人間的な空間を見出していけるのではないかと考えてつくったものです。その扱い方のなかにデザインというものがある。その拒否することのできない事実をポジティブなものとして考えていこうとしました［写真21］。

全体のプロポーションを、自分の頭のなかで勝手気ままにつくり出すのではなく、いろんな外側の世界の関係の取り合わせを透明にし、視覚化していく、それがデザインなのだということです。

私の事務所の近くで昔撮った写真をお見せします［写真22］。不思議で面白い建物だなと思っていました。もともと寄せ棟の住宅が建っていましたが、前面に計画道路が通ることになり、住宅の一部がパチンと削り取られ、切妻みたいな屋根ができてしまっ

写真21｜〈経堂の住宅〉
1981年

ています。通りに対して振り返っているような表情をしている、そんな感じの建物です。こういうことは、もちろん意図して起こるわけではありませんが、表現として捉えるとひとつの建物でふたつのことを表現できるんだと感じました。つまり、寄せ棟でインテリアをつくりたいということ、類型を求めること、道路の介入を受けるという変形された事実。そういう別の時間の出来事を痕跡的にデザインのなかに表現できることに興味を持ち、「都市の事実」という論考を書きました。

そういう気持ちが昂ってデザインしたのが、高田馬場の〈早稲田ゼミナール学生会館〉です。取り付き道路がないところで、いろんな規制がいっぱいかかっている。それを一旦了解し、決められた土俵のなかで何か変なことが起きてしまう現象を表現していく。開き直りかもしれませんが、それがデザインではないかと考えました。現実に仕事をするなかで、法規や建築の条件、プログラムの歪み、あるいは難しい土地の依頼といった問題と直面するときがありますね。このころ仕事のチャンスがあれば何でもやるといった感じでしたから、それをドライに受け止めて、まだ見ぬかたちというものを発見することに夢中になっていた時期です。だからいま見ると何だろうという感じのものがあります[写真23]。

所沢の〈早稲田ゼミナール所沢校〉では、ロシア・アバンギャルドのヴェスニン兄弟の〈プラウダ支局ビル〉が着想のベースになっています。線路沿いの敷地でこういうものをつくるときも、内部の人間的な身体的な感覚、空間の感覚、それだけは変わらないもの、不変のものであって、それに対して人間的な世界をなかにつくりながら、外的な条件を投影していく尺度を獲得する。それこそが建築なんだというようなこと

写真22｜都市の風景から異なる時間軸での出来事の痕跡を読みとった写真（「都市の事実」より）
写真23｜〈早稲田ゼミナール学生会館〉1982年
写真24｜〈早稲田ゼミナール所沢校〉1989年

を考えていました［写真24］。

静岡県清水町の〈トポア〉では、〈ラ・ロッシュ＝ジャンヌレ邸〉のものと同じカーブを利用して住宅をつくりました［写真25］。やってみると当然〈ラ・ロッシュ＝ジャンヌレ邸〉とは全然違う空間になっていくわけです。そのなかに建築の場所の問題や文化の問題などがあるだろうと思っています。

東京・王子にある〈王子の住宅〉は、「都市の事実」の論考に出てくるような妙なシルエットですが、斜線制限などいろいろな制約を受けながら、どこかおもしろいと感じてつくりました。鉄板の箱のなかのとても小さな世界です。ここでは人間的な世界をつくっていこうと考えました［写真26、図6］。

大地へのまなざし

こうした取り組みは一つひとつ苦しいものですが、それ自身まだ見ぬ形の発見があったりで、その形の根拠も他人に説明はできるがひとりで喜んでいるようなところもあり、だんだんマニエリスティックになってゆくにつれ、そんなことでジャーナリスムに発表して話題になっている自分が嫌になってきました。

少なくとも最初に〈国立屋内総合競技場〉を見て、建築をやろうと思っていた初心とはずいぶんズレてきたなと感じたんです。こんなことをやるために建築を一生の仕事にしてきたわけではないと思いはじめた。たしかに建築というものは世界に対する受容器のようなものかもしれません。しかし、世界の矛盾を吸い込んでゆく、水の吸い口みたいなものでなく、人間に生きる力を与える吐け口としての力がなければいけないのではないか。それと同時に九〇年代以降の日本の都市の風景は、かなり惨憺たる感じで、壊滅状態になってきた。九〇年代以降の商業資本というのは、徹底して駅前を風化させ、どこも同じような風景を生み出していったわけです。資本の力で、

写真25｜〈トポア〉
1993年

ローラー作戦のように日本の各地を平準化していく、そういう現象が日本で起こりはじめました。「人間の事実」だとか「生活世界の価値」とか、そういうお金に換算されないものを無駄だとする時代がやってきたわけです。いまの学生たちはそんな時代をずっと生きていることになりますが、子どものころは一本の木を切り倒すのも悩ましい問題だったはずです。それが、このごろは木を切り倒してもお金が生み出せるなら問題ないと考える時代になっている。また、デザイナーズマンションという、売ることを第一に他とは違うことを宣伝する、商業的な美容整形士みたいなものとして建築家が扱われることも起こってきた。

そんな都市を相手にして「都市の事実」といって戯れているのは空疎だ。そんなことをやるために職業を選んだんじゃないと社会が生み出す建築に嫌気がさしてきたわけです。ならば、そうではない不変のもの、つまり地形や大地というものと関わって建築をつくっていくしか、道は残っていないのではないかと思いはじめた。都市のコンテクストと言っても、それはけっこう無根拠で、商業資本の思想のなかでつくられたものであり、いずれなくなってしまうのではないか。三〇年もすれば適当に建て替えられてしまうような感じは、歯噛みをするような空しさでした。

変わらないものは何かと考えたときに、幼いときの生活の場であった大地が浮かんできました。大地の空間と建築の空間の関わりが大切だと思ったわけです。日本の都市は西洋の都市とは違い、都市形成は建築の集合がつくっているのではなく、地形と街割りだけが残ると陣内秀信さんは言っていますが、建築はいつかなくなるものであるとしても、その土地の遺伝子のようなものは地形や街割り、敷地割りのようなものとして残ります。しかし、建築が外側の空間構造にはたらきかけていくようなもの、〈大地性のある建築〉こそ残りうるものになるのではないか。そうしたプロジェクトをいくつか説明します。

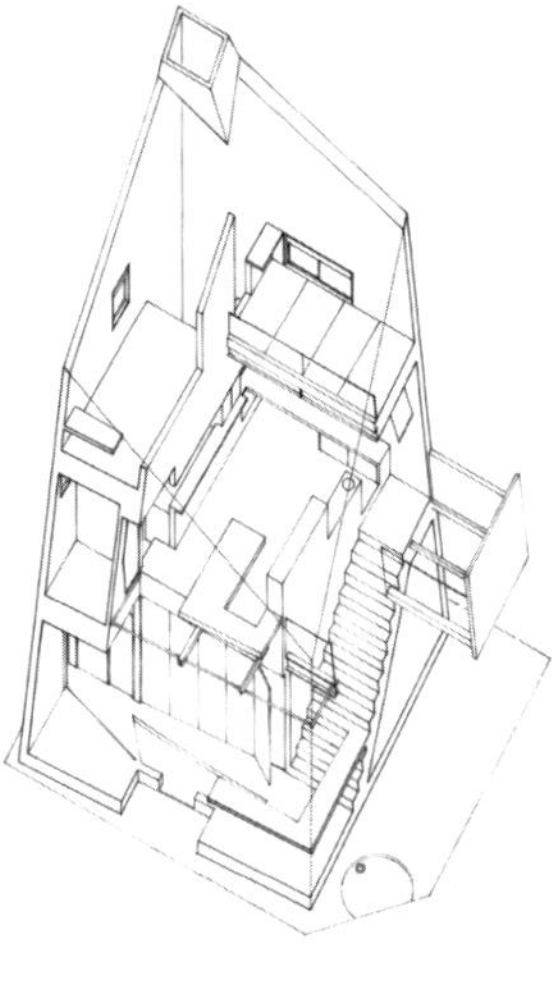

写真26｜〈王子の住宅〉内観、1994年

図6｜〈王子の住宅〉アクソメ図

くまもとアートポリスの〈熊本市営新地団地〉の敷地は、二五〇メートルぐらいの県道に接する、高低差が一〇メートルぐらいの狭い敷地です。この県道沿いに地表面全体を解放したいと思いました。それで、遠くから見てある種の山並みの風景と呼応するような街のインフラストラクチャーを、公営住宅群でつくれるんじゃないかと考えたわけです。熊本は夕日がたいへん美しい。経験もないのに外壁全体を構造体にするなど、かなり大胆な一八〇戸の建て替え計画をやりました。県道に対して、地表面の設計に集中して、交通量の激しい県道沿いの風景をつくろうと一生懸命に取り組んだことを覚えています。それで、大地の起伏と建築の空間の間を問題にしていこうとしました。

山形の〈ひらたタウンセンター〉は、鳥海山という山が近くにあり、敷地のまわりには水田の風景がずっと続いているようなところでした。そんな何もない空間を相手に、建築をつくることによってもともとある風景の美しさを新たに覚醒させる役割を与えたい、建築的景観を生み出したいと考えました［写真27］。水路が流れていて、自分たちの集まる場所がそこにある。この東北の大地の拡がりのある空間と人間の交流の場、インテリアという洗練された世界というものの対比が建築ではないかと思いました。そして、そこを行き来するときに受ける、「驚きの感覚」のなかに建築的なものの中心があるんじゃないかと考えました。

大地とつながる病院

北九州の〈エンゼル病院〉の敷地も道路沿いですが、敷地前面に岩盤があり、これをいかに利用するかという問題がありました。そこで、病院は一番上のレベルに載せ、岩盤をくりぬいてアプローチ路をつくりました。現在も規模を拡張しながら、この敷地の特性を建築によって魅力あるものにしようとしています［写真28］。

〈宙 渡月荘 金龍〉という旅館の食事処の増築は、非常に敷地条件の厳しいところ

写真27｜〈ひらたタウンセンター〉
2002年

でした。菊竹清訓さんの〈スカイハウス〉を原型に、回廊が廻っています［一三二ページ］。柱を地形の条件に沿って変形して巴状にして、それでシェルをかけました。菊竹先生はこれを非常に気に入って下さいました。本館の建物が隣りにあり、巴状に、敷地にある岩をよけながら柱が建っています。インテリアは、日本の庇や縁側の空間に囲まれた、阿弥陀堂などのような空間になっています。

〈成増高等看護学校〉では、これも七メートルほどの高低差がある敷地で、可能なかぎり樹木を残して、裏側の道と建築の空間と結びつけました［写真29］。

北九州の〈八幡厚生病院新本館棟〉はこの五～六年ほどかけて取り組んできたプロジェクトで、隣りが古墳になっているような敷地です［写真30］。精神科の先生によれば、精神病の患者がいま非常に増えているそうで、その原因として「大地性」を失ってしまうことが大きいと仰っていました。人間が大地から離れた中空で、携帯電話などを使ってコミュニケーションをとることに慣れてしまうと、自分が大地で生まれ、生活しているということを忘れてしまう。都市の生活環境が精神病の原因になっている、と。だから「大地性」を回復するには、オフィスビルタイプの病院ではなく、大地とつながった病院に入り、地上面でたき火して焼き芋をつくったり、庭仕事をしたり、こうしたことを通じて治療するのがいいんだと聞きました。

写真28｜〈エンゼル病院〉鳥瞰、2002年
写真29｜〈成増高等看護学校〉、2006年
写真30｜〈八幡厚生病院新本館棟〉、2014年
写真31｜〈横須賀市救急医療センター・横須賀市医師会館〉、2014年

「大地性」というものは、いま近代的モダニズムの空間をどんどん洗練化していくと建築から消え去ってしまう、どこかで「大地性」を回復するようなことをしていかないとまずいだろうと感じています。この病院は起伏がある地上面を生かして、いろんなスラブを緑のなかに喰い込ませています。仕事としてはなかなかたいへんですが、とてもおもしろいプロジェクトです。

もうひとつの病院のプロジェクト〈横須賀市救急医療センター・横須賀市医師会館〉は、三笠公園に連なる海に面した場所で、海の水平性を重視し、広がりのある空間と対応するような建築をつくりたいと考えました［写真31］。前面には海岸通りがはしっていて、平坦な埋立地に水平線に呼応した建築的空間を構成し、それぞれの機能に応じたニュアンスのある場所をつくろうとしました。

日本の家屋の古層——自邸の経験から

最後に自邸の話をします。六〇年前に普通の大工がつくった木造の日本家屋にジョイントするかたちで、三五年前に自分の住まい〈武蔵新城の住宅〉をつくりました。それを最近改修し、白いリシンだった壁を黒い金属の壁にしました。上は書斎や自分の部屋に使い、下は食事や居間の空間です。ずいぶん使ってきましたが、いまでは下の階もけっこう快適な気がしています。自分がつくったのは上の部分なんですが、大工がつくった、縁側があり、庭の草木がある、下のほうにいる時間がじつは大半を占めていると思います。古い日本の家屋では、誰もがみんなこんなところに住んでいたわけですが……自分はいったいどっちの空間で本当にすごしたいのかというようなことを考えています。ある種の日本の住まいというものの古層というか、心理学的な地形が、やはりこの下の空間にはあると最近は感じています。父親がつくった建物で、もう六〇年以上経ちますが、壊さなくてよかったなと、いましみじみ感じています。

私の昭和住宅史——自邸をめぐる六〇年

〈武蔵新城の住宅 1979〉はわずか二〇坪にも満たない増築の計画である。依頼者と設計者が同一という稀なケースであるので、つまり私の住宅であるから、ここでは、計画を実現するまでに考えたいくつかの問題とその現実について、一年の季節の移り変わりを経てみて、相互の脈絡はないがいくつかのテーマで取り上げてみたい。

I　いきさつ

昭和三〇年に建てられたごく普通の木造下見板貼りの木造平屋住宅の水まわり部分が老朽化したので、七年ほど前からその対策を両親から頼まれていた。改装、増改築、新築とさまざまな可能性を検討していたが、当時私はそこに住んでいたわけではなかったから、製図板の上で考えるといつも新築の方へと傾きがちだった。この間に母がひとりになり、本気になってよく考えてみると少々古びてはいるもののそれだけの理由で不都合の起きていない部分まですべて取り壊す理由はどこにもなかった。

私にしろ生長のある時期をそこで過ごした記憶があり、新築の計画（もちろん費用は増改築の優に二倍は要した）を興奮してつくってみては、自分がそこに住むという感じの希薄さに一方で溜息をついた。「畳の部屋はなくても大丈夫だろうか？」他人の家を設計するときには依頼者の判断に任せているようなこと、そんな些細な事柄もよく考えると大きな問題である。それに一番困ったのは、自分ですべて計画しておいて自分が操り人形のように毎日住むということの、鏡の国にいるような気味悪さだった。母は新築に賛成だったが、二五年も経って押入れにしまった着物の箱の順序まで頭のなかに固定化してしまった人間が、新たな冒険的な環境に適応してゆくことは、誰の目にも明らかな無理があった。

ある時点から水まわり部分を取り壊し、基本的に既存部分を残しながら新しい建築を付け加えてゆくことが計画にとって最も現実的《リアル》であると感じられ出した。そして、手間のかかる作業であるがその両者の対比が、今回の計画にとって最も興味を惹く主題《テーマ》であると思われ出した。

II　敷地とまわりの環境

終戦後外地から引揚げ、すべての財をいったん失い、昭和二〇年の後半、親が約七〇坪のこの分譲地を買い求め、私は中学、高校とそこから都内に電車で通った。そのころは、この周辺以外は見渡すかぎりの田畑で家並の切れ目から電車が走っているのどかな近郊の新興住宅地といった具合だった。しかし、「ちいさなおうち」の童話さながらにこの周囲は駅前からつづく商店や食物屋の列が拡張し、安物の西部劇映画《マカロニウエスタン》の

セットのような町が駅から押し寄せ、むこうからは東京や川崎に若い労働力や加工品を大量に提供する能率のいいベッドタウンとして、木賃アパートや倉庫の大群が発生し、はさみうちの恰好になってしまった。敷地は住居地域から第二種住居専用地域に変化する境界点に位置しており、用途地域の境界に見られるような雑多で不安定な風景が展開している。用途地域制は確かに人間の生活の環境条件を安定させはしたが、それは一方で都市を平板で無機的なものにしているように思う。

私はその狭間に展開される、荒々しいが強い風景が好きだ。玄関先の植木鉢や物干台から看板や汚れたガラスのショーウィンドウへと変わるところ、そしてそれがまた煙突や鋸屋根へと変わるところ、その接触点の境界線にはいつも震えるような意味深い都市の劇があるように思う。この建築のファサードも当初は好奇の目で眺められたが、建築後ほぼ一年して、まわりの環境と次第に折り合いをつけ、町の目印となって際立ってはいるものの、一方で町を構成する雑多な要素の一員に加わり隠れてゆくようにも思う。

III　増築について

敷地の周囲の住宅は例外なく二五年の間に何らかのかたちで増築しており、手を加えていないのはこの家くらいのもので、だいたい平屋に御神楽式で二階をそのままつけ足したものが多い。それに建築当時は敷地境界からの後退距離が法的に定められ、建物は敷地の中央に位置していたから南の日当りはきわめて悪く、増築に際して既存家屋を北に一・五メートル、東へ三〇センチ曳家移動する必要があった。また上下方向にも六〇センチ高くして固定した。こうした架構の一部を切開したり、全体を移動したり、老朽化した部材を取り替えたりすることが比較的容易にできるのは木造ならではの長所であると思う。結局、既存部分は床組を取り換え、屋根瓦を葺き替え、内部の壁を塗り変え、設備の配管を新設し、坪二〇万くらいかかってしまった。そして洋風か和風か、にわかには判別しにくいものに一変した。

IV　都市の住宅

夫婦と六歳の男児、老母、この四人の普段の生活にとっては既存部分の規模でも十分だが、今回は書斎と夫婦の居間をつくり出すことが計画の主要な目的だった。

全体としては道路にギリギリに張り出した白いリシンの建物の壁面と塀との連続した囲いが、その奥の開放的なつくりの既存の住宅を取り巻く。色彩としても新たな囲いの白に対して奥の赤茶色、その狭間は玄関やサービスヤードや物置、車庫とした。

都市の住宅として塀と建物を一体化し、敷地の広がりを最大に見せるように努力しているが、その結果、一階の北側の窓が道路を歩く不特定多数の目に晒されることになる。窓は自然光や通風のためどうしても必要だから高窓として処理しているが、厨房ではそうはいかなかった。最初は物珍しいらしく外から厨房や奥の食堂を覗き込む人がいたが、最近ではごく自然な感じで受け取られ、住宅の内部にいて道路を歩く人が眺められるのも楽しい経験だ。玄関が小さな四角に露出しているのも竣工時は不用心であると老母は非常に心配したが、今のところ支障もないし気にもならなくなった。むしろ、以前のようにジュースの空罐を敷地に投げ込む人もいなくなった。建売分譲にみられる農家型の住宅のつくりは一〇〇坪以下の土地では適当でなく、都市の住宅は町家型住宅にみられるようなそれなりの仕組みを必要とするだろうし、そこに新しい住み方のルールが生まれてくるだろう。

V　内部の尺度《スケール》

部屋の最小の尺度として、三・三メートルという寸法を採用した。既存家屋との柱のとりあわせもあって微妙に異なっているが、ほぼ三・三

×二・七×二・七メートルという空間の単位を横に三つ並べて二階の部屋全体は構成されている。ル・コルビュジエの住宅の空間単位、五×五×五メートルが西欧の住宅の部屋の尺度の単位であるとすれば、これは日本的住宅のほとんど最小の（少々小さすぎるかも知れない）単位ではないか。そうした日本的な尺度に対応して、衣装棚の高さを一・四五メートルにしたり、西側の一単位の天井高を一・九メートルにするといったかたちの要素の尺度《スケール》を縮小形《ミニチュア》にすることによって、小さな部屋を大きく見せている。

この住宅の三階には茶室のような小さな空間がある。机から連続する棚の上（の路地）を渡り達する。少人数で対話するには適当な空間で、

二・一メートル以下の居室は法的に禁止されているが心が安まる場所だ。また遊びにくる子どもの友だちにとっては格好の隠れ家である。

VI　架構と被膜の分離

柱、梁、斜材によって構成される架構単位の連続は、この「建築の装置」の規則的な秩序をつくり出す。それは重力を受け持つ架構という強度的な仕組であると同時に、この直方体の籠のなかに必要に応じて分散的に配置される開口部、手摺、机、衣装棚、本棚、中空に浮かぶ三階の床といった形の要素などに座標を与え、その配列の関係性を知らせる、美的な統合要素でもある。斜材の交差は面内の位置を決定づけるから、垂直と水平のみの単純な柱梁構造の場合よりその要素の統合は著しく強められているように思う。実際に住んでみて家具が入り、雑多な日用品が入り、本や用具が散乱するときも、それらを位置づけ、全体へと結びつける変わらぬ強い統合要素である。現代の住宅というそれぞれ断片化し、異質なものの集合する場を、ひとつの象徴的な表現としてではなく、物の関係性を提示することで各要素の形や内容を保存しながら全体に結びつけてゆくことはできないだろうか。

　架構の規則的な秩序(強の装置)に対して被膜(用の装置)は別の体系として扱われ、相互のズレが浮かび上がる。ふたつの体系の重なり合った複雑な装置の美的効果を問題にするとき、新たな表現を示唆しているように思う。現在のところ、被膜は外部に、構造体は内部に露出しているので、薄い構造体のゾーンが内部に生まれ、その内側に取り付けられた障子と外部の既製の外付アルミサッシュの間は二重になり防音、防寒、遮光などの役目を果たす。その結果、外部と内部の表情は著しく異なったものとなった。

VII　純粋直方体の変形法

計画の初期の段階では、全体の輪郭は、開口に対して丈の高い、ほぼ一対二くらいの比例をした、一見して不安定な直方体の箱にすっぽり収まっていた。しかし、既存部分の木造の輪郭《プロフィル》と結びつけるといかにも唐突で変形して折り合いをつける必要を認めた。直方体に屋根の切妻の端部が顔をのぞかせることになった。そんなインベーダーゲームの記号《サイン》のような輪郭《プロフィル》は時折、町並で看板の高さをけちった商店のファサードなどによく見かける。また小さな建築のそそり立った感じを弱めるために外壁と塀を一体化することによって水平性を強調し、均衡させた。

　これは自分の住宅であり、増築は多くの個別で煩雑な制約条件を解決しなければならないといった、事情がある。しかし、戦後間もなくの木造住宅は老朽化し始めており全体の建築の資産《ストック》といった経済的な観点からも、一家庭の住宅にふりむけられる費用の限度からも〈武蔵新城の住宅 1979〉が辿った行程と解決は、そんなに特殊なものであるとも思われない。

初出：『新建築』一九八一年四月号

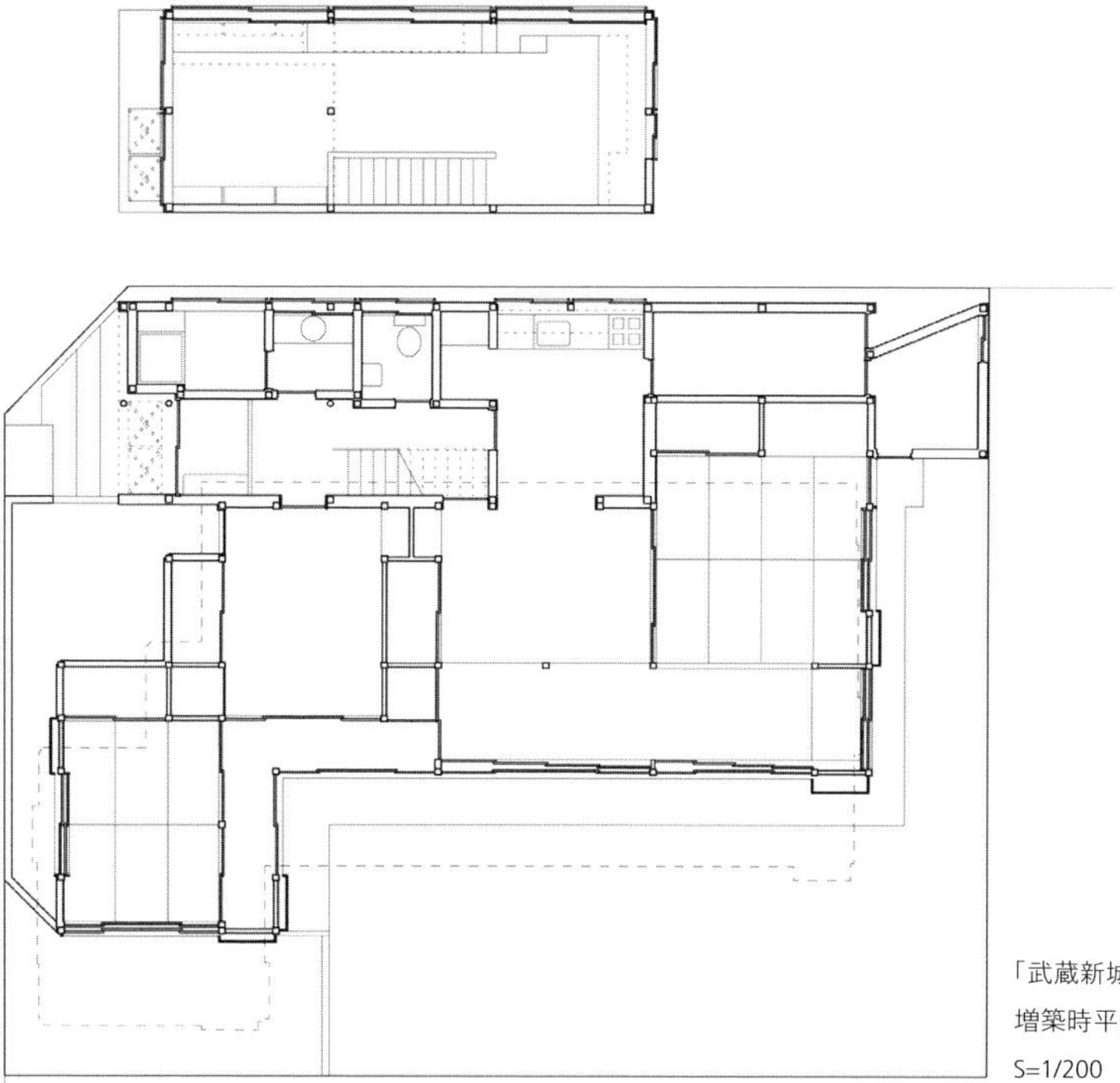

「武蔵新城の住宅1979」
増築時平面(1980)
S=1/200

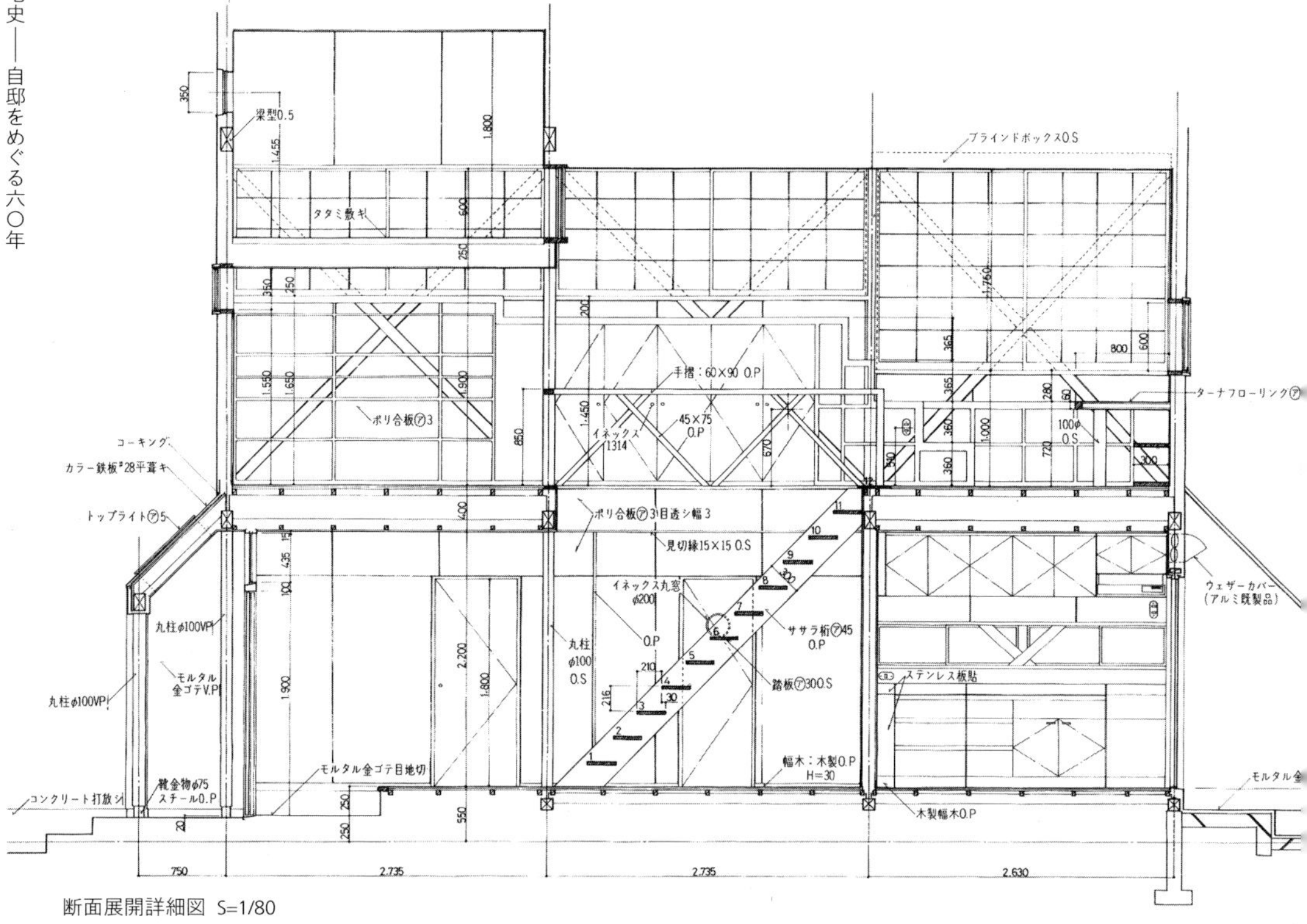

断面展開詳細図 S=1/80

武蔵新城の家——その後

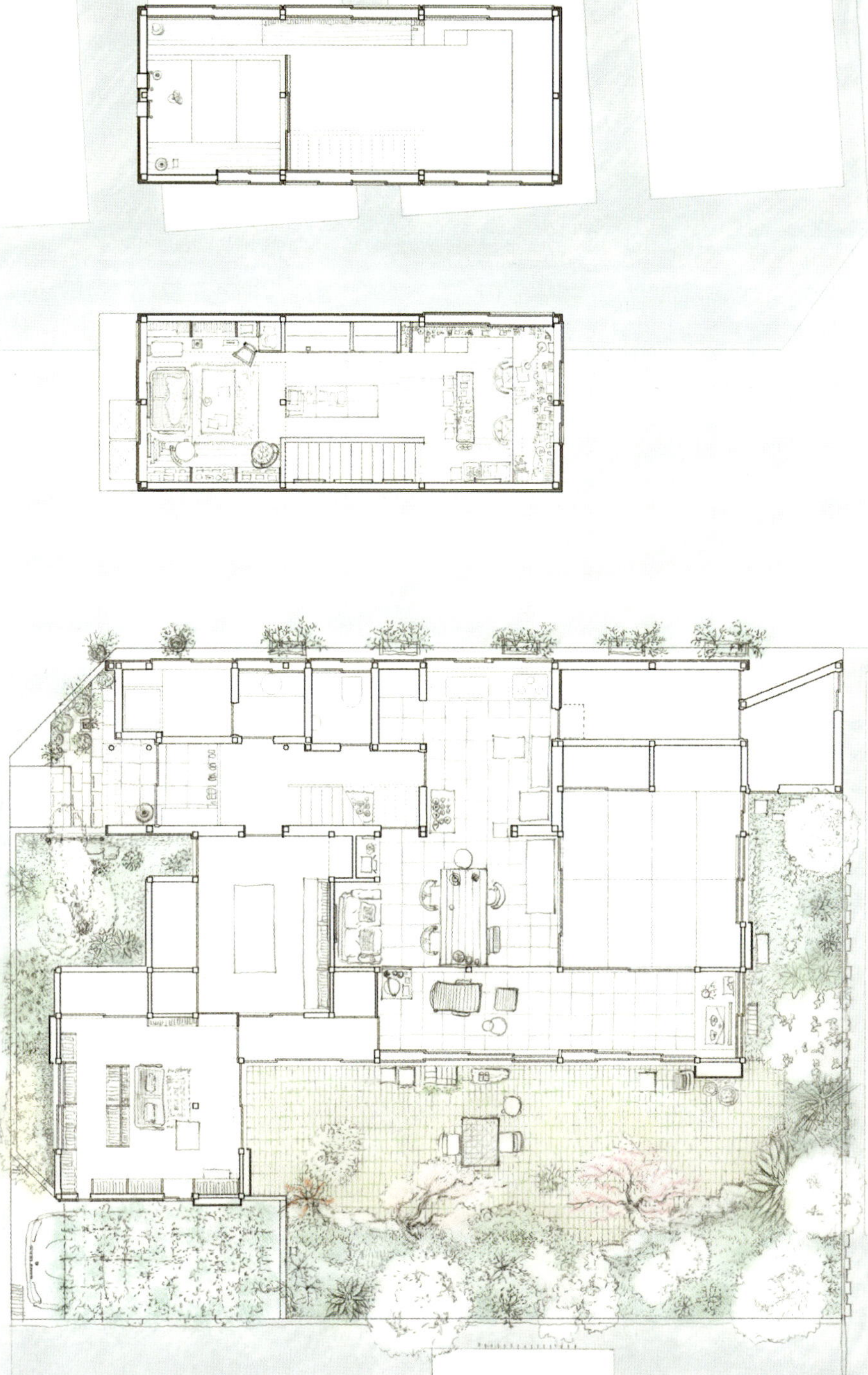

改修後平面(2013) S=1/150

母と夫婦、男児。四人は上下に分かれた和洋折衷の不思議な家で一緒に暮らし、八年後、一九八九年八三才で母が他界し、葬儀はこの家と庭を使った。子どもは小学校から中学の遊び盛りの時期で、夫婦は事務所に行っていたから、祖母と孫の八年の家をめぐる時間は密度の濃いものとなった。母が入院したとき、学校を終えるとすぐさま自転車で二〇、三〇分の距離を漕いで、見舞っていた。

それから六年後（一九九五年）、当初、資金がなくてそのままにしていた古屋の屋根を葺き替え、キッチン、居間、広縁、玄関まわりに、ピンクのコットタイルを敷いた。冬場、昔の日本家屋の広縁の床は下から風が洩れ入ったからである。

増築した部分の水回りも、建設後二五年以上経っていて、一〇年後（二〇〇五年）、キッチン、トイレ、浴室を一新した。その間日本の設備機器の利便性は格段の進歩を遂げていた。また、布団を入れる押入れをクローゼットに改造し、玄関脇の部屋の床をフローリングにし、そこは本やビデオや洋服やプリンターの雑多な物品の置かれる納戸と化した。同時に増築部分の白いリシンの外壁の上に屋根と一体とした、濃いグレーのガリバリウム鋼板で覆うと、町のなかでの当初の印象は一変した。それは七〇、八〇坪の独立住宅が建ち並んでいたこの周辺の住宅地が、一敷地に三、四軒建売住宅が建つ、雑多な環境に変化していたことと関係があろう。点々とあった独立住宅地の庭の豊かな緑は失われ、建売とマンションの並ぶ、無味乾燥な地域に変わっていったとき、黒い結晶的な形態によって、町に溶け込むより庭をとりまく内部の住宅の自立した世界（World in the World）をそこで主張したかったからである。

その後、息子が結婚し、子ども部屋として使っていた西の畳の部屋を、設計し、落ち着いた小さなライブラリーとした。建築や美術や将棋や映画の本がその大半である。この部屋に並んだ書物の背表紙を見ていると、出かけた展覧会、そのときどきで熱中してきた自分の興味のありか、遍歴してゆく人間の個人の時間がまざまざと蘇ってくる。部屋に入ると、とっくに忘れていたような出来事が思い出される。そして、住み始めてから、今日まで、建築家の友人や多くの学生や所員たちがこの戦後に開発されたＪＲ沿線の、近年ますます殺風景になってゆくこの地に集まり、小さな家の庭を使って、飲み、食べ、夜遅くまで歓談した楽しみの生活の記録を、家はその端々に刻み込んで生き延びてきた。「住まい」はそのときどきを生きぬく生活の道具であるばかりでなく、「人間の歴史のときのすみか」でもあると感じるのである。ここに住んで六〇年経て、初めてわかったことは、新築するのではなく、父の残した昭和の家を、必要に応じて手を掛け、住み続けてきたこの家そのものが、植物の根のように自分の生の基盤をしっかりと守り支えてくれるものだったことをあらためて、感じるのである。間違っていなかった、よかったと思っている。

Ⅱ章

建築論

「構え」論　——その1

初出：『建築』一九六九年一月号

菊竹事務所に入所して二年目、雑誌『建築』の菊竹特集「作品と方法七」に、先生に誘われて書いた。私にとってははじめての論文である。一九六九年一月号で、萩、島根、久留米といった、脂の乗り切った時期の、公共建築が完成して写真が掲載されている。いずれの建物も、実施図面には関わったが、到底その困難な現場に関わることはなかった。三作品は壁がテーマになっていたから、「構え」論ではあまりにも空間そのものの質を決定づけてしまう壁について考えようということだったように思う。突然だった、入所まもない所員に一緒に文章を書こうというのである。

一九六四年にアメリカで出版されたアレグザンダーの『形の合成に関するノート』は設計の本質——内容と形について人間の創造的な思考はどのように進めてゆけばよいのかを扱っていた。当時すぐ原書を購入したが、この本とヴェンチューリの『建築の多様性と対立性』との二冊は、建築の理論に新しい光を投げかけた書物でありながら、いずれも翻訳がなかった。先輩の伊東豊雄さんたちと四谷の喫茶店で、仕事を終えてから分担して読書会を開いた。大学は学園闘争で騒然とし、何か建築理論に関わる本質的なものの始まりの予兆のように思われたのだ。一九六八年一〇月号の『SD』でアレグザンダーの特集があり、そのなかの〈力の集合から形の生成へ〉という論文の論理の明晰さには心底惹きつけられた。「構え論」は稚拙ではあるが、それを自分の日常の経験に引き寄せて、壁の基礎論を素描しようとした。しかし、実務経験のなかで、論理が、多くのものを捨象しながら進むことも一方で感づいていたから、最後の文章が「あまりにも偉大な物自体に関する領域から遠く離れながら……」と煮え切らない言葉で結ばれていることも二六歳の若者の自信のなさを示して微笑ましい。六年後「物の味方」といった難解な文章を書く素地がすでにここにあったのである。

偶然ではあるが、この小論執筆がキッカケで、後日話題の人であったアレグザンダーがはじめて日本に来日するというので、高山へ同行するように、菊竹先生に言われた。三日間のふたり旅は、印象深いものであった。民家を巡り、一緒に風呂に入り、最小限の片言の英語を交わし、話を理解した。アレグザンダーは当時、三三歳だったと思うが、若々しくハッタリのない真摯な白皙の研究者であった。庭を巡り、宿での日常的な細々とした住まいの経験を、その都度、書き留めては尋ねてくるのである。それの事例のいくつかが、後年『パタン・ランゲージ』の項目として集成されている。

I 準備

まず環境に対するぼくらの日常的な経験から始めよう。

いま一見、何の変哲もない平らな芝生の生えた公園で、昼、食事を広げようとするとき、最初に選んで座った場所Aより、場所Bへと移動するということはよくある。そしてBは、たしかに、表面上は相違のないAより、休んで食事をするにはしっくりしているように思われるのだ。理由はたとえば、一、赤土の露出している場所から遠い。とか、二、そこに小さな凹みを見つけた。とか、三、切株が近くにある。四、山を背にしている。五、六……などいろいろな条件が考えられようが、赤土とか凹みとか切株とか山とか分析的態度から観ると混沌とした寄せ集めにすぎぬこの世界から、ぼくらが、それらの関係より成る、判断するに足るひとつの統一体を読みとっているというのは重要な事実である。逆に言えば、いかなる環境構成要素も全体のなかでの部分という役目を背負っているには相違なく、そのときそれらの諸部分の意味するものは、ひとつのシステムを経て全体に繰り込まれるときに著しく変質をうけるだろう。そしてぼくらは日々、部分、部分の意味するところを独立に認識するのではなく、外界の示すパターンまたは全体のある差を識別しながら選択しつつ行動しているのだ。

次にこれらを確認するためにほかの例で考えてみよう。自分の部屋の模様替えをして本棚の位置を動かしたとき、以前は容易に探せたある本が、見つけるまでになかなか手間どるというようなことはよく経験する。それはその本固有の要素、たとえば題名とか大きさとか色とかで探し出しているのではないことを意味する。いかに一冊の本という諸部分にぼくらが関わり合おうとも、その部分の機能や性質や属性からではけして割り切れない、つねに全体からおりてくる、ひとつのシステムに注目しないわけにはいかない。つまりある種の配列のパターンと、その本の持つ気配、あるいはその本のあるコーナーの空間的な感覚をトータライズしたものでその本の位置を理解しているのだということができる。

　そんな場面を強調しながら述べれば次のようになる。

　ぼくらは家具類から都市まで、スケールごとに、各部分を結びつける意味ある関係性の網目のなかで生活している。そしてぼくらがそのなかに入り込み、判断し、動きまわっているのは、無意識のうちに、それらの網目の織りなす、模様や柄を識別しているからにほかならない。

　ところが人工的に物の存在形式を設定する建築家はそれを意識しなければならない。つまりいかなる諸部分の関係性がどのような模様や柄を織りなすか、どのような状況をそこに繰り広げるか、あるいは、さかのぼって、そこでどのような状況に引き込むべきなのかを見通せられねばならない。

　ここで〝関係〟という概念を拡張しよう。関係という概念はあまりにも抽象的すぎる、それに純粋に機能的な関わり合いだけを示しがちで、意味が狭すぎる。そのために建築という、人間に関わる環境をつくる立場からすると当然影響するはずのほかの多くの要素がこぼれてしまう。たとえば、町のなかから見える高い屋根に集る場所を感じたり、伊勢の三重の御垣に神域を読み取ったりすること、またうちとけさせるような椅子の配置、壁に沿って歩きたいとする欲求。ぼくは〝関係〟という概念を機能的、空間的意味までこめて〝構え〟という概念に置き換えてみたい。

Ⅱ　構え

「構え」という考え方を基礎にして建築をみるというのは、漠然とものをみるということではない。これはおそらく、あなたのデザインに関する物の見方をすっかり変えてしまうだろう。個々の物の最も重要な性格はほかの物との相互作用から生み出されたものであって、それのあり方を決定しようとすれば、同レベルの物との相互関係と、上のオーダーからおりてきて浸透するひとつの構造を読み取らねばならない。ここで物という言葉を、あいまいになることを気にしなければ空間と言い換えてもいい。自然のなかでの都市の構え、都市における地域の構え、地域における敷地の構え、敷地のなかの住宅の構え、住宅における居間の構え、居間における明り窓の構え、あるいは家具の構え、明り窓における……といった具合にもろもろの構えを正しく確定してゆくことをもって建築家はその主要な任務とするのである。それが彼をインダストリアル・デザイナーと決定的に分け隔てていたものなのである。なぜなら、ひとつの同じ手摺でさえ、それの置かれる空間によって意味を変じてしまうのだから。物をつくる立場から、もう少し「構え」という言葉の奥にわけいってゆこう。

「構え」として何かを語るためには次のようなことを明確にしなければならない。

一　全体的にどのような状況、現象が起こっているかに焦点を当てること。

二　各要素の部分としての機能的な意味、全体的な現象の原因となっている諸部分の相互作用

三　それが全体的現象を惹き起こす配列、あるいは方式、それはもうひとつ上のオーダーの構えと関係がある。

この三つが明瞭になれば、物のあり方を設定するあるやり方を手に入れたことになる。

いま、建築はあらかじめ目的が与えられているのではなく、その場あるいは空間で、目的をつくり出す性質、目的生成的な側面があるという認識は重要である。建築家はそこで、人間をどのような状況に引き込むべきなのかを、物を通して洞察しなければならない。

それには「構え」という言葉が「みがまえ」、「心のそなえ」という意味があるのが示唆に富む。つまりある場所では、はいりくる人の心に秩序感、統一感を与えるように構えるであろうし、ある場所ではその構えは社会的な生活のルール、習慣を示すことになろう。

そのいずれも共通なのは人間の行動様式への理解、惹き起すべき状況の判断が前提となる。そして構えとは、人の流れとか構造的、環境工学的、社会的、心理的な条件よりくる各種の力をうまく流すために設定された物のあり方だということができる。設計におけるひとつの壁の位置の確定の困難さは、そこが単に、通る通れないということではなく、建築全体の空間のストラクチャー、構えを決めてくるということにあるだろう。たとえば部屋のなかの一本の柱

が空間を仕切るというのは、ぼくらがよく知っていることである。

III 読み

ここで「構え」から建築へ接近するやり方の方向を語らなければならない。囲碁や将棋で先の手の変化と状況を考える「読み」という操作が「構え」を決定する際に、働くと考えられる。

今ある人間を「読む」場合にふたつの方法があろう。

一 対象とする人間をひとりに限定し、その心理の内部から、人格を構成しようとする

二 彼をとりまく交友関係、親、兄弟、学校環境、などとその人間の関係の仕方から割り出そうとするもの。

構えからのアプローチは空間に注目しようとも、明らかに二の方法を採っている。とすれば、そこでひとつの方法も浮んでこよう。従来の空間論が空間内部の質の定性化ばかり言及していたのに比べて、ここではその空間をひとつのサブシステムとするシステムを想定し、一応対象とする空間を、全体的な現象はわかるが、内部のオペレーショナルなディティールは明らかでないBlack Boxとして扱い、システム内での位置関係、作用する力、時間的な安定性などを、解き明かし、パターンのセマンティクスを基本としながら構えを決定してゆくという方法である。

今回は一応、簡単な、「構え」という考え方の素描に終ったが、次は改めて何等かの作用し得るものとして問題にしたいと思う。またぼくはこの方法で総ての建築を覆えるなどとはさらさら考えていない。確かにあるものを捨象しながら進んでいる。あまりにも偉大な物自体に関する領域から遠く離れながら……。

物の味方

初出：『建築文化』一九七五年七月号

〈建築を設計することと現在という瞬間を生きること〉の一致を菊竹清訓という建築家のなかに五年間、間近に見てきた。通常、建築の設計とは、社会的な外力（要望、予算、制度……）との平衡状態を見出そうとする作業なのであるが、彼の場合、どれだけ自分自身との同一性を保つことができるか、創るという行為のなかに、ときどきの思考や感覚を引き寄せ、定着し、肉体化してゆけるかということにあったのではないか。

それは、あらかじめ世界の矛盾が露呈しないような道筋を選ぼうとする態度ではない。むしろ容易に対立状態が一掃されえないときにこそ、デザインする領域が深く拓けてくるというのが菊竹を捉えた確信だった。〈亀裂を生きること〉、その発見を、ライブに物の姿に刻みつけてゆくこと。大胆な発想、デザインのアドリブ性、設計変更、しかし、訴えかけるリアルな感覚、彼の建築の持つ〈深さの次元〉もまたすべてそこから来ているように思われた。

独立し、自らの仕事場を表参道のマンションの一室に持ち、三年経っていて大学で学生を指導する立場ではあったが、確たる仕事もなく、ガランとした室内で、私にとっての設計の出発点、作業が向かっているものを言葉にして定着しておく必要を感じていた。〈裸の箱〉が住宅であるという手掛りをル・コルビュジエの白の時代の研究を通して見ていた。住まいに〈建築性〉を見出そうとしていたのだ。個別の小さな住宅を具体的に設計しながら、その困難さ、ささやかな希望の告白であり、菊竹清訓に一方で共感しながら、そうではない自分の密やかな自己確認の作業であった。

しかし、今読んでも、こんな、内向きの息が詰まるような未来のない長い文章が、『建築文化』という公の月刊誌によく掲載され、出版されたものだと思う。苦労して書いたが、読む人は誰もいなかっただろう。しかし、若いころのこうした独断的で無謀な〈建築への問い〉——建築なるものが自立したものであり、存在の光を受け、自らを開示するその驚きや豊かさへの探求の心——が四〇年経っても自分のなかにやはり脈々と流れて、あいかわらず居座っているのを感じる。

私はローマやニームを、散在している骨格として考えるのが楽しい。生きている古代の都会の、生きている古代の、ここが頸骨、あそこが頭蓋骨というように。そのとき私は、いつも、肉も骨もある異様な巨大な像を思い描く。それは、私たちが、私たちの得た知識でどんなに合理的に帰納しても、古代ローマの国民や旧プロヴァンス地方の群衆のような独特な表現を用いてさえも、照応しない巨像なのだ。こうした巨大な像が存在したことを、いわば非常に幽かな、特に抽象的なそのヴィジョンが育てばいいと思う！その類に、その腕の形に、さらにその肉体に沿ってどうその腕が置かれているのか、できるなら私は自分の手で触れてみたいと思う。私たちはその総てを貝のように持っているのだ。私たちは、貝のように充分な肉体を得ているのだ。私たちは自然から離れてはいない。軟体動物も甲殻類も目の前に存在している。そこに、私たちの楽しみを十倍にする一種の不安があるのだ。

——フランシス・ポンジュ「貝に関するノート」

(『物の味方』より)

I 制作行為

ひとつの建築を完成するということは、ひとりの建築家にとって、いったいどのようなことなのか。

たしかにある種の完成からの逆の投射によってのみ設計という作業は続行されうる。彼の観念内部での完成像はつねに揺れ動きながらも、私たちの生きる、この時間の方向に向かって侵蝕され続け、その可能性あるいは許容範囲を消去し、限定しながら、その事実ゆえにあたかも完成に向かっているように思わせる。

しかし、彼にとって、観念の世界内でのイメージや働きや実現すべき目的のみが真実であり、その完成への意図をあからさまに示したとき、それはどのようにやってくるだろうか。多様な物の在り方のひとつの収斂してゆく点を、前もってめざして進んでいくことができるのか。物の最終的な存在様態としての形態にそれを見ることができるだろうか。だれもその間の消息を語るものはいない。私たちの目の前には、一方にひとりの人間と幾分系統立った記述、彼の口から発せられた言葉の断片があり、もう一方にそれらから隔絶した偶然の所産のような物質の在り様が地上のある位置に正確に埋め込まれている。

私たちにとって、そうした観念の世界に出発し、物の世界に至るまでの道行きに、一貫した過程を見ようとする欲求、またその過程を、観念から現実の最終形態たる建築に向かう方向性によって記述し、普遍化し、自立させようとする欲求は根深い。そのとき、建築家は、完成の必須の条件である与えられた敷地や経済その他の個別的諸条件、あるいはその時点での技術的制約などの特殊性の集積と闘いながら、人間の側の論理である一貫した過程を推し進めようとするだろう。つまり彼は意図する。が物質の在り様はつねに無限にあって、それぞれは無関係にただもう生々しく裸形で彼を襲ってくる。それら一つひとつのディテールを理詰めに追っていって、すべてを検証しようとする構えをとれば、彼は必然的に失敗するだろう。生きるということのひとつの限定性が世界の多様さに追いつかないのだ。彼は対応するさまざまな物質の在り方に驚かされ続けながらも、物の側の論理に身を浸し、ひとつの物の秩序を携えて、すべてを捨てて踏み込まねばならない。自己の目に明らかに強く映るものだけを頼りに、ひとつの形式の可能性に賭け、ほかの物たちを組み伏せてゆくのだ。そのとき、彼の選びとった形態組織(FORM SYSTEM)を得る手続きのみが、いつも創るという行為の本質的な部分に触れているように思われる。おそらく物質のほうに誤りはない。賭けに失敗するとすれば、人間の側から物に対して一方的に設定された一貫性のあるという、論理が敗北するにちがいない。創るという行為のなかには幾百の認識論が示すものより豊かな何物かがある。

いかなる時代の建築を創ろうとした人びとも、そうした形態組織を得るために、ほとんど無限の苦労を重ねてきたのではないか。そうした苦労の堆積が創り出した京都にみられる中庭を中心とした住居の形式、その土地それぞれの町家の諸形式は、幾多の時代のそこに住む人びととの、生活や観念を受けつける物の側の、秩序を持っていたということができる。またマニエリスムの建築家であるアンドレア・パッラーディオが別荘《ヴィルラ》を設計するに際し、確定されたひとつの平面形式を基本的な前提としていたという指摘[1]は、そうした形態組織から出発し、その形式の強さを試してみるという方法以外に、物の在り方の決定の全過程を始動させることができぬ建築家の思考の宿命を如実に表している。しかし、近代の合理主義に深く浸されたなかではそれでも、人たちは何かしら新しい理論が彼の決断を護っているというかもしれない。あるときは機能主義、またはメタボリズム、情報空間、そしてまた言語論の援用と、それぞれの時代の衣裳はいつでもある。だがそうした衣裳は制作者の肉体を飾るのみで、けっして護ることがない。現実の設計行為はあいかわらず、ひとつの形式に賭けるという不安を打ち消すことができない。いま、期限の切れた映画の切符や中途で消された煙草と等しく、製図板の上に置かれてある接合部のぎくしゃくしたバルサの小さな模型、この縮尺された空間は、いったいどんな意味をもっているのか。物の在り方の無限の可能性の一端を語っているだけではないのか。不安に閉ざされる。日が黄昏れる。もしかすると、そうした日常の建築家をとりまく絶対的な不安の意識だけが彼を支えているのかもしれない。

　また近代において建築に関する理論がほとんど物の世界以外の世界で、人間側の要求を表したもの、たとえば、「機能」・「効率」・「経済性」・「人間の集団や社会に対する考え方」・「思想」などをそのまま物の世界に連続的に接着させようとする志向[2]に貫かれていたことは私の興味を惹く。この思考の延長には物が明らかに人間から断れた地点で別の堅固な世界を創り出しているという事実、人間はそれらの堅固な物質の形式から、日々新たな意味を感得していくという建築にとって、基本的な伝達の仕組みが見失われることになった。最終的にそれは建築を何かのために単に利用しうるもの、漠然と何か機能を満たす代用物といった誤った風潮に容易に結びついてゆくべきものであった。

　だが、近代建築の発生の時点にあっては、それら一連の志向は、〝観念の物自体への到達〟という明瞭な誤謬を犯していたとしても、一度は実在する世界から離れ、物の在り方を鮮やかに切り開く、たしかにひとつの力だったのだが、それはその誤謬によって、そのまま大きな無力感にでもつながるような力だった。なぜなら、現在私たちをとりまいているのは、人間側の要求が浴びせた埃に輪郭を失った姿であり、それはあるときの人間の利用形態や、構法や、予算的な制約、そのほか気ままな人間の欲求・都合が閉じこめられ、それによって全体的な性格を規定されてしまった、見せかけのもの、らしいものとなり、ついに明らかな物質の存在として人間と相対することがない。

このエッセーは、機能や目的といった人間側の単一の解釈を不断に拒否し、設計途上にあっては、観念のプログラムから進み、それを置換しようとする人間の創作の過程をつねに反撃してくる物そのものの運動に注意を向け、つまりは〈物の味方〉という立場を貫徹したときの建築における思考の可能性を探ってみることである。これはかぎられた住宅の設計を中心とするささやかな実務と感覚から生まれた部分的な記述であり、ここでの〈物〉は厳密に定義されないし、またここで方法的な論議を進めるつもりもない。興味の中心は、制作行為が、まず観念に照らされた形の秩序を選びとることからはじまり、あるときはそれを表す図式の紙片、縮尺されたひとつの模型、書き散らされたスケッチから展開するということであり、それを感受し、反応し、再び新たな観念を抱き、それを異なった媒体に置換し、変位させて、そして……、といったふたつの異なった世界の運動――機能と目的をはらんでそこに展開する観念の運動と物質固有の運動――の絶えざる往復を保証し、設計がふたつの運動の接触を切り結ぶ地点を占めるものであるとすれば、そうした無限回の火花の発生する場所に注意を向けることである。その場所は、つねに現実、つまり完成から問いかけられている場所であって、私たちには容易にそれを斥けることができない。もし現在の建築の状況に関して何らかの語るべきことがあるとすれば、そうした現実との無限の交渉を経て、数量的な計算、ひとつの図式、スケッチや模型、ある本の一枚の写真、忘れられぬ現実の光景、それら設計途上の素材が示す全体的性格との制作者の出会い方であり、それらに頼りながら決断し、さまざまな偶然的な発見と渡り合いながら修正し、組み合わせてゆくときの物に向かってゆく、一連の仕草の依って立つところを明瞭にすることである。

II　一連の仕草

いま、木目模様にプリントされた一枚の壁面は、私に視点の変更を迫っているように思われる。視線は塩化ビニールの透明な皮膜の表面で止まる。けっしてその奥には入っていかない。その意味を尋ねることもない。柄のそろった木の内装が現実から消えたとき、木目模様のプリントは、木らしく見せることをやめて、抽象的な模様そのものとして独自の変遷をこれから辿るであろう。陶磁器のコップはプラスチックのコップに置き換わり、それがコーヒーの液体を満たし、やがてそうした変化、たとえば手にもつコップの軽さに無感覚になるだろう。そうした経験、物を見る目、聴く耳は現実によって一日一日私たちの感覚のなかに蓄積され、成長してゆくだろう。木目模様のプリント合板やプラスチックのコップに、私たちは現在では、何らかの有用性を付与するのであるが、有用という私たちの観念は、人間とそのささやかな知的領域以外にあっては、何らの意味をももたぬことに思い至ることもなく、それらは直線的に私たちの深部をつき崩し、変化させてゆく。そうして未来は十分すぎるほど現在の事実の、現在の私たちの雑多な状況のなかにそなわっているのではないか。やがて、経済性や有用性から解き放たれたとき、かりにそれらふたつの物質が、それぞれ寄り添って、存在の秩序を要求するときがくるかもしれない。というのも私たちは、あらゆる観念、あらゆる意味を排除し、はじめて、「何のためにこの物体はこうして在るのか」という問いを物に浴びせかけることができるからである。そうしたうえで、ただ純粋な視覚のみをもって、物の前に立つことは可能だろうか。

　私はときどき、間口が狭く奥深く引き込むような空間を持ったありふれた、京都の一軒の町家から、私たちの感覚や情緒に訴えてくるすべてのこまごまとした断片を、消し去ってみては楽しむ。中庭形式の町家はそこで人間が住むという生活の意味を次々失って、蒼白な形態と素材になり、やがてそれも消えて、その背後から無機的な殻と内部の仕組みが見えてくる。幾分閉鎖された横長の立方体の中央部と端部に五〇立米ほどの立体が二ヵ所打ち抜かれている。抜き取られた部分に向かっていくつかの開口が位置しているだろう。これが幾多の人間が数十年、あるいは数百年生《せい》と営んできた容器なのだろうか。

　もし、そのように曖昧な要素を捨象することが、ほとんどもとの住居の意味を失わせてしまうことであるとしても、その結果残った、ある本質的な形、抜け殻は、なぜいまの私を惹きつけるのだろうか。そういった異様なまでに還元された裸のひとつの形式は、現在の私に直感的に訴えてくるというそのことによって、そのままひとつの空間の可能性を語っているように思われる。そこまで抽象されてしまえば、もはやプラスチックのコップやプリントされた壁面もふさわしく、ある正しい位置に据えることにより、いままでの思考の逆過程を進行させ、まったく別の住居の可能性をくっきり浮かび上がらせることができるかもしれない。あるいは同様の還元の操作を加えて同じような立体をもった、ベッドフォードやボローニャやパディントンなど地球上のいくつかの場所の町家と比較して人間が住むということの感慨に浸ることも可能だ。

しかしそうした還元過程を進めたとき、人間の住居は貝の殻のように、なぜこうも人間そのものの肉体の形を語っていないのかという疑問が湧く。人間にとって住居は、一方で、自己に同一化することをどこかで拒むものでありながら、われわれの存在が何の必然性ももちえないような永遠に異質な外部の世界に対して、それでも唯一、最低限の人間化された構造〈人間の事象〉を示しているだろう。それらの無機的な殻と内部の仕組みは、絶えず人間が生存するとき、観念や営為や動きを根源的に魅了し、受けつけてきたひとつの物の構造を語っているだろう。

住居がそうしたひとつの関係の構造であり、数学的対象的領域の構成であると観じて、もはや最小限の情報体にまで思考において還元してゆきながら、もう一方でそれが、木や土やレンガやコンクリートや鉄に身を浸すときになって、ひとつの存在として、それは秩序より予想しなかった物の力を現前する。

そこで住居の物理性に直面する。それは必然的に住居の情念が、混沌が表明されるであろう。それは人間によって意味づけられたものではなく、何か理解しがたい圧倒的な存在の力なのだ。そのとき住居は、物理的には人間を保護する殻でありながら、みずからその空間のなかで、存在そのものとの関係において行為しなければならぬということを人間に認識させようとする。またそうした、環境を構成する物の存在の確実さが、人間というきわめて相対的な、不定な存在の背中を支え、一時の安定を保証し続けるという、住居の本質的な性格を受け持っているものにほかならない。

おそらくその両者の間に、私たちにとって住居の深い意味が横たわっているのではないか。現代という、情報がますます殖え続け、物のもつすべての意味が風化し人間と物を結ぶ構造的な絆が消失し無視されてゆこうとする流れに逆らって、もう一度そうした堅固な形式をもった物の側から、人間を透視する術は学ばれねばならない。そうしたうえで、いま、ひとつの建築のあるいはひとつの住居の内部で、物の関係性の明晰さと存在性の深さに出会うことは可能だろうか。

特徴的なことは、そのとき、一連の仕草は物の論理が示してくる全体的な性格に対する一連の感応の仕方こそ大切だということだ。つまり創造の過程における形を取り扱う態度を変えることだ。それは次のような問いから生じてくるだろう。最初に形態組織（FORM SYSTEM）があり、人間はそれらを不断に解釈し、それが開く豊かな意味の可能性を感受し、利用形態を見出していくことができるのみであり、その逆の道行、つまり近代の思考を覆った人間側の要求、解釈、意味から迫っていって、物質まで昇りつめようとする道は完全に断たれているのではないか。とすれば、私たちに残されているのは、物の存在の世界に注意を向け、降り注いでくる感覚に洗われながら、絆を発見し、可能性を探求し、その正確な反応を意識的に行使してゆく以外にない[3]。物を凝視する私たちの目、つまり物に対する新しい出会い方が問われている。設計の過程で、ある形態組織を操作し、形態の自己運動が開示してくる全体的性格に感応し、ある瞬間、一連の感覚的対応物が成立し磁力ある構造がはりめぐらされているのを見る。そのとき完成から問いかけられている設計行為は、操作する行為、創るという意志の持続そのものとその様態を感受する力、創られたものに価値を与えることのふたつの動力の無限回の相互変換過程を作動させているのであり、何をどのように創ろうかと意図し、操作の正確な目的をたずね、最終像をめざすことはできない。意図は小さなきっかけでしかなく、そこには操作を保証するひとつの形式とそれぞれの時代の物のイメージの明るさに照らされた一連の仕草のようなものが残ってゆく。その仕草がその時代の空間の性格を決定しているのではないか。

III 裸の箱

見るということは、それぞれの形態のしるしを読みとることであり、しかもそれぞれの物から急速にしるしが消失してゆくとき、自分の眼とそのとりまく世界をいったいどうすればよいのか。

所要室の種類、面積といった与件からはじめ、それの複雑な動線関係を抽象化し、それを連絡するという人間側の要求が司る運動を一方的に進行させ、現実の住宅の構成を規定しようとする志向は、最終的に、あらかじめ多くの意味を背負った空間的セット―部屋―を想定し、それらを結合するといった設計過程をとる[4]。その結果、何かしら外的な意味の充満するそれらの空間的なセット[5]の構成は、われわれの目がそこからしるしを読みとろうとする前に、すでにあまりにも多くの実用的あるいは慣習的情報が挿入されており、一個人の物との出会いに基礎づけられていないゆえに、それは見る力を奪い、本来ありうべき生活の瞬間のきらめきも、平板な、強大な客観的意味体系のなかにまぎれ、吸着され、消失してゆく。そうした志向は、物の構成のうえからみると、形態が開いてくる世界、その自立した運動を見棄て、形式の弱さに帰着する。形式がなくても、それぞれの説明がつきさえすればよい。対象の形式を直覚することより、対象を分析し、批判したほうがよい、そういったいわば、いつの時代にも争っている人間の認識のふたつの力のうち、科学の法則に歩調を合わせた一方の力の支配が、ひとつの情況を創り出している。住宅にはさまざまの有用な機器や持物や材質が入り込み、それらの巧妙な配列とそれらに埋もれた隙間を動く人間の動線によって住宅の外殻が決定される。[6]

　このようなとき、一九二〇年代のル・コルビュジエの住宅作品はきわめて示唆に富んでいる。彼はその著作のなかで〈住宅は住むための機械である〉と言っているが、いまではその文脈から明らかに次のように解釈できるのではないか。視覚はその住宅の構成のなかに、要素の複合としての純粋な関係自体の対象的関連を見る。その構成はそれを手段とするならひとつの緊密な功利的道具のようにも見えるだろう。しかし住宅のように住むことその構成そのものが目的とされるなら、それは関係自体の明晰な表現であると。AよりBが機能的であるというのは、関係の純粋さ、要素間の関係の数と法則が決定する欺瞞の少なさであって、人間を安楽に住まわせたりするからではないということはすでに自明のことだったのではないか。一歩しりぞいてもル・コルビュジエがしばしばその用語を混乱させ、プロパガンダとして近代的生活を実現するもの、すなわち厳密には予測しえないが、その住宅の住まい方、といった意味で機能の表現といっているときも形態の全体性をはらんだ自立した運動を確保したうえで、機能の決定性の少なさにはっきり目をひらき、それを否定することなく、新しい形態を開発してゆく要因として、つまり操作を促進して、触媒として、機能を考えていたことは疑いがないのではないか。一九二九年ごろ、《サヴォア邸》の第二次案が実施に移されること

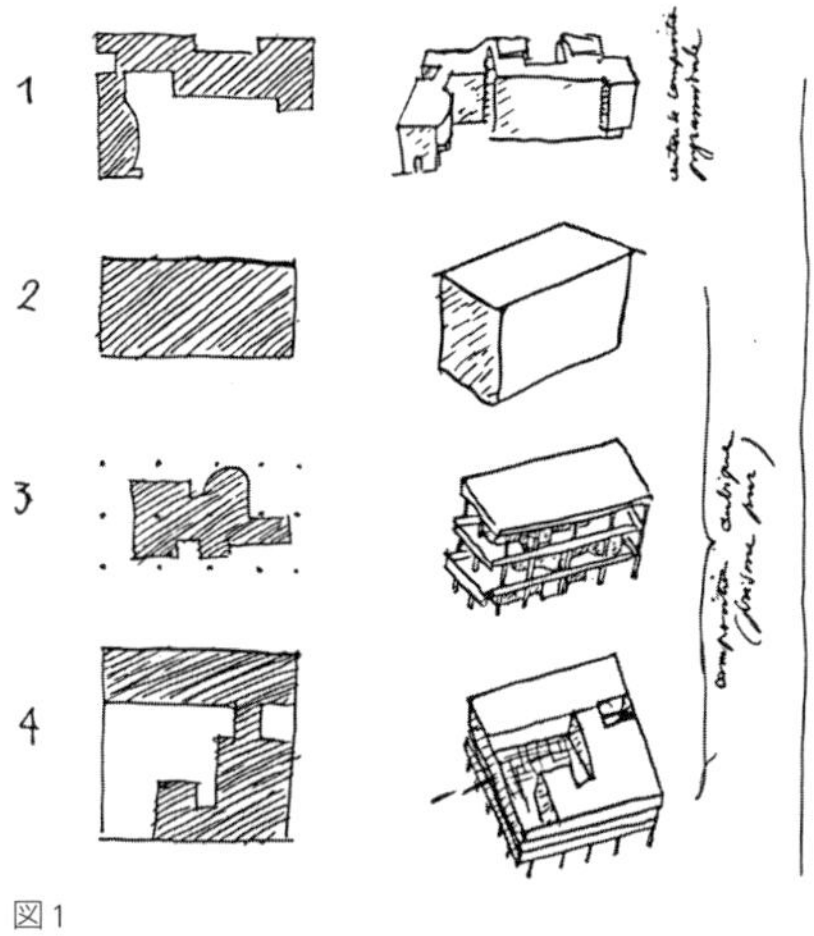

図1

が決定したときに書かれたと思われる、住宅の四つの構成法を示す一枚のスケッチはそれを如実に示している［図1］。

この一枚のスケッチの指示するものは、住宅の外殻の創り方を述べているだけにすぎないが、近代建築の在り方を論理的に語っているという意味できわめて興味深い。それは、構成の方法の記述として、古典建築の五つのオーダーにも匹敵するような構成原理を意味しており、それは近代建築の平滑な四つのオーダーとも考えられうるという予測を、いま私は仮定することができるのであるが、それはもっと別の機会に、徹底したかたちでとりあげられねばならない。ここではその仮定を受け入れたうえで、両者のオーダーの相違点を調べることに注意を集中する。まず第一に古典建築にあっては統御する際の原型の概念はあったとしても、部分の秩序が確保されていたこと。それらが積算された総和のなかに総体が示されるのに比べ、ル・コルビュジエの示す四つの構成法にはキューブという全体像があらかじめ確保されていることである。第二に前者が物体《ソリッド》の関係性について述べているのに比し、後者が空間《ボイド》の関係性を問題にしていることであり、そしてル・コルビュジエの場合、その前提に単純な直方体、何もない裸の箱がひとつの原像として意識されていることである。

そして、このスケッチが描かれてからほぼ五〇年経た現在、それらの裸の箱は、意味が氾濫し、物を見ることができなくなってしまったとき、なお日常的意味を退け、建築の存在を語り続ける絶対的な抽象性とその無類に明晰な物の関係性によって私に訴えてくるのである。

そこでの形態は、最小限の情報によって空間の関係性を明示して伝え、対象の新たな意味づけをその場に踏み込む人間に要求するようにしか使われておらず、一定の空間が固定的な情緒をかもし出すようには用いられていない。実用的あるいは慣習的な意味の群れが襲い、それが住宅の内部に網目をはりめぐらし、それらのニュアンスによる効果が、ときにいかに快いものであったにしろ、存在の関係に向かおうとせず、何か不確定なものに依存することになるのをそれらの作品は厳密に避けていた。一定の効果への集中度によって緊密に構成された物の関係性は、人間の感情と基底で連絡を保ちながらも自立している。

誤解しているのかもしれない。もはや、ル・コルビュジエの時代から五〇年経た現在の私の目は、増幅してそれらを語っているのかもしれない。たしかに、いまでは、そらの裸の箱は閉鎖性に乏しく、あまりにも明るすぎ、さまざまな持物や機器や情報的メディアを雑然と放り込むには、あまりにも存在性の稀薄さを感じさせはするものの、現在の産物である新しいひとつの感覚を具体的に発見し、強化しようとするとき、それはたしかなひとつの手掛りになるように思われる。

　たとえば町家を裸の箱に還元してゆこうとする興味と、一九二〇年代のル・コルビュジエの住宅に対する興味、それにしても何と偏頗な、ふたつの興味を、いま明確に表現することは難しい。それらの興味が湧き上がってくる源泉まで遡ってみれば、それは建築を創作するうえでの現在の視角を決定づけることになるだろう。

　裸の箱は、その還元過程を経て、具体的な生活そのものではなしに、その生活を構成する関係自体の対象的領域に向かっての関心を呼び起こす。その外殻は、けっして個別の表情を引き受けず、喜びや悲しみもけっしてそこにうつすことがなく、視線はまさにその表面にとどまる。しかし裸の箱の内部には、人間を根源的に惹きつける空間の構造[7]が埋め込まれているだろう。ある箱は、内部が抜き取られて中心部に中空を残し、ある箱は小空間の連なる迷路を含有し、ある箱は半分地中に埋め込まれるかもしれない。いくつかの人間にとって磁力ある構造は物の構成の面から見れば、無数のヴァリエーションをもち、それぞれあらゆる地域、あらゆる時代にばら撒かれているにちがいない。

　そうしたひとりの人間にとって、磁力あるものの存在に対する追及を開始しなければならない。それらの形態組織（FORM SYSTEM）がどれほど人間の観念や生活や動きを受けつける構造をもっているのか、いろいろなものが存在するなかで、あるものには感じ、ほかのものには感じないということは物の在り方においてどのようなことなのか。そうした一連の問いは、対象としてある事物が自己との関係において意識される構造を問題にするのである。それは物から人間を語るのでありその逆ではない。

　それがいま、物に付着した意味をいったん拭い取り、きわめて乾いた空間としてイメージされるとしたら、それはもう一度、多彩な意味や記号や声がふたたび事物の内部に住みつくようになることを願うとき、われわれのとる一連の仕草、見るための秘法なのである。物の表面に、意味が、記号が、声があふれ、存在に向かう感覚の回路を麻痺させようとするような状況にあって、つねに人間の感情をつなぎとめるひとつの形式を含有する裸の箱は、光が射し込み、空気が還流するだけのものとなり、人間の新たな意味づけや記号や声の発見を、待ち続けるだけの存在になるだろう。設計の過程にあっては、抽象的な図形の操作を意識的に持ち込み、貫徹した形式に向かいながら、それが排除しようとするものを強く意識し続けるという逆説的な過程によって、裸の箱は絶えざる人間の観念や感情や動きを汲みつくすその容量を決定する。その場合、直接意味性によって形態が規定されたもの、ある時代の生活型に符合した住宅、単一の解釈が決定する要素は時代が推移し、ある範囲の意味からずれが生じ、生活型が変化するとき、符合しているそのことによって個別であることの弱みを直接に露呈するのではないか。形態組織は、あらゆる時代の人間の観念や感情や動きを受けつける幅を測量されねばならない。

寝室はある意味では居間であるべきもので、両者に格別異なった性格があるわけではない。使われ方は形態組織が示唆するべきであり、居間は居間として見出されるとき、居間となるべきものなのである。そしてもうはるか以前に建てられたものであれば、その経済性、建設費、そのときの流行、集団や

社会に対する考え方、機能と効率などといったことなど忘れてしまってよいことなのだ。それにもかかわらず現実の設計行為は、それらを条件としてつねに完成から問いかけられている。実現をめざすかぎりその問いを斥けることができない。

そうした裸の箱、物の自立した構成は、人間を疎外するように見えながら、人間をある種の関係のなかに封じ込め、存在するものの関係性に向かわせる。建築の使われ方によって分類された建築種別は基本的な問題ではなくなり、形態組織からみれば、住宅は事務所であり、ホテルであり、美術館であり、学校でもある構造を示しているだろう。病院とホテルを差異づけているものも小さなものだろう。そこにあるのは空間の組織、形態の秩序だけであり、意味が最小限に切りつめられているおかげで、形式はますますだれの目にとっても明らかな、強固なものとなる。抽出された形式は必ずしも幾何学的なものに拘束されず、たとえば、貝殻を構成するある種の曲線を含んだ不定形に結果するかもしれない。[8]

いずれにしても、そこには人間が空間を認識するときのひとつのくせのようなもの——人間の普遍——が現われている。そうしたレントゲン光線を照射し、透すことによって、たとえば町家と一九二〇

年代のル・コルビュジエの住宅を一条の光線が貫いてゆく。つまり町家は抽象化されて生き返り、一九二〇年代の機能主義の住宅は、五〇年経た時代の感情から出発し、風土や歴史性を込められ、まったく異なった表情を固定して浮かびあがる。

IV 予感

コンクリート、鉄、ガラス、プラスチック、それら数知れず存在している物の形に発音させ、無数のしるしをそこに聴きわけることができるようになれば、一枚のアスファルトが敷きつめられたこの都市は、期待に満ちた乾いた密林のようになるだろう。密林の樹々の葉は輝き、鳥は啼き、川のせせらぎは横切ってゆくかもしれない。何もない裸の箱のなかで、意味や記号や声がふたたび物の内部に住みつくようになり、ガラス製の灰皿と灰の粒子、整列するコップと水、金属製のライターと炎、それら現にある無数の物が声低くつぶやいているのに聞き入る。

　人間がそれぞれの物に浴びせかけた利用や意味はいったん消去され、葉の輝きを見るように、たとえば空中高く固定されたクレーンを見つめ、そこから発するしるしを聴きとることができるようになるとき、それはきわめて直観的に建築のイメージにそれは連なってゆく。

　それにしても、こうした長い独断的な記述は物に付着する言葉が言葉を生産するといった果てしない観念から観念への綱渡りの縄を切断するために、進められてきたのであった。ここで次に述べられるイメージは、かりにひとつの具体的な住宅を思考の対象としてみればわかるように、現在の感覚的対応物として新しい空間の到来を予想させたとしても、必ず過剰な何かとなっている。またこれが示すのは私たちの物を見る眼であり、たとえばルネサンスやバロックの、あるいは今世紀初頭の建築に、また現代の作品、または土地特有の民家、町家にさえ、廃墟を透視する視線は向けられ、私たちはそこから現在に連なる糸を発見し、示唆を感受しようとする。こうした作業は感覚に訴えてくるそれらの具体的な作品を挙げて、触発してくるさまざまな思考の細道を追跡してみるべきものであって、本来物を構成する人間にとっては、個人的な制作行為を経て生み出された空間を提示することによってしか証明されえないものを、その用意がまだ整わぬという理由で、とりあえず別の不適当な方法、すなわち言語手段によって、その物の周囲を回って見ようとする試みである。だからこうした描写は、はじめから不十分で、実際には不可能な模索であることを承知で荒いイメージが確認されることのみを頼りに始まるのである。

住宅　非常に閉鎖性の高い殻　ひとつの何も語らぬ裸の箱

▪閉された表面にあけられた開口、光が呼び込まれ風が還流する。

▪住宅の殻は形態としては、最小限の情報を含有する。曲線に規定された形態、幾何学的形態。存在感のある抽象形態。それはスケールとボリュームを規定するだけである。

裸の箱と器物、各種の機器、
情報的なメディアは決定的に分離する

▪それぞれの部屋も、部屋自体の形状が示すインスピレーション以外のいっさいの特定の意識を呼び起こすものを排除している。人を特定の立場に置くのではなく、器物や機器によってどのような立場をそこでとるかを決定させる。

▪裸の箱は雑然と置かれた器物や機器と分離しうるだけの十分な容量が確保される。

裸の箱の内部は強固な形式に支配される

▪自立した構成。明瞭な構成原理。

▪いかなる部屋も明確に分節されながら、はっきりと部分に分けてとらえることを拒否するような強力な形式によって結合されている。空間の尺度、均衡、相互浸透、貫入などにより堅固に結ばれ部分にならぬよう一体となっている。

▪居住空間の原形質。人間を根源的に惹きつけてくる空間組織が直截に表され、ひとつの形式を成立させている。

▪形式の単純性は必ずしも体験の単純さと等しいことを示すものではない。

隔離された形態要素の透明な関係性が浮かびあがる

▪各要素の形態は自立した表現が与えられる。

▪各要素は緊密な関係性のうえに成立し、それぞれはけっして部分に分解しない。それは人間にとって磁力あるものの存在を語っている。

▪相互の場の関連性によって、それぞれの各要素のセットの関係性は整えられている。

▪一つひとつの要素の形態は、普遍化と抽象化によって、これを見る人のいかなる主観にとっても代替可能なものであらねばならない。たとえば柱や開口部や螺旋階段は人びとの観念のなかで思い浮かべる要素の最低限の情報をもつ形態が与えられており、それ以上を見る人に与えることがない。要素の関係性の設定にすべての感情が込められる。それは最小限の操作によって人間の情念が直截に表される。

つまり事件も物体も、鎖も、鉄環も、Aという単一の表現に帰する瞬間まで、単純化、純粋化をやめようとしない。街角Xから街灯Yまでの街路の一部分を、一台のモーターバイクが爆音をあげ、車軸《ハブ》を光らせながら走る。だがモーターバイクは、街路のその一部において、響きと煌めく光に縮小されてゆく。やがてその走行はやむであろう。だが街灯Yから街角Xまでの速くリズミカルな走行は、ひきつづき千年、あるいはそれ以上続き、ついにその魂となるであろう。そこには常に雨が降るだろうが、それはもはや雨とはならないだろう。歩道は右に進むだろうが、もはや歩道ではなくなるだろう。モーターバイクも、街角も、街灯も、削られた塀も、チェーンや湿ったタイヤの音も、陰気な臭いも、水分を含んで重くわだかまる煙もなくなるだろう。あるのは非常に静かで、はなやかな小さな絵、永遠なるものとなる前に死んでしまい、もはや理解できぬひとつの遊びを表わしている冷い光景だけだろう……。だが、さしあたり水は溝のなかを流れ、車道の水たまりのあちこちにはさまざまなものが浮かんでいる。いまは発端であった。

――J・M・G・ル・クレジオ『大洪水』

1――ルドルフ・ウィットコウワー著、中森義宗訳『ヒューマニズム建築の源流』彰国社、一九七一年、第Ⅲ章第二節「パッラディオの幾何学――別荘」参照。

2――ウルリヒ・コンラーツ編、阿部公正訳『世界建築宣言文集』彰国社、一九七〇年。エーリヒ・メンデルゾーンのディナーミク（力学）の概念がその例外として注意を惹く。そこではディナーミクな形態がまず語られている。「混沌と呼ばれる現代ほど世界の秩序が明白になったことはまれであり、存在の理法のみが広く知られるようになったこともまれであると思われる。われわれはすべて、基本的な事象によって動かされるのであり、（……）運動の力や引張りのたわむれが、それぞれいかに多様にその効果を発揮するものであるかを知っている。（……）あなたがたの血のディナーミクをもって、現実の機能を形成しよう（……）」（ディナーミクと機能、一九二三年）

3――香山壽夫「建築の形態分析」『a+u』一九七三年一一月号。同論文には、形態への注目へ向かう経緯と形態の豊富な世界の提示の方法が論じられている。

4――また一般の住宅の建主の要求は、それを如実に表している。部屋の規模や使い勝手が支配的であり、「朝日の差し込む食堂」といった具体的な要求はまれである。

5――たとえば不動産屋の店先で表示される和6、4.5、DK4.5、バス・トイレ付といった記号が喚起してくるものと、現実の空間との不思議に正確な対応を思い浮かべて見ればよい。

6――『日経ビジネス』一九七一年一一月二九日号。住宅公団の2DK～3DKの調査は、一例として3DKの住居の玄関、浴室を除いた居室面積二九平米のうち、機器や器物が一七平米、約六〇パーセントを占めていることを報告している。

7――C・ノルベルグ・シュルツ著、加藤邦男訳『実存・空間・建築』鹿島出版会、一九七三年。知覚心理学の成果を翻訳し、シュルツは初期に組織化される空間的シェマとして次の三つを挙げ、人間が己れ自からを定位するために必要な諸関係であるとする一般的な記述をしている。
〈中心（center）すなわち場所（place　近接関係）、方向（direction）すなわち通路（path　連続関係）、区域（area）すなわち領域（domain）　閉合関係）〉

8――ヴォリンゲル著、草薙正夫訳『抽象と感情移入』岩波書店、一九五三年。
ヴォリンゲルは外界の個物をその恣意性と外見的な偶然性とから抽出して抽象的な形式にあてはめるといいながら、暗黙のうちに思考は幾何学形態に結びついていたようである。そうした抽出作用は必ずしも幾何学的な形に結果するとはかぎらないとする反問は成立しうる。

都市の事実

初出：『新建築』一九八一年五月号

巷のどこかしこに、いまだいろんな風情の人間がうろつき、見知らぬ形が日々生まれていた。大病のあとでもあり、いじけたように身を屈めて、高度成長の景気に躍る人びとの活気を横目に、時代の風景が変化するのを見詰めながら、カメラを下げ街に出ては、撮ることが習慣になった。それらはデザインされたものより、格別新鮮に見えた。見知らぬ形は、根拠がないわけではなく、それぞれに背景を持って生まれてきたにちがいなかった。都市現象をここで〈第二の自然〉だと言っているが、ザワザワと感じられればはじめたのである。東京という都市が動きはじめ、異なった論理が重合して、生成してゆく軋みのようなものだったろう。都市の形をつくりあげる、社会的な力の集合を、透明に、触知可能なものとして視覚化することができたら生き生きとした形の世界が生まれるのではないか。

今考えてみると、資本の力が建築のなかに深く介入して、支配しはじめる、初起動でしかなかったのだが、そんな不整合のなかに可能性を見ていた。一日、二日家で、集中して長い文章を一気に書いた記憶がある。全体が徹夜の物語になっているが、実際にそんな状況で書いていたからである。この文章は、〈武蔵新城の住宅〉が掲載された翌月の雑誌に載り、友人や建築家たちからも直接の反響があって、『ＪＡ』に要約が英訳されて、海外からの問い合わせなどもあった。ツルツル、ピカピカでのっぺりとした平坦なだらしない世界が生まれる前の、あのころの、過渡期の一瞬の、風景の異変が、みなのなかに同時代的なものとして共感されたのだろう。

前面の道を通る酔っ払いの嬌声や時折、地鳴りのように響いて駆け抜けるタクシーの往来がとだえてしまうとまったくの静寂がやってくる。貨物列車のガタゴトと合奏するように続いてゆく音が消えるともう朝三時だ。ガスストーブに掛けたヤカンが沸騰するチンチンという乾いた小さな音が聞こえるだけで、他には何の音もしない。小さな円型の明かりに照らされた作業台から外を、アルミサッシュ越しに冬の真黒な闇の奥を見ようとする。自分を包む巨大な夜。夜の底に達して息をひそめている一匹の夜光虫。それは東京をとりまく広大な地帯に拡がった一点、武蔵新城のこの小さな部屋から始まって巨大な都市全体をいま一様に浸している真黒な沈黙だ。きっと都市の一隅では、いま工事用の黄色いバリケードがはりめぐらされ、小さな赤いランプが点り、ヘルメットをかぶった人たちが往来し、黒いアスファルトの道が切開されているかも知れない。また都市の盛り場のひとつの通りではいまだ嬌声が飛び交い、看板やネオンの重なりが明滅しているだろう。やはりここにいても意識は東京という都市に向かって、そこから拡がった真黒な沈黙の海のなかに閉じこめられている。まるで夜の大海原を漂う一隻の船のように、そしてその小さな船室のなかから、この小さな住宅のなかから外部に拡がっている大洋を思い浮かべる。私たちの感覚の層の奥ですでに母胎となってしまったような巨大な「都市の事実」の風景のさまざまについて。

本郷春日町風景

本郷にある仕事場に通うとき、奇妙な風景に出会う。戦前に建てられただろう二階建の寄棟の建物の端部が、おそらくその前面の春日通りの拡張にともなって削り取られ、道行く人に歪んだ切妻のファサードを晒していることだ。それは鼻がそがれたような無残な、それでいて不思議に深く心に残る風景だ。もちろんそんな風景は、じっと凝視する対象ではなく、あわただしい都市の生活のなかで、ふっと現れて、たちまち別の関心事によってかき消されてしまうささやかな「都市の事実」の断片にすぎない。しかし私たちは現実の日常の生活の経験のなかで、そんな心に焼きつくような風景の一片を絶えず積み重ね、心のなかに何枚も綴じ合わせているのではないか。それらはときに美しかったり、暴力的であったり、滑稽であったりする。しかしそれはけして何か統一した像によって全体化されることがなく、自然の山なみの量塊の配列や、空や海の光景の色合いや輝きの具合の移り変わりのように連続的に展開し、

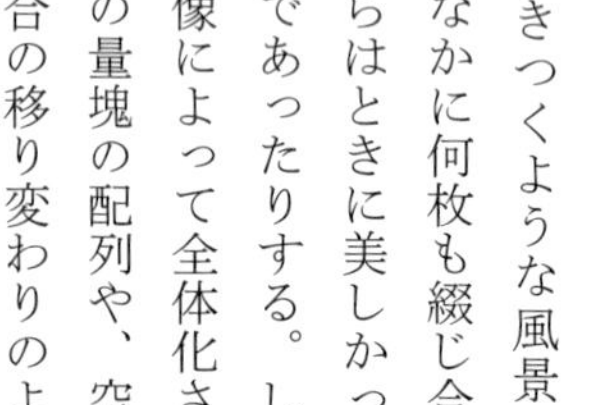

秩序をつくり、同化し合うということがない。それらはひたすら断片的であり、ふっと現れては何かを残し消える場面《シーン》でしかない。それだけを取り出して風景画を描くことさえ無意味だろう。それは私たちの生きる都市の現実であり、おそらくは「事物」と「私たち」の絶え間ない多層な応答の果てにその表層に現れた現象にちがいない。

春日通りの風景の少々グロテスクな、心に突きささるような魅力はそうした多層な応答がひとつの建物のなかに刻印されているという理由によるからではないか。つまりここにはふたつの事実が同時に語られているだろう。ひとつは古くからそこに中心性を持った寄棟の西洋館が建っていたということ、もうひとつは新規の道路がそこに割り込んできたということ。ふたつの事実は本来相互に何の関係もない。しかし、ひとつの建築の秩序の体系と道路の秩序の体系がそこで出会い、輪郭《プロフィル》の複雑な表情を生み、歪んだ切妻の面という同一の水準《レベル》に投影され、ズレたまま重ね合わされている。どちらがどちらに従属し、同化されるということもなく、即物的で少々強引な処置が施されている。理不尽な都市の力と一個の建築の間に時間的なズレがもしなかったとしたら、こんな直接的でなまなましい表情はけして生み出されなかっただろう。毎朝、東富坂を登った先に見えてくるこの建物の表情を見るたびにいつもそう思う。往来の激しい道路にちょっと振り向くようなこの建物の素振り《ジェスチャー》の意味することのさまざまに関して考える。

私はこうした「都市の事実」のいくつかについてこれから語りたいと思う。都市のなかで事実とは、都市を構成する要素や要素の配列であり、私たちは生きるなかでそこからその表す意味や機能が伝達されて、行動を指示し、感覚を受け、思考し、判断するといった多様な応答を繰り返している、そうした場の総体を意味しているであろう。この文章は、そうした都市で現在起こっている事実の客観的な記述や分析であると同時に、私の建築論でもある。つまり現在もっとも関心のある私の築く世界——建築に訴えかけてくる問題を都市の事実の側から描こうとする。それは都市の事実の認識が、現在ひとつの建築を設計してゆくことのなかで果たしている位置を示すことと同一である。それは一般的な問題であると同時に必然的に個人的なものであろう。

都市のなかの建築

たとえばひとつの住宅や町の診療所や小さな学校を設計するとき、私は周囲の町のブロックの配列を白いスタイロフォームの一〇〇分の一くらいの模型でつくる。そしてそれに計画中の建築をはめこんでみてはスタディする。単純な当初の概念的模型《モデル》は変形され次第に現実性《リアリティ》を増してゆく。外部の現実と一種の平衡状態を求めて進んでゆく過程だ。それは暗黙のうちに、ひとつの建築の計画を通して都市を計画していることではないか。既成の都市の事実（それがどんなに安っぽいガラクタな環境であるにしろ）の持っている力を計画中の建築のなかに写しとろう、あるいは何らかの対応を見出そうとする努力なのではないか。しかし設計の過程で安全な平衡状態に至り、それが達成できたからといって満足するわけではもちろんない。それでは日常の現実のなかに埋没し、紋切り型《ステレオタイプ》になってしまうだけだからだ。一個の建築の誕生を支える内的な課題《プログラム》に解答を与えながら（それも同じく複雑な論理の重なり合いを統合する作業だ！）都市の連鎖の一部分の変形や置換という作業を行うなかで、何か現実的《リアル》なもっと深いものを見出そうとしているにちがいない。もっと深いものとは、漠然としたいい方だが言葉ではそれ以外いいようがない。きっと形を操作する過程で日常、都市のなかに生活し、歩いている人間には見えず、見えても無意味な偶発的な断片としか写らないものを、さらに一歩踏み込んで、この都市という人工物の風景の底に潜んでいる構造を摘出することであるにちがいない。先に述べた春日通りの風景の深さ、不思議な魅力も、その形態の美しさということより、私たちのまわりで起こっている事態に対する真実、表現の可能なかぎりの正確さというところにあるように思われてならない。人工物の風景の構造を正確に表現することとはひとつの建築を設計するなかで外部との安定した平衡状態を求めながらも、それが破れ、もうひとつの生な現実の局面に突き出されるまで進んでゆくだろう。それではいったいどのようにひとつの建築を設計するなかで、そうした人工物の風景の構造、都市のイメージを写しとることが表現の主題として現れてくるのだろうか。それはふたつの異なった側面があるように思う。

まず第一に都市は物理的に私たちの築く建築が成立する場所であるという事実から生まれてくる。それは法制上の規約（斜線制限、容積率など）、土地の性格（変形した敷地、方位、道路との関係）、周囲の特性（障害物、隣地の建物）などを計画が反映している、いやせざるを得ないということだ。都心の風景を上部から展望すればそれは近代建築様式《インターナショナルスタイル》に都市のこうした物理的な制約が自動的《オートマティック》に作用して生み出された結果

とさえ思われる。スケールといい、テクスチャーといい、凹凸といい都市にはなんと多くのさまざまな近代建築が雑居しているのか。高層のマンションが、敷地や方位や法的な規制にそれぞれ反応しながらギリギリの容積で林立し、そうした間隙を、庭付きの二階建の独立住居、木賃アパート、町工場、店舗付き住居がびっちりとはめこまれている。そこを強引に横切る巨大な構築物、高速道路、アスファルトの裂け目を割って現れたような点々とかたまる草や木の緑、人工の建物のなかの自然。都市を反映するというにとどまらず、その建築自体が、こんどはほかならぬつくられた第二の自然ともいうべき都市の一部になることをそれは示している。私の築く世界もその都心の風景のなかにぴっちりとはめこまれるだろう。設計中、白いスタイロフォームのブロック模型をつくることによって考えようとしていた内容は当の建築に都市の物理的な制約を投影することであると同時に、そこに生じる合奏の表情をまえもって判断することであったのだ。

　しかしそんな遠望して接近するような都市のイメージも「都市の建築」についての部分的であり、断片的なひとつの感じとりかたにすぎない。つまり私たちの都市を見る眼は都市のなかにきっちりとはめこまれている。したがってそうした全体の風景とは、そのなかを動きまわりながらつくり上げている都市のイメージの部分的、断片的な投影でしかない。

　第二の側面は建築が成立する場所が都市であるといった第一の側面とは別の、イメージの文脈としての都市だ。それは私たち現代人の知覚の母胎となってしまったような都市のイメージだ。それは先に述べたように、多面的で全体としてひどくとりとめがなく散漫で、まったく脈絡を欠いているように見える。だいいち建築の表現の主題《テーマ》ともなりえないように見える。一九七〇年代の建築の表現の一部が都市から断絶した極端に閉鎖的な建築的世界へと向かったことの裏には未開で、混乱の象徴としての都市現象に対する全面的な建築側からの侵入の拒否があっただろう。しかし私たちはそのなかで、ゴッタ煮であり混乱の象徴であるといわれる、この日本の都市の風景の砂漠を渡り歩きながらも、日々生活を営む過程で、無限に豊かな視覚的データを受けとり、それを持ち帰り、知覚や感覚や感情の層の奥に沈め編成し直すことをやめない。私にはそれが意図したものであれ、せざるものであれ、置かれてしまった環境をともかく人間化し、世界を再構成しようとする人間の側からの外界に対する強靭な創造的適応力のようにみえる。そして先のひとつの建築の表現においてもっと深い現実的《リアル》なものを求めるというのも、一見この厖大で不条理な全体の世界にあって、ひとつの形の構成を通して、世界を解釈し、部分的にせよ理解しうるような輪郭を与えようとする欲求ではないか。人間は絶えず意味に向かってゆこうとする存在なのだ。

いま、風景の砂漠、このごくありふれた大量生産品によって織りなされた親しみ深く、そしてしらじらしく、特定の情緒や思い入れを見出すことがほとんど不可能な都市の光景のかずかずを前にして、「都市の建築」の表現から徹底して人間的要素を切り捨てて、意味の届かぬような物をつくろうと、あるときひとりの建築家が（たとえば数年前私が）決意したとしても、切り口から溢れ出してくるのはやはりそれが世界を解釈することへの人間の基本的な希望なのだとしか考えられないということだ。現在、熟慮された建築の表現の総体が一般化した建物の現れに比べて基本的に無表情であることもそうした反応の結果であろう。そこには即物的なますます乾いた表現へと向けてゆく時代の力を確かに読み取れる。しかし一方でそれは人間的な脈絡を必死になって見出す作業によってどこかで引きとどめられるだろう。

一九八一年の現在、意識的な建築家にとっては小さな住宅を計画することでさえ、新しい自然の解釈、世界の歪みの修正、人間の尺度に合わせてこの不安定な外界を再構成しようとする試みのひとつなのではないか。しかしもちろん良識ある生活派から見ればそれがほとんど誇大妄想、夢のなかの怪物との格闘ぐらいにしか写らない可能性も十分あるにちがいない。

第二の自然となった都市

私たちをとりまく自然が決定的に変わってしまったことが源泉だ。そこからさまざまな問題が流れ出すだろう。いわゆる戦後世代のはしりに属するだろう私のかぎられた範囲の経験に照らしてみても、日本の経済発展の急速に進んだ一九五〇年代のなかごろから都市という生活環境のなかに、新たな現象や見慣れぬ無数の人工的物体を眼にしはじめたように思う。それはたとえば、人間の尺度《スケール》を越えて、家並みの上空に侵入してきた高速道路であり、林立するコンクリートや鉄の分厚い柱脚である。車の量とスピードであり、ガソリンスタンドと駐車場の巨大な空地である。そして量産製品《マスプロ》とマス・メディアにとりまかれた生活。室内においても自然の素材が排除

され石油化学製品《プラスチック》を主とした人工素材の皮膜化、中空化がつくり出す消費文化の風景。使い捨ての紙コップ。電車のぶらさがり広告を通じてまで都市のなかに細かい網の目のようにはりめぐらされるマス・メディア。通りに散乱する数多くの記号《サイン》、広告、看板。そして何よりも柱梁《ラーメン》構造による退屈な近代建築様式の繰り返し。日焼けしたブラインドが内側に見える全面ガラスのカーテンウォールあるいは矩形の窓が規則的にあけられ、ときには斜線制限により階段状に削りとられたビル、そのいずれもがまったく無機的に、日中、乾燥器にかけられたかのように無造作に通りに向かってポンと投げ出されている。そしてそれらの集合は間隙に、それとは反対の薄暗い、情緒や思い入れを見出すことがほとんど不可能なような見捨てられた奇妙な空間を生み出しつつ。たとえば〈便器の前に立って外を見ると目前に隣のビルの壁面があり薄い日の光が射し込んでいる〉、そんな光景は都市に生活する人間なら誰でも無意識のうちに、何回も繰り返して心に畳み込んでいるような「都市の事実」の一片ではないか。そこにあるのは疲弊した近代建築、あるいは近代建築様式《インターナショナルスタイル》が含みえなかったような矛盾、新しい事実の露呈があるだろう。歩行するための大地の床はつぎつぎとアスファルトで舗装され、舗道を割って天に伸びあがる自然の街路樹がむしろ人工的な装飾のように対象化されて見えるという自然と人工の逆転現象。

　そしてほとんど最後の自然ともいうべき人間の輪郭さえ、全然関係のない他人とたとえば電車という大量輸送機関を共同で利用し、押し込められることを通じて身振りの微妙な読みとりを捨て無性格なものとして感じるようになること、そしてまたそれとは逆に、たとえば会社という人間の集団のなかではまるで機械のように編成された精密なコミュニケーションの規約《ルール》のもとで鋭敏に反応しながら活動するといった相反した一種の自動化《オートマティズム》、そうした無数の人工物や新たな現象が五〇年代のなかごろから生活のなかに序々に侵入し、それまでの自然のリズムにもとづいた日本の伝統的な生活の様式の感覚に少しずつ変調をもたらしはじめたのではないか。そしてそうした活気に満ちたるつぼのような混乱のなかを盲目的に生きながら私たちはほとんど本能的な衝動によって外界の秩序を求め脈絡を求めて、避けようもなくそこに人間的な意味を求めてきたのだと思う。そして一九八一年の現在、都市は相変わらず多くの人間によってつくり出され改変され、休むことなく構造に手を加えられながらも、私たちにとっていま

やすべての感受性の母胎、人間の感覚に栄養を送る根となり、それはアスファルトが敷きつめられた地層のなかにめぐらされはじめたように私には強く感じられる。それが〈第二の自然〉となった都市ということの意味だ。それは避けようもなく私たちの時代の人間の感覚の普遍に関わり、規範を生み出すことになる。

それはルネッサンスの建築家、たとえばパッラディオにとってギリシャやローマに具体化された〈自然〉の秩序がひとつの建築にとって手掛りであり、感覚の基準となったというような意味においてだ。もちろんパッラディオのすべての建築が常に自然にとりまかれていたというようなことではない。私は、よくいわれるようにパッラディオに代表されるようなルネッサンス以後の多くの人びとがローマの黄金時代とか完全な田園の生活といったものを本当にまじめに信じていたということを疑問にさえ思う。むしろそうした〈自然〉の秩序に対する夢や神話が、想像力の圏内で絵画や建築や詩を、つまり文化を生産するに足る具体性を保持し続けていたという事実を思い起こしているわけだ。そうした意味で、私は建築をつくるなかで都市を解釈する。これらの都市、人工物の巨大な集合《アッセンブリイ》とその万華鏡のような現象、それらを第二の自然のように感じる。そうした具体的でもあり抽象的な生き生きとした都市の像《イメージ》、それが私の求める「現代の空間」であり、建築をつくる重要な手掛りとなるにちがいない。

探検家が密林のなかに入り込み、樹々の葉の輝きや鳥の啼きや川のせせらぎを渡り、事実を求めたように、私は毎日、都市に入り込み、多様な印象を収穫してくる。とりとめのない雑多な印象のなかから、フィルターを経て心につきささるもの、受け入れうるもの、つまり人間的な脈絡によって構造化されうるもの、それが「都市の事実」を構成する。その断片は「現代の空間」を組み立てる作業場の材料《マテリアル》となり、建築という装置を構成し、効果を生み出すための鮮度のよい部品として実験室の貯蔵庫《ストック》のなかに挿入されるだろう。

日本の都市の表情は全体としてみると極端な対立もなければ起伏もない。どこといって劇的《ドラマティック》な風景はなく、もっと気楽な集合《アッセンブリイ》でありゴッタ煮だ。しかし要素に即物的な目を向けてみると一貫して共通するふたつの体系《システム》によって建築が生み出されていることがわかる。ひとつは都心の風景をつくり出している、今世紀初頭に成立した近代建築様式《インターナショナルスタイル》に起源を持つものであり、その風景はまえに述べた。

もうひとつは日本の伝統的な建築の様式に起源を持つものである。それは現在の木造のプレファブ住宅や建売住宅が依拠しているものであり、標準的な像《イメージ》は二階建、平入りで、屋根は色鮮かな瓦や鉄板で葺かれ、下屋庇を持ち、モルタルや吹き付けられたリシンの壁であり、アルミサッシュの格子戸やガラス戸が取り付けられている。それらは都心の谷間にはめ込まれたり、郊外にあっては、箱形の団地の干し布団の羅列とは別に、それらが方位という一方的な規制に対応しながら微小な変化《ヴァリエーション》をつけてびっしりと建ち並び、けだるい無機的な風景を繰り拡げている。おそらく基本的にはそのふたつの様式《スタイル》を基本《ベース》に、土地の規制や歴史的、法的規制や経済的条件あるいは大衆社会の状況の投影、人間の生活の反映などの歪みを吸収しながら変形され、応答関係を繰り返しながら、いわゆる私たちの〈第二の自然〉、都市のインテリアの風景はつくり出されている。それらの建築物、土木的構築物、こまぎれの自然、その複雑な集合《アッセンブリイ》からはすみずみまで秩序がゆき渡るような全体の概念はあらかじめ放棄されている。私たちは隣接し、相互に干渉し合いながらまったく異なった種類の空間を渡り歩いてゆく。それらは一連の対比的効果の連続として訴えてくる。そうした不連続性こそ日常的で自然なものであり、そこでは滑らかな調和に満ちた一様な秩序に基礎づけられた配列《デザイン》が逆に異質になってゆくだろう。私たちの都市における世界《コスモス》とは、このような風景を断片的に、不連続に重ね合わせ、日々それを組み立てることによって成立しているのである。

　またその新しい日本の都市の風景の形態的構造を特徴づけているものは水平的な要素の欠如である。いわゆる自然の風景（パッラディオの建築《ヴィラ》にとってのヴェルギリウスの夢がそうだったように）が本質的に水平に拡がっており建築が貴重な垂直的要素であるとしたら〈第二の自然〉の風景は、細分化され、層状に重ねられることによって生まれる建築の何本もの垂直的な要素が支配的である。（背後に山なみや海の自然の強い水平線が見られない場合には）それと均衡する唯一の水平的な要素である道路もビルの間から切れ切れに見えるにすぎない。このことは第二の自然のなかに挿入されざるを得ない「現代の空間」の形態構成の比例組織を決定づける要因として重要であろう。つまり水平性を増す方策こそ考慮され、デザインの対象となるだろうということだ。

　次にここ一〇〇年ほどの建築の歴史に目を移し共通するふたつの体系《システム》のひとつとして近代建築様式《インターナショナルスタイル》の

辿った変遷と、現在の問題に光を当ててみよう。よくいわれるように近代建築様式は工業技術の持つ力に無限の信頼を寄せたある意味で極端《ストレート》な建築理論であっただろう。建築の持っている多くの問題に目をつぶり、技術の可能性に賭け、そこから空間意識の変革、建築の表現の革命をめざしたといえる。しかしその成立当初持っていた生き生きとした空間はやがて機械的手順《ルーティン》に陥り、現実に巨大な生産力を獲得してゆく過程で、技術の自己運動のひとり歩きの方向がもはや明らかになってきてしまった。それが現代の様式としての状況にちがいない。そうした一種の単一な建築の論理の展開を押し返し、建築が引き受けている多様な問題、つまり日常性や現実性《リアリティ》を回復するさまざまな試みが繰り返されている。そこでは近代において建築がもし技術的な要因から生まれてきたものであったとしても、そうしたいわば機能の抽象性のみでなく、受け取る人間の側としては具体性を通してものに関わっているだろうということが議論の要点だ。そのなかで最も重要な理論家と思われるヴェンチューリは商業的《コマーシャル》な文化のなかで定着した変形の方策、現実性《リアリティ》と日常性の付与の方式をクローズアップする。しかしそれは主張を明快《クリヤー》にするためにある側面が強調されすぎているようにさえ思う。それはどこまで一般性を持つのだろうか。日本の現在の状態を考えてみても、商業的《コマーシャル》な環境においてはすでに最も現実的《リアル》な世界がすでに生まれはじめている。ひと昔まえ、CIAMにおいて〈都市は住宅であり、街路は住宅の居間である〉などと比喩的に語られたが、ここではまったくの具体性を帯びた事実となってしまった新宿を歩いてみるとよい。居間には巨大な電光板というテレビがあり、人の流れがあり各部屋からの呼びかけが居間に開放されそこに渦巻いている。ゲームセンターの鋭い電気音、放送される広告の客引き文句《キャッチフレーズ》、ラウドスピーカーから流れる電気的に増幅されたロックのリズム、色とりどりの垂れ幕、看板、広告塔、ネオンサイン、飾りつけたショーウインドゥ、そしてむき出しにされたエレベーター。それぞれの建築からの情報が町に流れ込みあふれている。そこに人は、まさに今世紀初頭、ロシアに開花した前衛的な建築運動がイメージした建築の姿そのものの具現を見ることができるだろう。

たとえばリシツキーによって「構成主義美学の体現」と呼ばれたヴェスニン兄弟のプラウダ社屋（一九二四）の計画は厳格で無表情《クール》な構造体とガラスの皮膜に露出のエレベーターや回転する広告、ラウド

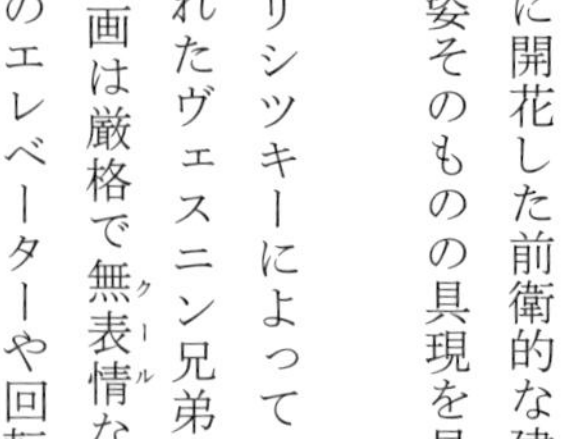

スピーカー、サーチライト、上部の旗などの付属物が重ね合わせられている。新宿の町の建築においてはその形の要素は多様化し、純粋な幾何学の統制は崩れはじめているものの、それは都市に呼びかけようとした近代建築のひとつのあり方として六〇年もの時代を経てきわめて近い（あるいはもっと過激な）一般化した表現に定着したといえるのではないか。また当時の未来派の〈運動〉への夢は高速道路や駅の風景として、予想もつかないような方式と規模で現実となったといえるだろう。むしろ現在問題なのは、そうした人間の欲望が渦まき絶え間なく改変される商業的な環境より、経済的要因で決定づけられる居住の環境であり、ただただビルの林立するオフィス街であろう。

　またおそらくヴェンチューリが近代建築の規範をまったく正当な視点から批判したとしても、私たちの世代にとってはもはやそれから拘束されていると同じ程度に、それによってすべての生活の場や知覚の水準が支えられているという事実を忘れてはならない。そこにこそ鍵があるし、それを豊富化し、表現の幅を拡げる立場、つまり現代の都市的人間にとってそれを現実的《リアル》なものに変形する方向を探ることにこそ社会的表現が成立する道があるように思う。

そして今世紀初頭の建築の表現が一方でいまだに魅力的なのは、そこから逆にたどってそれを生み出したけっして抽象的ではない人間の具体的な感覚、生き生きとした断片的ではあるが純粋に培養された夢の数々に触れるときである。

　このように変形されるものの属性をあらかじめ洗い出しておく作業、安易な形式と呼ばれながらもいっこうに衰える兆しもなく、機械的手順《ルーティン》によって生み続けられる近代建築、その第二の自然のための座標を支配している原理と形態を現在検討し、それに対しての批判としての建築の方法を提出すること。それによって標準的手法を移動させ、機械として成立した近代建築に、もっと豊かな意味の可能性を担わせ、幅のある現実性《リアリティ》に根差す生き生きとした「現代の空間」に接近してゆくこと。その戦略の一端について次に述べなければならない。

建築のなかの都市

四、五年前から気がついていたことがある。私が魅力を感じる現代建築の表現の背後にはそうした「都市の事実」の投影が決まって忍び込んでいるということだ。たとえばJ・スターリングのいくつかの作品、――〈クイーンズカレッジ〉（一九六六）の入口《エントランス》側

各階の斜め《セットバック》の壁面とそれを支持するコンクリートの傾いた柱の架構《バットレス》の生み出す空間の魅力は、都市にあるスタジアムの裏側にまわると日常に見かける荒くれた暗い空間を基礎に、それを丁寧に扱うことによって微妙に変位させていることにあるのではないか。また菊竹清訓のいくつかの作品――〈佐渡グランドホテル〉(一九六七)の橋梁の風景と木造のホテルという異なった構築物の二重の知覚作用の重なり合い、そして篠原一男の最近の一連の作品――たとえば〈上原曲り道の住宅〉(一九七八)の内部を横断する巨大なスケールのコンクリートの十字型の架構と都市のなかでの高速道路の柱脚の連続がつくる風景の類似、現にある室内と室外の要素、その対立がもたらす二重に意味づけられた磁場を往復することによって絶え間なく刺激される感覚。また伊東豊雄の〈中野本町の家〉(一九七六)の内部と高速道路のトンネルのなかをカーブするときの場景。その二重像《ダブルイメージ》が強引な幾何学の洞窟を都市的人間の感覚のなかで理解しうるものとして定着させている。

　これらはほんの数例にしかすぎない。作者にはっきりそのことを意識していないかも知れないが、こうした文化のなかで一般の共通な了解事項を基礎としてそれを変形し、変位させることにより効果を生み出そうとするのは、昔から表現の世界を支えている常套的な手法なのだ。その意味ではつねに芸術《ハイアート》は日常技術《ローアート》のあとを追って、それを微妙に移動させてきたといえる。たとえば近代建築様式《インターナショナルスタイル》の成立を考えてみても、その諸原理を予告していたものは、一九世紀における入念な建築ではなく、当時の実用的、産業建築の原則であり、そしてその美的な規準は当時の簡素な建物を正当に評価し、洗練したものであったことを思い起こしてみてもいい。現在起こっている状態は五〇―六〇年前の芸術《ハイアート》である近代建築様式《インターナショナルスタイル》が一般化し、すでに日常技術《ローアート》となり機械的手順《ルーティン》によって生み出される新しい都市の事実を提供し、それを踏まえたうえで、それらを母胎としながら再び芸術《ハイアート》――「現代の空間」を表現が求めているのではないか。それはどちらが高級でどちらが低級であるというような議論ではない。表現と現実のあいだに繰り返される絶え間ない追いかけっこの問題なのだ。だから表現は現実を母胎にしながらも、その表現者の採用したフィルター、世界への解釈によって現実を突き動かしていく。

　そうした建築家の表現にまつわる二重の作用、反作用の仕組みは次のような事態を生み出す。つまり現実と表現の一致感に不信が生じたとき、創造的な

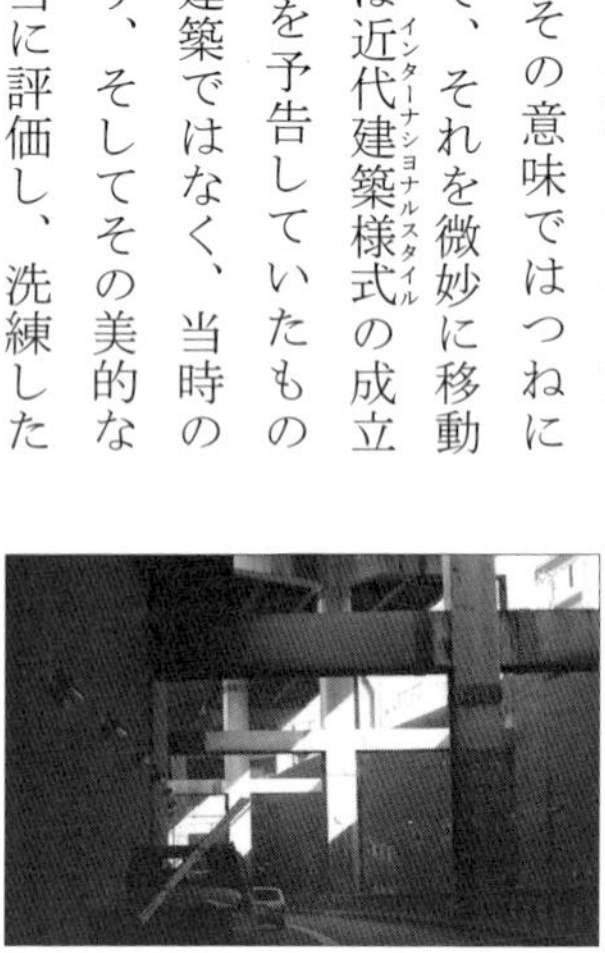

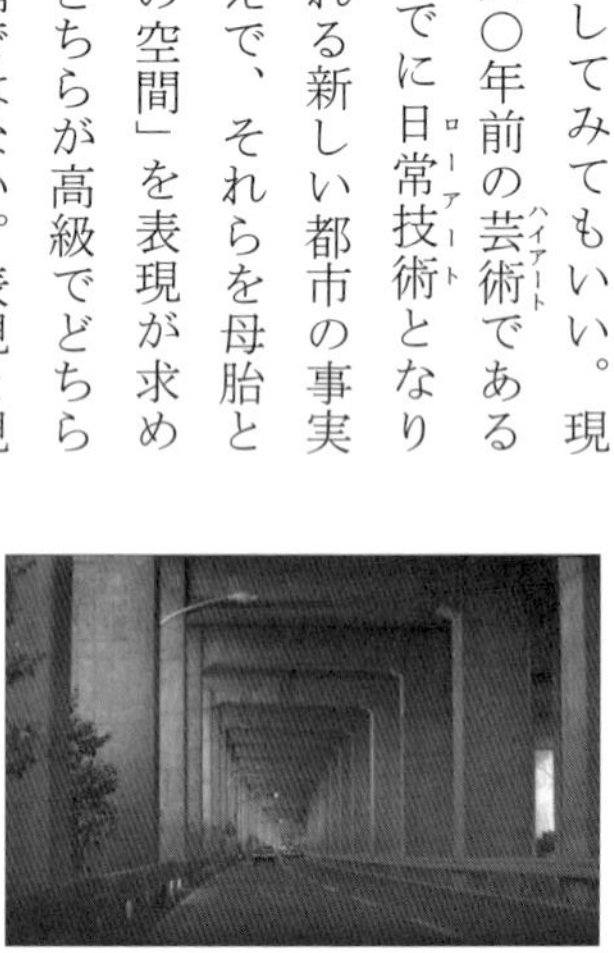

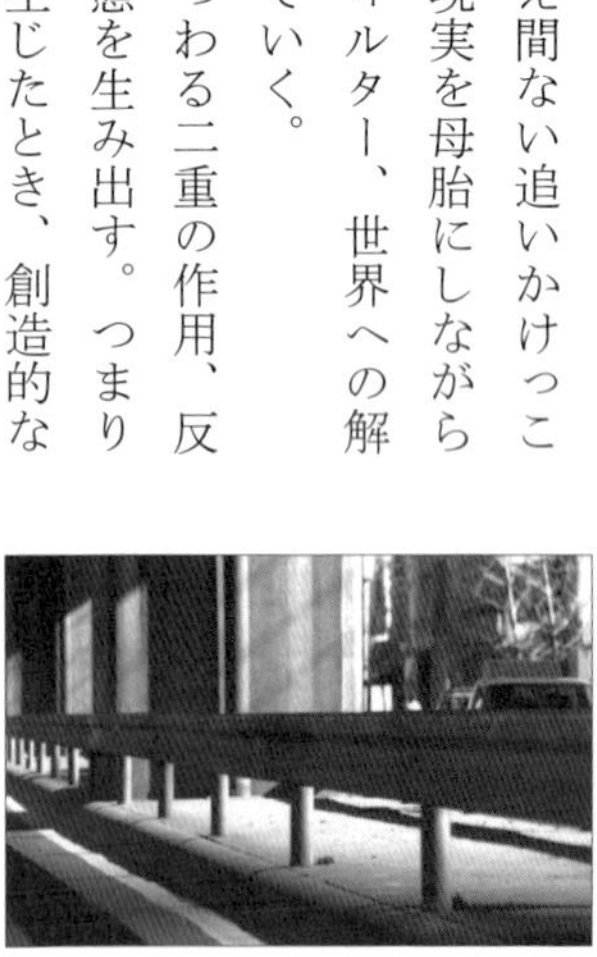

本能を働かせはじめる。実際に起きている都市現象に対して適切な感覚的対応物を見つけるために表現方法を工夫する。そこに作品という生産物が生まれ一時の安定した関係が訪れるかも知れない。しかしそれによってまた現実は働きかけられ、移動してしまうから（たとえば先に述べたプラウダ社屋と一九八一年の新宿の町の関係のように）、論理的に考えると、やがて不安定が生まれるにちがいない。時代の現実とそれを吸収する表現の間に一定期間安定した状態が訪れるとき、人はそれを時代の様式と呼ぶだろう。

　アルド・ロッシはそうした知覚の機構そのものに意識の光をあて、それを類推的《アナロジカル》建築として述べる。「私はむしろ、形と位置はすでに決まっているが、しかし意味は変えることのできるありふれた対象物を採り上げる。納屋、馬小屋、作業場、などなど。日常の情緒的な訴えが時間を越えた関心を呼び起こすような原型的対象《オブジェ》。このような対象物は目録と記憶との間に据えられている」。ここでの着目は第一に建築の効果が、外界の一般化した事物からの比較によって生じるということであり、第二にその適切な方法が模索されなければならないということだ。ロッシは〈ガラテーゼの集合住宅〉（一九七〇）を古代ローマの水道橋との関係でその比較を試みているが、その退屈なほどの規則性《レギュラリティ》に支配されたリズミックな構造と巨大な尺度《スケール》は、現代の東京に生きる私たちにとって高速道路の柱列との比較によってはじめてその特殊で感覚的な質を把握することができるように思う。このような単調で、控え目で、それでいて少々強引な建築の魅力は、おそらく二〇年も前に現れていたとしたら容易に私たちの感受性の層のなかに入り込むことはできなかっただろう。

　つまり重要なことは、雑多でもあり、人工的な物体や記号があふれ、さまざまな都市の現象が生まれる場、人工的な秩序を何重にも確率的に重ね合わせることによって生まれる、自然にも匹敵するような複雑な万華鏡のような世界、それがいまや文化のなかで一定の共通した了解事項をつくり上げたということだ。そしてそれは今世紀初頭に近代建築の成立に関わる建築理論やイメージした像《ヴィジョン》が現実によってあるやり方で引きとられたということを意味するであろう。つまり私たちの世代に至って近代建築の革命は定着したわけだ。定着したその時点で近代主義《ポストモダニズム》以降が言挙げされるというのは何という皮肉なのか。しかしそれはまたしてもあの表現と現実の追いかけっこを意味しているにすぎない。〈自然〉に対して〈人工〉を、未分化な空間に対して人間的

な秩序を引き入れて建築という行為を営んできた長い歴史のなかに、近代以降新たな未分化な空間としてあらわれてきた都市、その〈第二の自然〉は、建築の概念そのものの変更をうながすにちがいない。もちろん私たちの世界には物理的にも、イメージの文脈のなかにおいても本来の〈自然〉は介入している。それらはこまぎれに〈第二の自然〉のなかに入り込み、複雑なコラージュ、モザイクをつくり上げている。だが〈自然〉に対する恐れ、畏敬の念をもとにして建築を営むという素朴さは失われただろう。都市の建築は自然の洪水とか暴風雨、外敵の動物とかの古風な恐怖から防護する覆い《シェルター》としての家の感覚から遠いところにいる。もちろん実際はきわめてそれらに対して脆い世界に住んでいるのかも知れない。しかし少なくとも意識のうえでは科学的知識を通じてテレビを通じておそらく盲目的な恐怖だったそれらに対して、ある距離を置いて冷静《クール》に接するようになった。それはもはや建築の主題とはなりえない。むしろ都市の圧力、騒音、他人の視線、阻害される日照、あるいは家族秩序の崩壊、あからさまな商業主義に対して防護する場として家を営んでいるのではないか。建築の概念は〈第二の自然〉に対しての秩序づけという側面を強く持ちはじめる。しかし建築そのものもまた〈第二の自然〉に参入するものであるという事実が事情を複雑にしている。第二の自然から建築を差異づけ、それによってまた第二の自然をつくっているという一種の堂々めぐりは避けられない。その矛盾が都市の建築の内部と外部の表情の対立を生み出すだろう。それは人間のつくった自然だからだ。そこでは相互に干渉し合う関係のみがクローズアップしてくる。秩序の感覚も日が東からのぼり西に沈むといった自然にみられるように定性的で、絶対的なものではなくなる。人間の感覚に起源を持たないような規制、外界の事物にも即興的に対応していかなければならない。そして建築を、もうひとつの、生きているもうひとつの世界たらしめるためには、それとの距離の取り方、関係こそ見出されなければならない。

　問題になるのは次に、それを具体的に建築のなかに写しとっていくときの適切な手法である。いま考えられる可能性を大雑把に二、三、箇条書きに挙げてみよう。

　第一は、本郷春日町の風景のなかで見たように都市を構成する形の要素の間に見られる関係の特質、たとえば異なった

ふたつ以上の体系がズレたまま重ね合わされた状態、あるいは配列の規則的なリズムなどを取り出しそれを建築のなかに写し込むこと。

第二は、ロッシが述べているような方法。一般化したものを変形して意味を生み出すこと。たとえば、近代建築様式《インターナショナルスタイル》の統辞的要素、柱梁構造《ラーメン》あるいは純粋直方体《プリズムピュール》などを取り出し、それを基準として特定の建築課題《プログラム》によって即興的に変形する。または同一表現をとりながら用途を変更するなど。

第三は、都市の形態を支配している属性、幾何学、大量《マスプロ》生産品、表層《ファサード》の仮面性、都市のなかに頻繁に見かける工事中の状態、仮設性、などを建築の表現に多用する。

第四は、いままで数多く述べたように、日常的に見かけるもののなかから心に残る光景を引き出し、その模型を建築のなかに導入することによって、それを梃子に日常を再認識させ、都市を新たに見る手掛りを与える。

これらはいずれも近傍への物理的な関係（つまり先に述べた第一の側面）についてではなく、建築から〈第二の自然〉にいかに結合手を伸ばすかという方法である。つまりイメージの文脈としての都市の問題に限っての話である。しかしどちらにせよ無意味にその連続性を破壊することは避けられねばならないし、そこに建築の表現が成り立つこともまたない。

現代の空間へ

建築とは昔から、何よりそこで人が呼吸して、生活を営むための効用的な装置であり、また風雨や地震に耐えて床や天井が設定される強度的な装置であり、そして感覚に常に投げ掛けてくる美的な装置であるといわれてきた。そうした概念的には独立するいくつかの体系の重ね合わせからあいかわらず建築という装置が成り立っていることは現在も変わらない。しかしそれは「自然のなかでの建築」の概念ではなかっただろうか。そしてそこで論じられている美とは自然の秩序の転写ではなかっただろうか。ヴィトルヴィウス以来の建築造形理論のシンメトリーといい、リズムといい、プロポーションといい、一枚のシダの葉のなかに、人体の構造のなかに、自然の風景のなかに見出そうとしていたもの、それは転写の方法の模索ではなかっただろうか。もちろん都市が私たちの世界となり、まったく自然的な条件にくるまれて生活するわけではなくなったいまも、自然が消失しないかぎり（そんなことは人間が消失し、つまり建築が消失しないかぎりありえないことだが）、ある限界

を見極めれば建築理論として依然として有効だろう。しかし私たちにとって現代の建築が幅のある現実性《リアリティ》に根差し、生き生きとした小宇宙《ミクロコスモス》であるためには、建築は近代以降の新しい都市という宇宙《コスモス》をも受け入れ、その秩序を転写する方法を持つ必要がある。それは人間の相互の干渉によって生み出される外的で不条理な多くの問題さえ投影しうる場をいかに築くかという問題である。それはヴィトルヴィウスの論理の範囲《カテゴリー》に加えてさらに無関係な論理を重ね合わせてゆくことを意味しよう。

そして私にとって、そうした相互に独立した一見無関係な論理の重なり合いそのものを透明に提示することがいまめざしている建築の表現であるように思われてならない。その関係の取扱いのなかにのみ建築の全体の概念があるように思われる。それは西洋の〈建築の概念〉が本来持っていた能動的《アクティブ》な側面を捨て去ることになるのだろうか。いやそうは思わない、逆にそこにのみ建築の主張があり表現があるように思われてならない。一九六〇年代末ヴェンチューリが、「建築の複雑さ《コンプレキシティ》と対立《コントラディクション》について」に示したことは「強の装置」や「用の装置」や「美の装置」がひとつの結論に向かっていないのではないか、それぞれ独自の論理を持って物を編成するのではないかということを具体的に歴史的な建築の実例を持って示したことであり、それから次に近代建築の極端《ストレート》な理論が排除した人間の欲望の現れを求めて商業的《コマーシャル》な環境に着目し「ラスヴェガス」へと向かった。ひとつの方法の展開として明快だ。そこではあくまで人間の表現意欲そのものへの肯定が全面的に現れている。しかし都市の建築の問題を考えるとき、建築とは創造でも、表現でもなく、他者の場、自己と他者の共存する場としての完全に外部的な一個の現実であるという認識にまで行き着かざるを得ないのではないか。たとえば斜線制限ひとつにしても、そこに人間の感覚にもとづいたいかなる起源を発見できるというのか。表現にとって残されているのは（無論、制度を変えるということはありうるが）それの取り扱い方、用や強や美といった体系との関係のつけ方、そしてそれを明晰に提示することだけではないか。

今後そうした第二の自然となった都市の風景を包み込んで、その構造に一定の秩序の感覚と永遠の相を与えうるような建築が現れるかも知れない。そうした分散化した秩序に定性的な表現を与える人が出るかも知れない。しかしいまはひとつの住宅を通して、ひとつの建築を通してそれに漸近してゆくことだけが可能だ。そのひとつの側面としてはっきりいえそうなことは、都市の芸術とはもはや自然の秩序ではなく、第二の自然を構成している、電車、駅舎、自動車、高速道路、広告塔、ネオンサイン、とりわけ近代建築を生み出したもの、つまり技術という概念に関わっているだろうということだ。そして技術的使用対象の合目的な、しかも機械的な形成に新鮮な美を見出し、ある意味で技術を模倣するような側面さえ持つようになったということだ。技術の適用としての〈機械〉との比喩でいうならば、機械が何よりも要素の関係であり、その技術美にとってはそれぞれの機能的合目的性がその成立の消極的な前提条件であったように、数々の論理の重像としての建築の装置も、個別の論理を全体のなかに消失させてしまわずにそれを固有な秩序として十全に体現しながら全体に関わり、関係の取り合わせを透明に視覚化して提示することによって、私たちのこの世界を理解するための模型となり、人間的なひとつの尺度となる。それはその建築の成立根拠をつねに問い返す作業が前提としてあり、次にそれを直接的に投影する手段を探すことである。つまり、それによって建築という物的な組織体が果たしている役割り、作用、効果を明晰《ドライ》に提示することにほかならない。そうした開かれた関係の世界にこそ私たちのこれから生きる「現代の空間」の領野が拡がっているにちがいない。

長い闇を経て五時ごろになると目の前の闇が藍色に透き通りはじめ、闇をボーと明るくする瞬間がある。そして深みのあるブルーへと。隣の屋根の輪郭が黒々と浮かび上がりはじめる。すると夜が明けるのは急だ。斜め向かいのアパートのひとつの窓に明りがともり、洗顔をしているらしい人影が見える。遠くのマンションやビルの雑多な輪郭がそうしたブルーのなかから現れ、朝日がその建物の横面を射し、一面を淡いバラ色に照らし出す。いままで夜の沈黙のなかでじっと息をこらしていた都市は息を吹きかえしたように活気を帯びはじめる。そうするといつも決まって電車やオートバイの音や牛乳ビンのガチャガチャと触れ合う音が混じり合ってなつかしく聞こえてくる。都市の微妙なリズムが吹きかえしはじめる。窓から見下ろすと貨物を運搬するトラックが再び通りはじめ、そのテールランプが歩道を分離するガードレールを一瞬二本の水平に走る虹のように鋭く照らし出す。

　六時三〇分。アルミサッシュ越しに真青な空を背景としてひときわ高く白い雲が浮かんでいる。通勤の人たちが動き出し、一日が始まる。

建築——時間に関する覚え書き

建築の規則性〈光景《ショット》—場面《シーン》—連続《シークエンス》〉と建築の歴史性〈記憶—解体—構築〉

初出：『SD』一九九〇年一〇月号

この建築設計論は、『SD』が、二〇年に満たない、私のこれまでの仕事を一冊の特集として編んでくれるということで、巻頭に書いた文章である。雑誌では「きまって土地の利用が難しく、都市のなかで見捨てられたような片隅の場所に根を張る」小さな住宅や雑多な仕事が寄せ集めてあったから、それぞれが特殊でもあり、一貫した調子の誌面には当然なりえなかった。しかし、その仕事ごとに、熱中し、時間を費やして取り組んできた建築に求める核心はいったい何だったのだろう。作家の特集であるかぎり、ここでなるべく一般化した言葉を使って私の建築論として省みて記述しておく必要があったのである。

大上段に構えて、建築とは、物のかたちに〈人間化した時間〉を刻み付け、定着しておくことだと言っている。そして、物の在り方としての〈規則性《レギュラリティ》〉に、画一的な日常で暮らしている現代の生の時間の内容を刻むヒントを見出している。規則的なテンポがまた現代という時代の内容《コンテクスト》の構造の深層にあるのだと主張するのである。ポスト・モダンが言挙げされ、多彩なかたちのモチーフが咲き乱れる建築へと向かって時代が雪崩込んでいたとき、なんと反時代的な発言だったのだろう。過去の衣装を再び持ち出したように見えていたかもしれない。

しかし振り返ってみて本心だったのである。今思うと、建築のさなかにあいかわらず、〈静けさ〉とか〈格調〉といった〈別の世界の時間〉を見出そうとしていたのだ。それが守るべき〈建築性〉だったし、変わらぬ〈私の建築論〉だった。当初から〈内なる空〉であり、ごったがえしの日常的な直接経験の世界からは見えてこない、秩序の構造——world in the worldを都市の片隅にも見出そうとしていたのである。

この特集には、ありがたいことに敬愛する先輩のふたりの建築家、槇文彦、菊竹清訓から、私に関する文章が寄せられ、安藤忠雄さんとの対談が載っている。安藤さんは建築の商品化、資本の大波が押し寄せる建築の危機が「あと一〇年くらいたって二一世紀になったころにわかってくるんだと思いますが、そういう意味では大変な時代に突入している」とそこで述べている。二五年前、すでにその予兆は見とられていたのだ。

素材と輪郭と寸法によって規定された形の要素の三次元的な構成物である建築がその構成法のなかに時間の概念を含み込んでいることは、もはや明らかであるように思われる。その構成物―建築の秩序の質は決して物質的なものだけではない、それは人間によって経験されるときに発見されてゆくような心的な質の秩序なのだ。

東京という巨大都市《メトロポリス》―〈第二の自然〉[1]のなかを生きる現代人のささやかな生活の舞台―〈小宇宙《ミクロコスモス》〉をこれまでいくつか設計してきた。ここに掲載された三四の作品は一九七三年以降に計画されたものだが、私のこれまでの仕事の大部分がそうであるように、その小宇宙《ミクロコスモス》はきまって土地の利用が難しく都市のなかで見捨てられたような片隅の場所に根を張り、その構成物はそこで建築の秩序を主張している。

それらは建築として決して満足するべきものとはいえないだろう。しかし、それぞれは巨大都市の現実をかたちづくる矛盾と緊張―法の規制や社会の課題《プログラム》―の真只中から生み出され、小宇宙を歪め、その痕跡を留めている。都市の現実の光景と関わりながら建築の外観が、写真と図面によって提示されている。

外観には客観的な世界―自然や都市や社会―をどう考えたかが刻まれている。内観には主観的な世界―人間の知覚、感覚、生活慣習―に属する身体的な体験が刻まれている。そして両者の境界はいつも建築の劇《ドラマ》が生起する場所だ。

上段に写真があり、それらが建築の現れ方―現象の形式、体験の形式―を指し示している。

一方下段には図面がある。それらが建築のあり方

―存在の形式、構成法の形式―を指し示している。

建築家はもののあり方を操作することによって、ものの現れ方をつくり出す。

もののあり方（図面）に関わるとき、私はその規則性に注意を払っている。一方でものの現れ方（光景《ショット》や連続《シークエンス》の生成）に関わるとき、その多様性に注意を払っている。

私の興味は、〈存在の形式〉そのものでもなければ、〈体験の形式〉そのものでもない。両者の関係がどのようになっているかということだ。

両者の関係の間の交流を図っている重要な概念に〈時間〉がある。流れている時間のなかで建築は体験される。

建築における時間の関わり方にはふたつある。ひとつは人間の移動に沿って建築が現象し、体験されるということ。次に時の経過に沿って建築が持続し、人間の記憶のなかに沈殿するということである（建築のなかに介入している自然が天候・季節・年月にしたがって刻々と変化している。また建築体が崩壊し、消滅する。普通それを時間の作用というが、それは今、別の問題とする）。

形の要素の三次元的な構成を通じて私が求めていることが〈時間〉を感知可能なものとすること、眼に見えるものとして表すことであるように思えてきた。人間が生きてゆきながら、そこにおいて変容が生起するような、変わらぬ形体《フォルム》――〈静まり返った機構《システム》〉そのものが建築であるように思えてきた。すべて変容するものは時間のなかにあり、しかし時間そのものは変容しないのである（時間は他の時間のなかでしか変容しない）。

〈体験の形式〉のなかで、生成が、変容が、移行がある。しかし変容させるものの〈存在の形式〉そのものは変わらない。移らない。建築は〈存在の形式〉のなかに時間、〈人間化した時間〉を刻み込んでいる。

Ⅰ 光景《ショット》―場面《シーン》―連続《シークエンス》

それではまず建築は人間の移動に沿って、どのように現れてくるのだろう。体験されているのだろう。いつも固定した中心から見るわけではない。

都市建築を外部から見るとき、私たちはある視点から見る、そして歩いて接近する――だんだん近づくのではなく車で一気に近づくこともある――そしてときには他の視点から。またふと別の機会には高速道路に乗り街並みの切れ目に遠く、まったく異なった角度からその全容が現れてくることがある。私たちの都市の経験は移動する目を受け入れている。

住宅の内部をたどるとき、私の設計する住宅では、通常、空間の最大距離を実現するような軸線（対角線方向）に沿って生活上の視線の束が集まっている。その視線を受け止める場面が支配的であるが、内部のそれぞれの形の要素の配列やスケールは、空間を上下に横断するとき、階段をめぐる人の動き―視点の移動―に沿って生み出される効果の積分の極大値を求めて結晶してくることが多い。

つまりいずれの場合にせよ、ひとつの固定した中心から見るのではない。いくつかの中心から見るのだ。そこにはひとつの視点で形成される空間ではなく、さまざまな視点の協力によってでき上がる、つまり歩き回ることによって形成される空間の像《イメージ》の全体が問題となっている。そこに〈人間化された時間〉が刻み出されているかどうかということだ。

いまいくつかの中心の視点から見られた像を場面《シーン》と呼ぼう。場面《シーン》から場面《シーン》へと移行してゆく動的な断片群の持続が連続《シークエンス》である。そして断片そのものが光景《ショット》であるとしよう。

私は興味深い光景《ショット》そのものの形成に意を注いでいるわけではない。まず場面《シーン》の形成であり、それは建築の空間のなかにいくつかの中心を設営することになる。次に場面《シーン》間の関係性が読み取れる必要がある。

場面《シーン》は前の場面《シーン》を参照することによってその変化、持続が意識される。その関係の取り扱いのなかに建築的な技法があり、そこに建築の経験を見出す時間がある。

だからといって、いつでも場面《シーン》が滑らかに次の場面《シーン》に移行するわけではない。私たちは急速に場面が変わって繋がってゆくのを読むことができるようになっている。都市の経験のなかで急激な転換はいやおうなく繰り返し現れ、そうした異質なつなぎが建築のなかに現れてきても、それが何を意味しているのかを読解する訓練も充分受けている。断絶も場面《シーン》のつなぎのひとつの重要なやり方だ。

私の建築の構成に多用する中空体（内なる空《インナーボイド》）や正面に取りつけられた何も意味しない空白のパネルは、都市から建築の内部へと移行するときのつなぎであり、都市の喧噪にそこで静止《ストップモーション》をかけ、建築の自立した意味へと導入しようとする試みである。

そうした無関係に見える空《から》の場面《シーン》は映画にしばしば現れる。場面の転換を図る積極的な余白であり、全体の前後関係《コンテクスト》の隔たり《ギャップ》を和解させる意識的な中断である。私は空《から》の場面《シーン》に直面した場合、見る人がそれに自ら意味を与えてゆかなければならないという事実に興味を持っている。ギッシリと詰まった現実

の前後関係《コンテクスト》から人間を別の広い空間へと解放する作用を果たしているように思われる。

場面の持続を司っているものに建築の規則性《レギュラリティ》がある。私にとって設計とはまず第一に、その建築の内部にひそんでいる固有な規則性を見出していく作業である。規則性は場面《シーン》や連続《シークエンス》を生成する枠組みであり、その建築が展開する持続の基本的な質、リズムを決定している。

規則性こそ、持続するものと変化するもの、日常的なものと強い瞬間を結びつける一連の宇宙の連続的な流れのなかに人間が囲い取った建築化した時間であるように私には思える。変哲のない規則性に支配された奈良の唐招提寺やパエストムのギリシア神殿をときをへだてて訪れるたびごとに、深い感銘をそこで受け取るのは、その場所で変わらず流れている〈人間化した時間〉に触れるためだ。そうした時間の形式を歩き回っている死にゆくものとしての自分自身のときの経過をもそこに二重に重ね合わせて体験しているのであるが……。

架構体《フレーム》の規則性《レギュラリティ》は、建築の物体として存立する側面を保証しているし、部屋の配列の規則性は建築の機能性を実現するものとして現れてくる。それらが建築の規則性を裏側から支えている側面である。

しかし、建築の〈存在の形式〉としての規則性《レギュラリティ》は私が建築の仕事を始めて以来、注意を払ってきたことであるし、興味を惹く現在の主題でもある。架構の規則性が歴史を通じていままで建築の規則《コード》でありつづけたという以上に、現代という大衆の世紀、急激な人口の増加による都市の世紀、そこに生きるマスのなかの人間の生活の感情のリズムを深いところで捉えているという事実に注目している。規則性の設定に鍵がある。

人間の集住地―都市に同等の資格で生活するということ、そこで画一的な日常を繰り返すということ、そうした均等で平坦なテンポに私たちは現代の生の環境の深い内容《コンテクスト》の構造を感じているからかもしれない。

繰り返しや規則性に単調さや機械的なものを求めようとしているわけではもちろんない。それは私たちの出来事が生起し、交錯しあう、生活の様式《スタイル》を貫通する軸線なのだ。また繰り返される毎日の生活という物語の舞台にとってそうした〈規則性〉が、建築に何か全体として特別なことを象徴する力を持っているからクローズアップしているのではなく、現代の人間の感情を多彩に盛り込む容器の枠組みとして役立つし、適切だと私に感じられたからそうして

いる。それは多様さ《イレギュラリティ》を生み出すための変化の目盛りなのだ。規則的なものがすぐさま細やかな部分の乱れへと目を走らせるといった潜在力を持っているから、興味を持っている。

いくつかの規則性の重なり合いが建築である。即興性、非中心性、断片性が生きている都市という世界――〈第二の自然〉の属性であるように私たちは感じている。しかし世界とは、ありきたりの諸法則にしたがいながら非常に規則的な仕方で構成されたさまざまな系列《シリーズ》からできているものであることを、古くはライプニッツ[2]から最近ではアレグザンダー[3]に至るまで指摘している。その知見を参考にすると都市のなかで出くわす不調和や不均衡や断絶といった現れ方は、ただあり方におけるさまざまの系列《シリーズ》や連続《シークエンス》が混ざり合った順序で重ね合わされているというにすぎないということになる。

建築もそのあり方において、相互に独立した一見無関係な論理の系列《シリーズ》の重なり合いと考えることができる。強度的な系列《シリーズ》、効用的な系列《シリーズ》、美的な系列《シリーズ》、法制的な系列《シリーズ》、社会組織的な系列《シリーズ》、経済的な系列《シリーズ》……といったさまざまな系列《シリーズ》。しかし系列《シリーズ》をかたちづくる諸項の連鎖の結びつきは、必然的なものではなく、普通は弱いもので選択的であるので、系列《シリーズ》同士は干渉し合い、最終的な建築の存在の形式はひとつの系列《シリーズ》の貫徹としては現れえない。系列間のズレが表明されてくる。建築には自然や人間社会および人間というものの多様性が投影されてくる。

そこで建築の支配的な規則《コード》として架構体《フレーム》の規則性《レギュラリティ》を私は選択する。多くの異質な系列を受け入れざるを得ないのが現代の建築であるならば、それは論理の重像を受け入れ、関係の取り合わせを透明に視覚化するための座標となる。

架構体《フレーム》の規則性《レギュラリティ》は空間配分としての幅（W）と高さ（H）方向に単位の基準尺度《モデュール》を持っている。また単位の繰り返しは水平方向に、またときには垂直方向に伸展し二次元的に規則性をつくり出す。幅と高さの基準尺度間の関係が比例《プロポーション》である。基準尺度《モデュール》は身体的な、効用的、構造的な要請を受け入れたとき、経験的に定性的な値に収束するように思われる（たとえばW＝三・三メートル、五メートル、七メートル　H＝二・二五メートル、二・七メートル、三・一メートル、三・六メートル）。比例《プロポーション》の選択はその建築が繰り広げる場の気分に深く関与し、それが引き受けることになる生活や感情の容量を規定することになる。

二次元的な規則的《レギュラー》な架構面《フレーム》は奥行き方向に積み重ねられ、三次元的な架構体が構成されるが、そのと

き、奥行き方向にリズムが発生する。

だから規則的な架構体は現れ方の形式として決して無機的であるわけではない。それは継起的《プロセッショナル》に現れ、運動性を持ち、その設定のなかに時間性を含み込んでいる。一方そのなかで設定されるいくつかの場面《シーン》は静的なものであり、空間性を持ち、不動点を印づける。

そして架構の規則性の設定は構成の最も重要な作業である。それは進路という建築的な場をつくり出し、そこで展開するさまざまな場面《シーン》を関係づけ、光景《ショット》の連続をつくり出す。

場面《シーン》は進路に対して層状に立ち並ぶ。前後に積層する面は規則的な架構体を進路と直角方向にスライスされた薄い空間の層へと切り分けながら、奥行方向への運動を加速する。進路は文字どおり人間をうながす道筋である場合もあるし、多数の要素を時間性のもとに組織づけ、より大きい全体へと結びつける概念的な運動であることもある。

進路に沿って光景《ショット》が場面《シーン》が展開し、連続的《シークエンシャル》に経験のなかに収穫されてゆくのだが、私がつねに惹かれるのは運動のなかの静止点、場面《シーン》の正面性である。人間と正対する面そのものの効果である。建築的な場の比例の印象はその面が生み出すように思う。面の中心軸と人間の動き（視線）のズレがそのまわりにつねに周辺に静止した形の均衡《バランス》を生み出す。そこで人間を立ち止まらせ、同時的に現れてくる場面《シーン》を構成することである。時間の流れに停止（した印象）を与えたい。固定した絵や空間的構成を観るときのように調和した世界をそこに見出したい。

視点が建築のまわりを移動する。この時、動かない建築体を取り巻く被膜としての立面（普通四つの面）はその移行に沿って、次々と異なった映像を現象させる。そこに驚きと発見がある。静止した四つの立面にはその人間の運動が建築化され、それら相互の関係が読み込まれていなければならない。立面の運動性。

架構の規則的《レギュラー》な配列があり、平行に立ち並べられた面による薄い空間の層を横断しながら建築を経験すること。形の配列があり、人間の運動に沿って、生成が、変容が、移行が発見されてゆくような仕組み。それが今、私が試みている建築の秩序であり、その秩序が目指すものは空間的な場に〈人間的な時間〉を構築することに他ならないように思われる。

II　記憶―解体―構築

次に建築は時の経過に沿って、どのように現れてい

るだろう。

　建築は人間の生の長い心的な活動に、その構成を介して深く関わってくる。それは人の移動とともに現前する環境の構造《コンテクスト》のなかで営まれているだけでなく、記憶の構造《コンテクスト》のなかでも営まれている。そこで構成された場を建築の空間と呼ぶなら、建築の空間が人間の心的な活動に対する影響力の度合いは長い歴史から見ると弱まってきているように見える。だが情報的な空間《メディア》、経済的な空間《メディア》に揺り動かされながら、あいかわらず建築的空間は固有な方式で人間に結びつき現代人の生の土台でありつづけている。

　時の経過のなかで建築は自然の力や人間からの働きかけを受け、いくばくかの変化をするかもしれないが、同一性を保ちつづけるそのことによって、時の流れという不易のもののなかで運動しているもの——人間の記憶を表象することができるのだから。それは変わりやすいものを結びつける同じ地平である。

　建築は時間を詰め込んでいる。時間とは記憶の充実である。その構成を介して、人間に深く働きかけ、時間がつくり出してきた意味を新鮮なものとして蘇生させ、現代人の生の基盤の一部を支持しうるような建築を設営してみたい。


　記憶とは発明することはできない、正しく思い起こさせることができるだけだ。それは私たちが潜在的に持っている記憶と交渉し、心的な経験《コミュニケーション》を取り戻すよすがとしての建築であり、集団的な記憶の場としての都市のあり方である。

　都市建築をそうした新たに意味を発信する織物《テクスト》といった観点から考えてみると、意味の発生はすでに習得されている歴史と社会の他の織物《テクスト》との関係によって規定を受けているし、それらの基盤は私たちの沈澱した記憶の層を形づくっている。

　そうした時間的な文脈を、建築の歴史性と呼ぼう。私のなかでの歴史性はいま三つの水準がクローズアップされる。第一に近代建築様式《インターナショナルスタイル》の生成過程として。第二に日本の都市の生成過程として。第三に人間の文化的獲得物が沈澱した全建築史として。

　あらゆる事物には先在するものがある。生活形態と形式の中間項に、ある社会のなかで共有しうる安定した空間の組織—類型《タイプフォーム》がある。それは都市を構成する非個人的なものとして歴史性のなかの共通項として漂っている。それらは人間的な内容を持ち、再生産可能な構造として提示されている。

　そのとき、設計作業とは、新たにすべてを始めるのではなく、そのような沈澱した記憶の共通の基盤

—類型《タイプフォーム》に訴え、それとの比較のなかで、そこに時代の固有の条件を代入し、設計という作業によって一回的に攪拌し、新しい内容を自覚的に生み出してゆくという手順を踏むことになる。都市の時代という新しいフラスコのなかで泡立ててみること。

　私は沈澱し、伝承化され、あるいは慣習化された意味を、一度蘇生したうえで、それを解体し、現代のものへと編成する作業を創造と呼んでいる。そうした歴史性に設計者の一回的な生を接ぎ木するのである。

　そうした歴史性の安定した意味を解体し、人間の根源的な感情を汲み上げて現代的なものへ翻訳するその方法がいつも問われている。幾何学や人間尺度は翻訳の共通の水準を示しており興味を惹く。

　そのとき、建築は時の流れを読み取ることのできる記憶の中継地となる。時代と時代を繋ぐ連結子としての媒体《メディア》としての文化のなかでの固有の役割は注目される。

　私の関わる建築は世界の断片でしかないが、その一つひとつに意味が満ち、そこから時間が感知可能であり、眼に見えるものとして現象してほしい。建築の歴史性と現代性を求めている。断片と断片を結びつけている時間、断片から断片を切り離している時間を追っている。

1——都市の現象が現代人にとって感受性の母胎、第二の自然の役割を果たしはじめたことを指摘した論文「都市の事実」、『新建築』一九八一年五月号。本書七三〜八九頁に再録。

2——G・W・ライプニッツ『モナドロジー』一七一四年。小津の映画の分析として述べているジル・ドゥルーズ『シネマ2＊時間イメージ』(法政大学出版局、二〇〇六年)が後年翻訳された。一九ページ参照。

3——C・アレグザンダーは系列を力と呼んでいる。「力の集合から形の生成へ」『SD』一九六八年一〇月号(特集「クリストファー・アレグザンダーのシステムの思想」)所収。

〈面《サーフェス》〉と〈空《から》ショット〉

建築と映画における〈移行の運動のイメージ〉と〈時間のイメージ〉

初出：『建築文化』一九九五年四月号

暗闇のなかで〈別の世界の時間〉に浸り込んでいた、映画の経験は、建築の経験よりずっと以前、幼時期にある。そしてフトしたキッカケでそれを想い出し、後年ある時期は、映画に熱中した。将棋もそうだ。人生という長いときを旅して、間歇熱のように、忘れていた情熱が突然発症するという不思議。だから幼時期のいろいろのなかに、すべての経験の萌芽が潜んでいるというのが僕の説だ。

人間の精神にとって最も根源的な力は〈面〉のなかにある、〈空間〉ではないと、「建築——時間に関する覚え書き」でも述べているが、以前から信じていたフシがある。二〇年前のル・コルビュジエの白の時代の研究も、面的な構造が出現し、リズムを持ち、経験するものに〈時間〉を感じさせるという一点に集中している。後年、吉田五十八の建築に見ていたのもそれだった。〈空間〉ではなく、〈面〉が人間を揺り動かしているのではないか。ここでは映画のスクリーンという動く窓枠での面が生み出す時間経験と、建築の経験を比べて〈面〉と〈空ショット〉というなかに、創作のヒントを見つけ、論じようとしている。そもそも、はじめから、〈青山南町の住宅〉の〈内なる空〉とは、映像的に言えば、空ショットではなかったのか。生活機能的な経験の連続的なつなぎを切断して、新たな空間知覚を開き、世界の別の奥行きを見せる方法であったに違いない。

そしていま、興味が向かっている地形的な建築、建築の大地性、領域性に注目するのも、建築という機能のシークエンスであり、意味が充満し、しばしば人間と狭々しい人間的事態の交錯する場の外側に存在する世界がずっと広大で、神秘に満ちていることを気づかせようとする〈空ショット〉のひとつではないかとさえ思えてくる。

映画というプリズムを通して建築を考えてみること。興味深い主題《テーマ》だ。物心ついてから数知れぬ映画を観てきたが、建築の設計を仕事とするようになって、興味の持ち方も変化してきたように感じる。映像の展開の設計者として、映画を味わうということだろうか。つややかな映像《フィルム》の流れに感覚を没入させながら、フト、そうした人間を惹きつけ、暗闇の部屋で日常の時の流れを中断して、〈まったく別の新しい時間を経験させる技法〉に関する興味が蘇ってくる。すると感銘を受けた映画、ゾクゾクとする映像経験を繰り返して見ることになる。昔に見た、小津や成瀬の映画を、一〇年前銀座の小さな映画館で見たことをキッカケにして、毎週京橋にあったフィルムセンターから、映画館へと出向き、深夜には自宅でビデオを見るという具合になったことがあった。繰り返し見て納得したことは、成功した映像には、別の新しい時間が、現実のものとして、たしかにそこに流れているということだった。いつでもそうした時間の流れに、映画を通して出会うことができる。生きたものとして。それは映画のひとつの歓びである。建築と同じではないか。もちろん、建築にも、映画にも、それぞれ固有の枠組《フレーム》みがある。しかし、それぞれの形式の作用を通して、それを経験する人間にとって密度ある新しい時間の流れを詰め込んだもの、つまりたどり直すことによってそれらを触媒にして蘇ってくる〈時の缶詰〉として設計されているなという感想があった。

この文章で、映画と建築の類比を論じたり、あるいは映画のなかで建築や都市がどのように描かれているかを語ろうとするのではない。

大きな関心は〈映像的時間〉や〈建築的時間〉はどのように創造されるのかということである。その異なった枠組《フレーム》みに共通する設計についてである。とくに映画と建築における、(Ⅰ)面《サーフェス》の効果について述べる。次にイメージのつなぎ、(Ⅱ)時間の扱いのもたらす効果に関してである。小津や成瀬の映画にも多く見られ、作品の構成要素として組織的に使用されている〈空《から》ショット〉——シークエンスを次へと移行させる、風景や、人のいない室内空間、物自体を示すショット——にここでは言及することになる。とくに、映像の展開のプロットの脈絡を中断し、無縁なものとして映像の流れのなかに屹立している〈空ショット〉の作用を論じてみたい。映画全体のなかで、忘れ難い印象を与える光景《ショット》、しかもそれがなぜそうしたかたちでそこに配列されなければならなかったのか、はっきり説明できないような、汲みつくせぬ意図を抱えこんだ〈空ショット〉について。そうした作用を果たすものが異なった枠組《フレーム》みではあるが建築の構成にもありはしないかということである。

― 〈面《サーフェス》〉と〈建築的散策路《プロムナード》〉

「すべての建築芸術は目標と進路という二つの契機を媒介とする空間形成である。民家だろうと神殿だろうと、すべて建物というものは構築的に形成された進路である。即ちそこでは入口をまたいで中に入ると、構築的な形成作用によってつくり上げられ、拡がりと奥行への動きに従って統一された空間が、順を追って現われることになり、かくてそこに或一定の空間が体験せられることになるのである。然も同時に建物というものは周囲の空間との関係から見れば、一つの身体形式として目標なのであり、我々がそれに向かって歩み寄ったり、或いはそこから出ていったりするものなのである」（ダゴベルト・フライ著、吉岡健二郎訳『比較芸術学』、創文社）

D・フライは建築の素朴な映像的な経験についてこう述べている。〈拡がりと奥行への動きに従って統一された空間が、順を追って現われる〉ということにキャメラのフレームを与えれば、建築芸術は映画に置き換えることができそうに思われる。しかし、決定的な相違は、建築において自らの身体を移動させることによってそうした体験を得るのに比べ、映画においては、座ったままで時間のなかで再生され、変化し生成することである。また映画と異なり、視覚や聴覚以外にも、身体を動員し、すり抜け、触れ、登り、現実の時間の流れに沿って、歩みのなかにそうした建築の経験が開かれてくる。また、建築を経験するとき、その空間的な経路は選択的であるが時の流れはもちろん一方向である。

一方、映画において、スクリーンという動く窓枠のなかでの経路は決定されているが、時間は操作可能であり、中断し、時の流れを飛ばしたり、フラッシュバック（flash back）に見られるように前後を入れ替えたり自在である。

こんなふたつの表現の枠組《フレーム》みの相違を頭に入れたうえで、建築の設計のヒントを得ようとするのである。さてふたつの経験はどんな方式を介して感得されるのだろうか。

映像《フィルム》においては面《サーフェス》がすべてである。フィルムのうえを推移する光の肌理《きめ》によって、その材質や形や奥行きや空気や季節や時間の移ろいまでも知覚する。スクリーンという不思議の窓の向こうにある世界にそうしたかたちで立ち会うのである。虚の実在しない事象でありながら、窓を通して自分がそこに立ち会ったという現実感《リアリティ》が生ずるのは、対象とする画像そのものが動くという理由より、フィルム上の光の分布の構造が変化するそのことが自然なのである。時間が凍結した写真を見るよりずっと私たちの生活の知覚の経験に沿っている。対象が動くのではない。面のうえを動いている光と影の推移に見入っている。そこに〈映像的時間〉が流れるのだ。たとえば小津の『晩春』。脚本は次のように一〇三カットで構成された映画の映像の始まりを指示する。

〈一＝北鎌倉の駅、晩春の昼さがり――空も澄んで明るく、葉桜の影もようやく濃い。下り横須賀行きの電車は、ここのホームを出はずれると、すぐ円覚寺の石段前にさしかかる〉

春の雰囲気が豊かに感じられるショット。春の暖かい陽射しが降りそそぎ、そよ風が爽やかに草木をなびかせている。キラキラとする光と影の推移に見入りながら、物語られる時間の流れにひき込まれてゆく。婚期を逸しかけた娘が嫁ぐという物語を作動させる場、晩春のある種のあわただしい気持ちや寂しさの環境の全体的な提示。この映画のなかに繰り返し見られる季節感を示す風景のディテールの数多くのショットは動く対象としてではなく、写真的に撮影され、それが光と影の推移を見せることによって映像の時間の流れを現実《リアリティ》へと結びつける。固定した画面は変化を止められた写真のようであるが、やはり時の経過のなかで（たとえば一枚の葉が）動いているということの発見。そうした面《サーフェス》の上の変化のなかに、すべてのことを読みとる。〈まったく別の新しい時間に引き込んでゆく技法〉がそこにある。映像とはそうした個別的事象を描写しておいて、スクリーンの窓の向こうで起こっている場所や物や人などについての知覚経験を生じさせる。そして事象を連続的に並べ積み重ね、その運動が、現実の時間の流れを知覚させる方法を工夫するのが映画の構成である。

一見、カットに分割して、それを積み重ねるという方法は時間の流れの持続を遮断しているようにも見える。しかし実際は逆である。先に述べた小津の映像に見られるように、映画のなかでのカットの分割作用は、それ自体リズミカルな効果を持ち、快い〈映像的な時間の流れ〉を現実のものと感じさせるのである。それはたとえば、われわれの経験のなかで列車や、（幼い頃の）ゆりかごの規則的な振動が、意識を醒まさせるのではなく、眠気を誘うような、快い一体性を持って感じられるように作用に似ている。
つまり映画はそうしたカットの分割作用をとおして、別の新しい時間へと移送するのである。たとえば小津の場合、カットの規則的なリズムは果てしなく繰り返される日常といった人生的な時間をも暗示しているだろう。そうした方式で物語の長い時の経過は高々一時間半の映像のなかに凝縮され、缶詰にされる。

不思議の窓の向こうに、次々と現れては消える面《サーフェス》の交代のなかに、映像的時間が流れ、固有な枠組み《フレーム》の約束事のなかでその現実性《リアリティ》にひきこまれてゆく。すべて、動く対象よりも一枚の面《サーフェス》の光の粒子の配列の構造の〈変化〉に見入っている。

建築においても面《サーフェス》はすべてではなかろうか。ル・コルビュジエはD・フライの述べた〈構築的に形成された進路〉を〈建築的散策路《プロムナード》〉と呼ぶ。

「この家は〈建築的散策路《プロムナード》〉を求めるものだ。人が入ると建築的な光景が次々と目に映ってくる。巡回するにしたがって場面はきわめて多様な形態を展開する。流れ込む光のたわむれは壁面を照らし、あるいは薄暗がりをつくり出す。正面の大きな開口に達すると外部の形態のありさまが見え、そこでもう一度建築的な秩序を発見する」

〈ラ・ロッシュ＝ジャンヌレ邸〉（一九二三）に構築された、入口のブリッジの下から入り、ホールに突出するバルコニーにうながされて奥まった階段に乗り、再び入口の上部に戻ってきてブリッジを渡り、メインフロアーに達するという、身体の螺旋状の上昇運動にしたがって生起する現象をこう述べている。〈ラ・ロッシュ＝ジャンヌレ邸〉は三階分吹き抜けた入口ホールを巡って展開する。床や壁や天井の面《サーフェス》の肌理は均質である。また続けて色彩の役割についても次のように述べている。

「ある空間を強調したり、消したりするのである。家の内部は白くなければいけないが、この白を十分に味わえるためには、よく調整された色彩が必要だ。うす暗い壁は青、光のいっぱい当る所は赤、建物の一部は純度の高い自然な土壁色に塗って意識させなくするといった具合だ」

単なる白い箱の内部ではあるが、この建築のなかに踏み込み歩みを進める経験はやはり面《サーフェス》と感じられる面が次から次へと交代して視界に入ってくる印象である。こうしたル・コルビュジエの白の時代の住宅作品をコーリン・ロウは論文「透明性」のなかで、人間に対して垂直に、層状に重ねられた面の合成として分析した。それが奥行きの感覚をつくり出すと

ル・コルビュジエ〈ラ・ロッシュ＝ジャンヌレ邸〉内部

は述べているが、人間に対していかなる意味を持つのか、それが〈建築的時間〉の生成にどうして結びつくのかという事柄に関しては言及されていない。

　建築的散策路はやはり面《サーフェス》によってつくられると考えられる。幾何学的な面の配列《レイアウト》によって組み立てられた〈ラ・ロッシュ＝ジャンヌレ邸〉を歩く経験がなぜ生気を帯びたものとして感じられるのかということがヒントになる。静的《スタテイク》な面の配列が現れかたの多様性をどうして備えることになるのか。ル・コルビュジエの白の時代の作品を深く研究したピーター・アイゼンマン設計の〈布谷東京ビル〉の作品批評のなかに次のような文章を見つけた。小林康夫氏は面の力について次のように述べる。

　「われわれはしばしば面を軽視しがちだし、とりわけ現代は面よりも空間を重視する方向に文化の全体が動いているのだが、しかし言語にしろイメージにしろ人間の精神のもっとも根源的な力はあくまで面のうちにある。面の上のさまざまな操作を通して、われわれは自然のなかにみずからが住まう領域をつくり出している。それに対して空間とは、本来、われわれが普通考えるよりはるかに恐ろしく、獰猛で、非人間的なものなのだ。奇妙な言い方だが、われわれに時間が与えられており、そのことによって他のものとのあいだで共鳴しあう揺らぎが可能となることによって、われわれははじめて空間に耐えることができるのだ。空間が三次元で、それに時間が加わると四次元になるという理解はおそらく間違っている。たとえ時間がもうひとつの次元であるとしても、それはいわばマイナスの次元、空間的な次元性を引き算的に揺り動かす次元なのである。そして、それ故に、たとえば三次元の空間のなかにあるリズムを持った面的な構造が出現すると、それだけで、空間が揺れ動きはじめ、そこに時間が生まれてくるのである」（小林康夫「面と時間」、『建築文化』一九九五年二月号）

　面はどのように時間を生成するのだろう。面に向かって頭部を回転する、身体を移動する。すると面は傾き、白いプラスターの表面や、ガラスの反射面の光の分布が変化する。映像を見るように面上の肌理が変化するのを知覚する。マイナスの次元に空間の奥行きが光の配列の構造として現れる。また視角の変化に沿って矩形であるべき直立面や水平面は台形へと変形するのを察知する。ロウのいう〈層状の面の奥行感〉とか小林の〈面的な構造が出現することによる空間の揺れ動き〉とは、運動視差（motion parallax）の形で生じる面の変形への知覚であり、それが空間の奥行きや距離、角度の情報となるのであろう。〈ラ・ロッシュ＝ジャンヌレ邸〉における面の構成は、映画と同様に、その表面の光の肌理の変化や、形の見えの変形の知覚をつうじて、小刻みに自らのいる場所と時間の推移を告げる役割を果たしている（J・J・ギブソン著、古崎敬ほか訳『生態学的視覚論』サイエンス社参照）。それが建築における面の配列《レイアウト》が現象的な多様性を備えることになる理由だろうし、〈建築的時間〉を経験させるのだ。

II 〈空《から》ショット〉と〈l'espace《エスパス》 indicible《アンディシーブル》〉

映像の展開においてイメージのつなぎはどのようになされているだろうか。たとえば小津の映画。映画の筋という点から見れば、プロットの劇的な展開は見られない。まず登場人物があり、会話を交わし、数多くのエピソードが集積した全体が、ストーリーを形成する。結婚や家族の別れというきわめて日常的でもある中心的なプロットの周辺に、人間としての豊かさや奥行きを与える登場人物に関わる数多くのエピソードは集められ、それらは入念に構成され、〈映像的時間〉は経過していくのである。登場人物が生きている時間は尊重される。不思議の窓のむこうで確実にひとりの独特な人間と出会ったという経験がこちら側に生じるようにつくられている。キャメラは日常の生活の微細な側面を映し出すために有効な、日本家屋の室内のある場所に定位され、そこに人は現れ、座り、話をして、立ち去ってゆく。その固定したキャメラポジションは建築家がある住宅をスタディするときに描きとる何枚かの透視図《パース》の位置に似ているかもしれない。生活を最も総体的に把握しようとするとき選ぶ、室内の視角なのである。生活を貫通する視線の交錯をひとつの束としてその構図から想像する住宅の設計との類似。ドナルド・リチーも述べるように小津の映画の場合「カメラを一部屋に置き、日本家屋の交通路である廊下にカメラを向け、そこでの出来事を見るために、いわば待ち受けるのを好んだ」（『小津安二郎の美学』フィルムアート社）。地上から浮いて設置された舞台のような日本家屋のなかで登場人物はニア・ミスを繰り返す。キャメラが定位され、静的な同じ枠組み《フレーム》が反復されればされるだけ、そのなかを動く、測りがたいもの、生きているものを対照的に浮彫りにする。建築の枠組み《フレーム》の役割と似ているではないか。

そして人物が消えるとカメラは無人の空間を見つめている。たとえば遺作となった『秋刀魚の味』の有名なラストショット。娘（岩下）を嫁がせた夜、酔って帰宅した父親（笠）が「守るも攻めるもくろがねの……」「……アーッひとりぼっちか」とつぶやいたあとに映る奥の無人の台所を捉えたショット、続いて二階へと上る階段の暗がりのショット、そして娘の部屋。中央のもう誰も映さない室内の姿見が鈍く光っている。鏡の表面には、無人の部屋のカーテンが映っている。じっと不在の部屋を映す持続するショットの連続はじつに感動的である。

そうした当たり前ともいえる事実を映像のうえに引っ張り上げることによって、筋《プロット》のなかでの父親の置かれた孤独の深さが浮かび上がってくるのであるが、このショットが感動を与えるのは、むしろかつてすでに経験したこの映像全体をここで一挙に回想させ、これからニア・ミスが起こりえないこと、その不在を提示している理由による。それこそ真に映画の終わりにふさわしい。

D・フライが建築の映像的経験について〈目標〉〈進路〉というかたちで一般化した「構築的な形成作用によってつくり上げられ、拡がりと奥行への動きに従って統一された空間が、順を追って現われる」といった、素朴な水平的なショットの展開、連続的な意味のシークエンスとは別の、新しい次元へと引き上げる作用を持つ映像の役割について考察したい。それが〈空《から》ショット〉である。無人の部屋が大きな拡がりとして画面いっぱいに押し出されてくる、「秋刀魚の味」の最後のショットがそうであるように（『晩春』の不在の娘の部屋の姿見のクローズアップもまた印象的である）、プロットの連続的な展開から離れた〈空ショット〉が、くっきりしたものとして見終わったあと印象に残っているという経験は稀ではない。むしろ映像の全体の意味はそちらにあるのかもしれない。筋《プロット》から独立しながら、カットの分割の快いリズムのなかにまぎれ込み、一瞬忘れ難い光芒を放ち消滅してゆく〈空ショット〉。映画の記憶を繰り寄せる毛糸球は、そのシークエンスのほつれから一挙にほどかれる。それは私たちの底に沈殿している記憶を一瞬浮上させ映像化したものかもしれない。

そんな際限ない奥行きへと開かれた経験を、言葉にしたものを建築に求めると、私はル・コルビュジエの〈詩的反応をおこすオブジェ〉や一九四五年の〈l'espace indicible曰く言い難い空間〉（ル・コルビュジエ著『モデュロール2』）をどうしても想起してしまうのだが……。

〈空ショット〉は映像の展開のなかで、実用的な役割を一応負わされている。口実として。それは建築の場合と同じである。ここでは小津の映画で二、三の例を見てゆこう。

(一)『東京物語』で、紀子(原)が、義母(東山)の危篤の電話の知らせを勤め先で義姉(三宅)から受ける。電話口から戻って事務机に座り込んで呆然とする原のバストショットのあとにくるのが、鉄骨を建てている工事現場のふたつのショットである。金属的な音響とともに示される乾いた空に立ちあがる鉄骨は孤立し、プロットを展開するという役目から完全に解放されている。強いてイメージのつなぎを機能づけようとすれば、それが窓の外の風景であり、人物のいる空間と隣接した空間であり、場面を転換させる役割を持っていると言えようか。しかしそれにしても異質な、しかし鮮烈に深く心に残るイメージのつなぎである。

(二)『秋日和』での榛名山のフルショット。伊香保温泉に旅しそこで再婚する意志のないことを打ち明けた母・秋子(原)と嫁ぐ娘・アヤ子(司)が翌日、榛名湖畔のレストハウスで疎開していたころのことを話し合う。そしてここで食べたゆで豆のことは決して忘れないと言う。その場面の導入となる、画面いっぱいにせり出してくる正面から捉えた榛名山。それは一瞬、目にしている映像がいったい何かと疑わせるような異常な距離で映された山容である。場所の提示であり、周囲の空間や場所の一部分を記号化して画面に参入させる〈空ショット〉であると一応は言い得るであろう。

　室内のシーンが始まる前に外部を示すというのが一般的であるが、小津の映画では、近くの風景とか、家の面する道とか、店の場合看板の記号によって場所を示す。しかし母娘の恐らく最後の小旅行となるであろう榛名山の絵葉書を拡大したような光景は場所を示すという機能を越えて、ふたりの別れと山の存在感を心に焼きつける。

(三)最後に『東京暮色』。珍しく筋《プロット》が劇的に展開する二時間二〇分にわたる長い重い映画であるが、一貫した〈映像的な時間〉が流れており、その現実性《リアリティ》の鮮烈さに見るたびに引き込まれる傑作である。ここでは画面そのものより強い印象を残す音響を採り上げたい。同じ音響でも『秋刀魚の味』の軍艦マーチや『早春』の蛍の光は筋に強く結びつけられているが、ここでドラマが絶望的な結末をむかえるところでの上野駅のホームを高らかに流れる明治大学の校歌をどう考えたらよいのか。脚本を見ると次のような指示がある。

一二二＝同夜上野駅の発車告示器
二十一時三十分発青森行
から始まって一三〇カットまで、かなりの長い時間学生の一団が合唱する校歌の流れが指示されている。次女（有馬）の死を知らされ夜行列車で北海道へ旅立つ母親（山田）とつれあい（中村）は長女（原）が見送りに来てくれることを期待しつつ、しばしば三等列車の窓をあけて改札口のほうを見る。その時、冷えこんだ戸外の空気とともに、いっぱいに入り込んでくるのが、生気に満ちたホームを流れる明治の校歌である。何度白く曇る窓ガラスを拭いても長女は現れない。窓をしめて音声から遮断して、

一三〇＝車内　相島、ウイスキーを注ぐ
相島「おい、どうだい、もう一杯」
喜久子「沢山」
相島「これでこのまんま、明日の昼過ぎ迄乗ってんだからね、けつが痛くなるぜ、ああ、毛布一枚持ってくりゃよかったなァ」
喜久子（気がなく）「そうねえ」と窓ガラスを拭いて又ガラス越しにホームをのぞく、ホーム番号 12

三等車内を満たす人間の卑小なもつれのなかに突然介入してくる高らかな歌声。

さきに『晩春』のファーストショットや『秋刀魚の味』のラストショットを含めて、小津の映画において五つの〈空ショット〉の実例を挙げた。これ以外にも『浮草物語』で主人公の旅まわりの役者の息子の利用する自転車が何度も示されるが、それが、彼が家にいるかいないかの指標として反復され、場所の転換、時の経過を示し、最終的に物置にしまわれる経緯が、大人は自転車を使わないことを語っているとリチーは指摘している。続いてこう述べている。

「この映画に出てくる自転車は、感情の容器である。……意味は観客自身が与えなくてはならない。……視覚の経験の前後関係《コンテクスト》を持つ映画のような芸術では、観客は経験を持続させなければならず、空《から》の状態に直面した場合にもこの空《から》のショットを経験することを選択しなくてはならない」（リチー、前掲書）。

すべてのショットが人物や意図によって満たされるのではなく、それを中断し自らが意味を与えてゆかなければならない余白をつくり出すのが〈空《から》のショット〉であると言い得る。そして小津はどの映画においても数多くの〈空《から》のショッ

パラディオ〈カサ・コゴロ〉

ト〉を作品の構成要素として独自な方法で組織的に使用している。しかしとくに五つの例からもわかるように、そのショットに負わせた機能と配列の方法、間のとり方まで含めると驚くほど多彩であり、デリケートである。場所や季節感の提示、場面の転換、時間の経過の暗示、反復、循環的機能、人物の不在の提示とその機能を分類して挙げていっても決しておおいつくせないようなショットが拡がっている。

それはいったい何なのか。共通するのはさきにも述べた連続的な意味のシークエンスとは別の新しい次元へと引き上げる作用を持つ映像だということである。たとえば成瀬や小津の映画のクライマックスで、あまりにも充満した息詰まる映像的空間の流れに介入して、新たな空間知覚を開き、世界の別の奥行きを見せる手法である。それはしばしば人間や狭々しい人間的事件の外側に存在する世界がずっと広大で神秘に満ちているということを示す。またそれは人間の知覚の根底に陣取っている記憶の広大な領野をフト前面に押し出す。私たちのなかに沈殿して日常とりたてて意識にのぼせることもない室内の記憶や都市や自然の記憶である。

私は建築の枠組《フレーム》みにおいても規則的な架構のカットのリズムのなかで、積極的な余白を導入して場面の転換を図りたいと思う。〈空《から》ショット〉のようなつなぎを経験させ世界の別の奥行きを見せたいと思っている。効用的な仕組《プロット》みや、社会・経済的な仕組《プロット》みとしてギッシリと詰まった現実の前後関係《コンテクスト》からやはり人間を別の広い空間へと一瞬解放したいと思う。ここでは二、三の例を挙げるにとどめよう。

(一)空白パネル——上富士前派出所(一九八七)

この空白パネルは、パラディオの〈カサ・コゴロ〉(パラディオ邸、ヴィチェンツァ、一五七二)、ル・コルビュジエの〈シュオブ邸〉(ラ・ショー・ド・フォン、一九一六)の正面に据えられた空白パネルにヒントを得ている。コーリン・ロウは『マニエリスムと近代建築』でその奇妙な空虚さの意味を論じている。四つ角に対して押し出された空中に浮かぶ大理石の六メートル×六メートルの板《パネル》は空白である。空白のパネルはネオンや看板に満ちた交差点の風景とは対照的に、広い空間に訴えかける地域の交番の表示であり、夜間は照明され、通りの正面に浮かび上がる。繁華街でよく見かけるコカ・コーラの電飾看板とほぼ同じサイズであるが、ここでは何も記載されていない空白の看板《パネル》、空の青のなかの白、無意味という意味。

富永讓〈上富士前派出所〉

ル・コルビュジエ〈シュオブ邸〉

(二) 規則性《レギュラリティ》の中断・余白

――〈熊本市営新地団地〉(一九九〇)

県道沿いの二四三メートルの長さの一八〇戸の集合住宅である。架構体と開口の反復する連続的なリズムは突然中断され、一ヵ所北側へと突き抜けてしまうエントランスの余白となっている。またエレベーターホールでは壁面の開口の連続は大きく変形されている。

それらは要請された構造上のエキスパンションという口実を持っている。

(三) ローマ式のタイル張りの浴室

――〈サヴォア邸〉(一九二九)

この中央にスロープを備えた映像的な装置としてつくられた〈サヴォア邸〉の内部を歩くとき感じるのは、この建築がきわめて明晰な部分と曖昧な部分の戦争、架構によるカットのリズムと部分のモチーフの戦争であるということである。ル・コルビュジエの空間の記憶の貯蔵庫の内側の映像を見るような経験である。二四歳の「東方への旅」の経験をはじめとするル・コルビュジエの四二年間の歴史、目の記憶が曖昧なまま埋め込まれている。とくに異質でもある豪華なローマ式のタイル張りの浴室は、「二〇世紀の住むための機械」に歴史の奥行きを一挙に与えるように採られた〈空《から》ショット〉、さしずめ短時間のなかに多くの情報を伝えようとする映画のモンタージュの技法だろうか。

現代という時代において、建築の枠組《フレーム》みは経済という筋《プロット》に支配され決定されていく。人間が占有するひとりあたりの面積を極小化し、機能的な場が優先される。経済的な筋書の貫徹のなかで機能と機能の隙間を二者の転換の運動や循環のなかに見つけようとする。おそらく映画においても建築においても、現代では、小津やル・コルビュジエの時代と異なり、場面《シーン》が急激に転換し、繋がってゆくのを読むことになるだろう。

一九二〇年代末になってル・コルビュジエの幾何学的な枠組《フレーム》みのなかに参入してくる〈詩的反応をおこすオブジェ〉は建築における〈空《から》ショット〉といえないだろうか。石ころ、貝殻、流木、松ぼっくり、ひも、骨、岩のかたち。それらは〈身体のかたち〉である。滑らかな、くぼんだ、ゴツゴツの表面を手は触り、目はたどる、そこに身体が知る生命のかたちがある。そこで私たちは建築という人工的な枠組《フレーム》みのなかで〈詩的反応をおこすオブジェ〉を経て、〈身

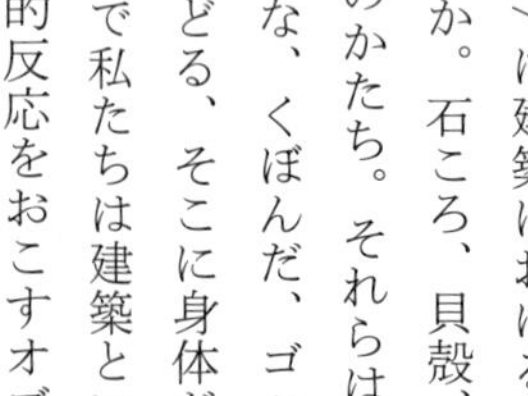

富永讓〈熊本市営新地団地〉

体〉へ、そして別の自然という枠組《フレーム》みの豊かさへと開かれていく。身体と結びつき、意識のなかにフト浮かび上がってくるそうしたかたちを〈信号〉と呼び、ル・コルビュジエは次のように述べている。「理性の中でしっかりと確立し根づき、教理問答のように繰り返し使われる古い観念に訴えかける合図であり、無意識的自律運動に含まれる豊かさの検出器である」（S・V・モース著、住野天平訳『ル・コルビュジエの生涯』彰国社、一九八一年）

また最も不可解な言明と見られている〈l'espace《エスパス》 indicible《アンディシーブル》〉曰く言い難い空間はまた、設計者と経験する者の記憶を相互に宿した「汲みつくせぬ意図をいっぱいに抱えこんだ〈空ショット〉―際限のない深さがそこに開かれる一つの世界」ではなかっただろうか。『モデュロール2』に載っている一九四五年に発表された一文は、彼の求めていたものを窺わせていて興味深い。「四次元の世界とは、その作品、またその作品がきっかけとなってあらわれた恍惚境のことを言うのであるらしい。これは選ばれた題材の効果ではなく、……意図の効果でもあり、少なくとも〈l'espace indicible〉曰く言い難い空間が存在し、直感によってもたらされるもので、獲得され、同化され、そしてまた忘れられた知恵に奇蹟的な触媒作用を行なうものである」（傍線筆者）

沈殿した記憶の映像が、そのとき沸騰し、意識のなかにいっせいに回帰してくる、そこに〈建築的時間〉が流れているというのである。

小津の映画を例にとりあげて建築構成との関わりをⅠ〈面《サーフェス》〉、Ⅱ〈空《から》ショット〉というふたつの視点から考察してきた。その役割をここで整理しよう。

建築の場合、制御された諸要素（たとえば、柱や壁や床、天井）の組合せの具体的形式、視覚に訴える断片が場面《シーン》である。建築を映像と同じく場面《シーン》という語を用いることによって記述すると、場所の体験は運動――場面《シーン》と場面《シーン》の連続によって認知されうる。

「そこに異なった二つのレベルがあることに注意しておこう。一つは身体の運動に伴った体験をとおして得られる、つまり〈この場面《シーン》〉と〈次にくる場面《シーン》〉との差をとおして感受されるものであり、これを移行の運動のイメージと呼ぶ。もう一つは〈いま、ここで体験している場面《シーン》〉が〈かつて、すでに経験した場面《シーン》〉と結びついて生成してくるものであり、これを、心的現象の運動――時間のイメージと呼ぶことにする。時間のイメージのレベルでは、見る個人の記憶が作用することによって、

ル・コルビュジエ〈サヴォア邸〉。
ローマ式のタイル張り浴室

物理的な前後を越えて場面《シーン》を見ている。そこでの場面《シーン》の設計とは観るものにとっては、記憶への誘発のしかけであり、設計するものにとっては自らに刻まれた身体の体験を図式へと書き込むことである。

〈移行の運動のイメージ〉や〈時間のイメージ〉をとおして将来、人が体験するであろう時間や空間をシナリオに書き込むように図面という建築地図に記述してゆくのが、設計であり、建築家の仕事である」（富永讓「移行の様相〈建築的時間を生成する枠組み《フレーム》〉」（『建築文化』一九九五年二月号）

とりあえず、〈面〉は〈移行の運動のイメージ〉に関わるものであり〈空ショット〉は〈時間のイメージ〉に関わるものであることを指摘しておきたい。

Ⅲ章

作品——風景の生成へ 1991–2015

八幡厚生病院
新本館棟
2014

断面図 S=1/500

3階平面図 S=1/1200

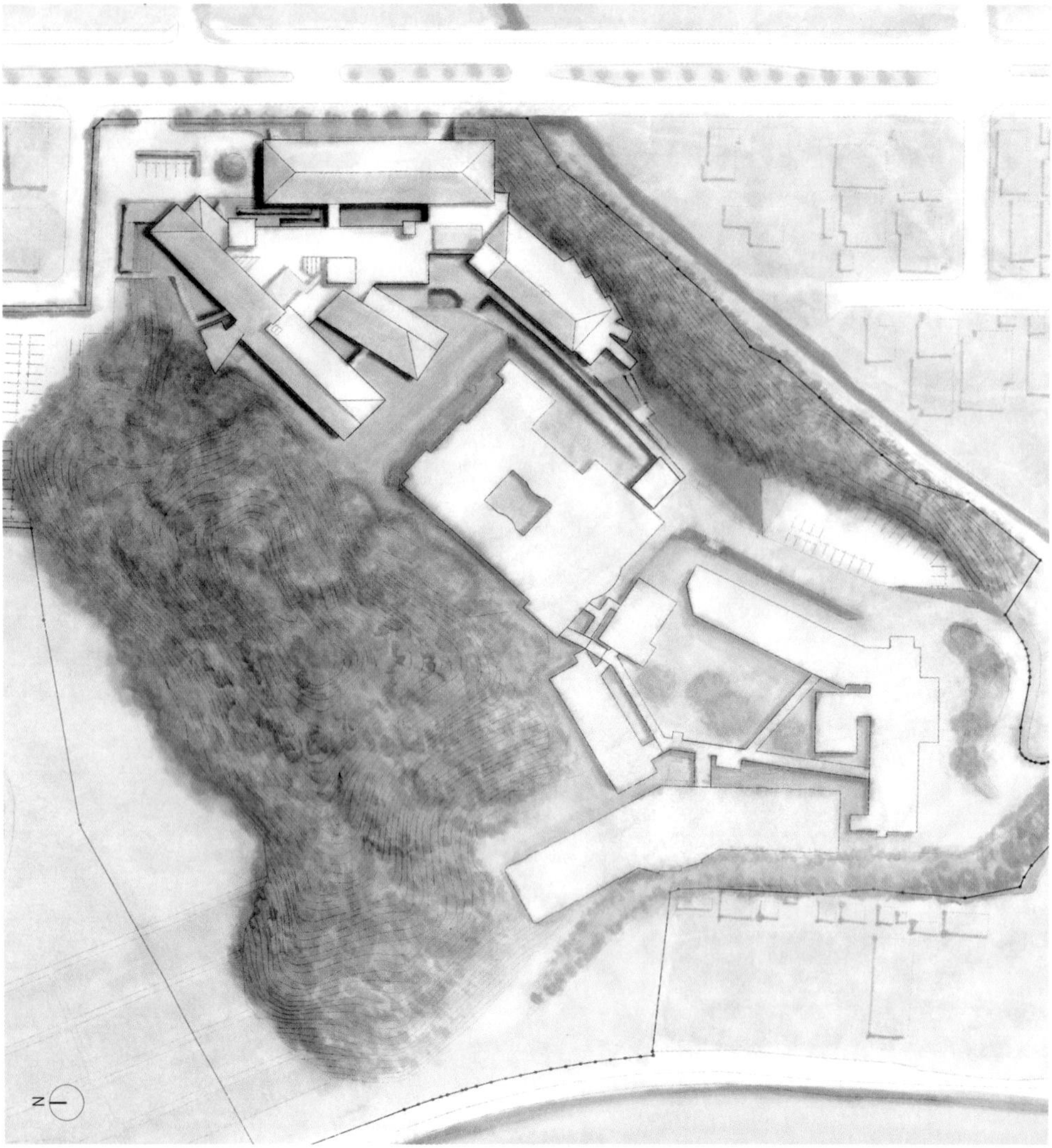

配置図 1/2000

精神科の医師と話すと、精神病がいま非常に増えている大きな原因は、都市の生活環境が人間の「大地性」を失わせてしまうことだという。大地から離れた中空で、携帯電話やインターネットなどを使用しているうちに、自分が大地で生まれ、生活していることを忘れてしまう。だからオフィスビルタイプの治療機械ではなく、地表面に接した病院で、たき火して焼き芋をつくったり、庭仕事をしたりしながら「大地性」を回復するのだと。

大地の軸性や著しい高低差に沿って建築のボリュームを配置し、敷地内の豊かな森の景観を大いなる治療環境として採り込みたいと考えた。

横須賀市救急医療センター・横須賀市医師会館

2014

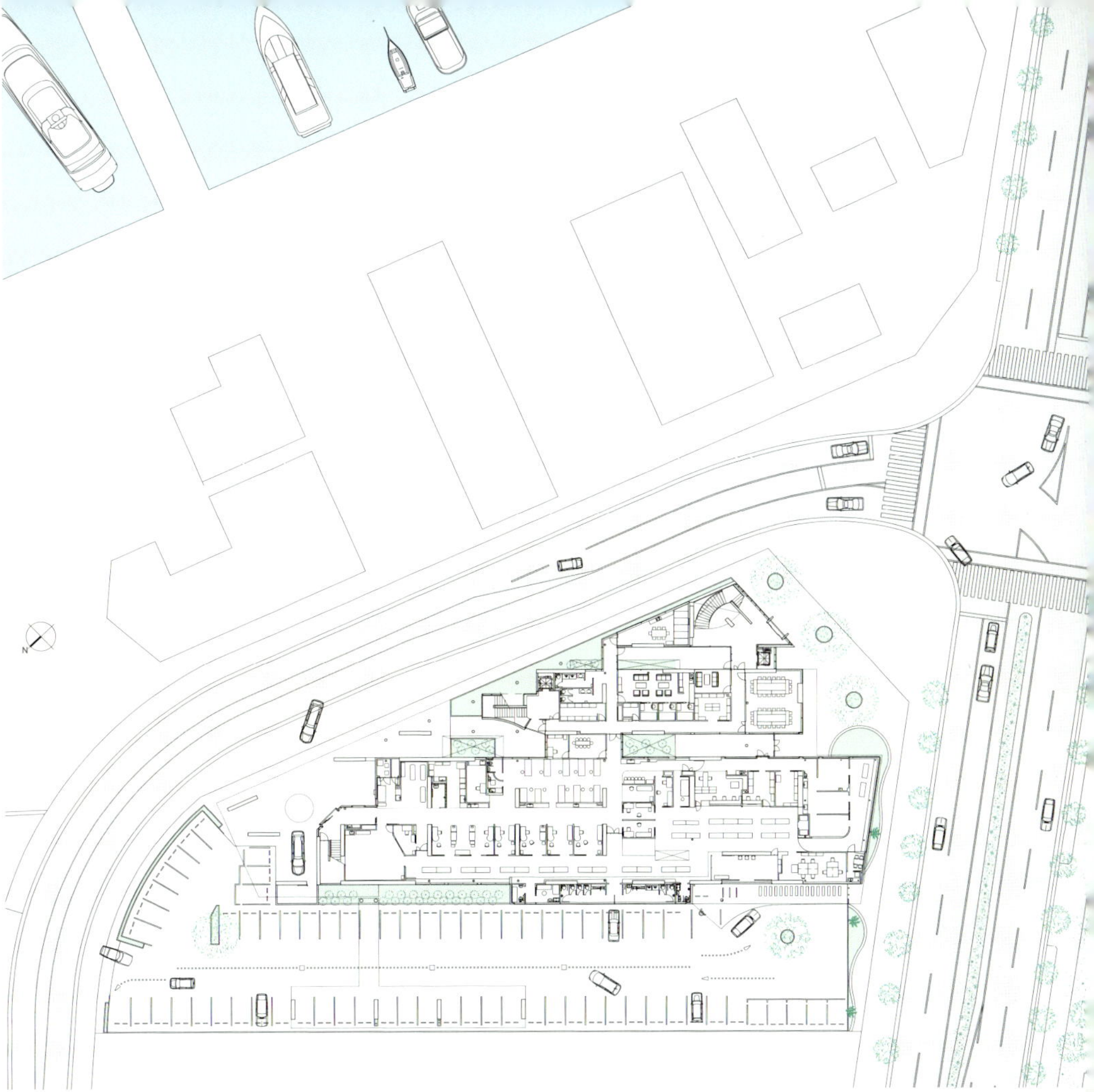

1階平面図 S=1/1000

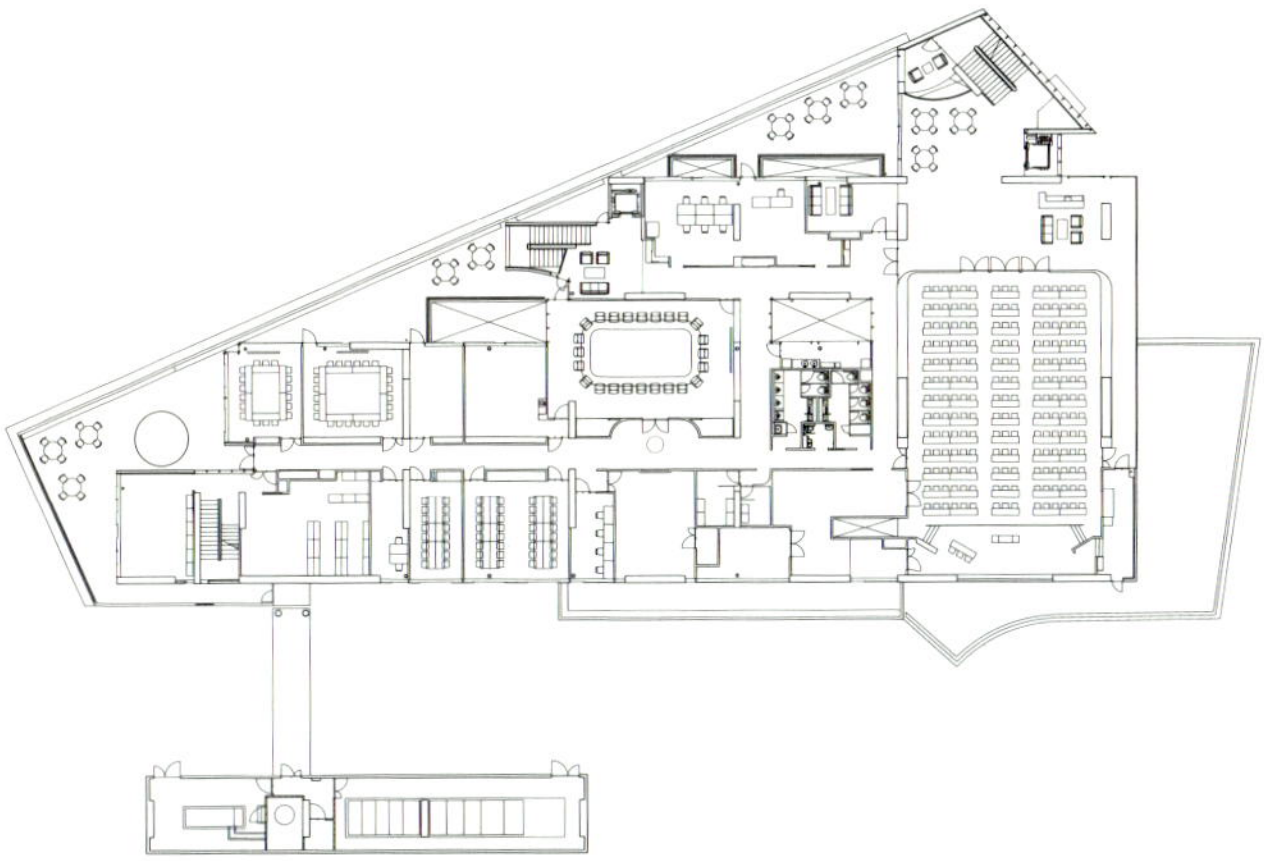

2階平面図 S=1/1000

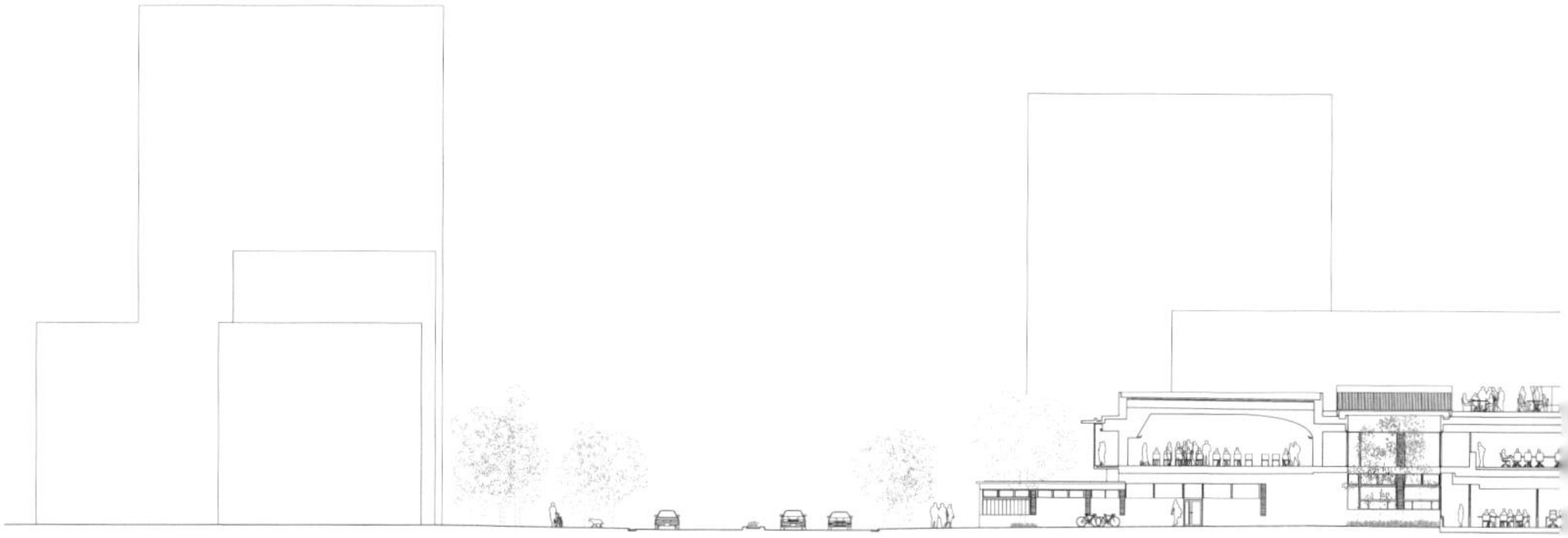

断面図 S=1/800

三笠公園に連なる海に面した場所にある。

この海の、大きな水平性をもった広がりのある空間と対応するような建築をつくりたかった。前面には海岸通りが走っている。平坦な埋立地に、水平線に呼応した建築的空間を構成し、それぞれの機能に応じたニュアンスのある場所を作りたいと考えた。

光庭を切り込んで建物全体を四つのブロックに分節し、大通りから海の方向へ意識と視線を導き、同時に光や風を建物内に採り込んでいる。

成増
高等看護学校

2006

敷地は緑豊かな公園のなかに位置し、全体に七メートルぐらいの高低差がある。前面は親水公園として整備され、水路に沿って桜並木がある。

可能なかぎり樹木を残して、裏側の道と建築の空間と結びつけた。樹木の位置を調べ、土地を精密に測量し、学校として必要とされる規模の幾何学を敷地にはめ、地形の高低に沿って幾何学平面の中央に内部と外部をつなぐコートを設けた。緑の地形のなかにすっぽりとはまって新しい風景となるようなたたずまいを求めた。

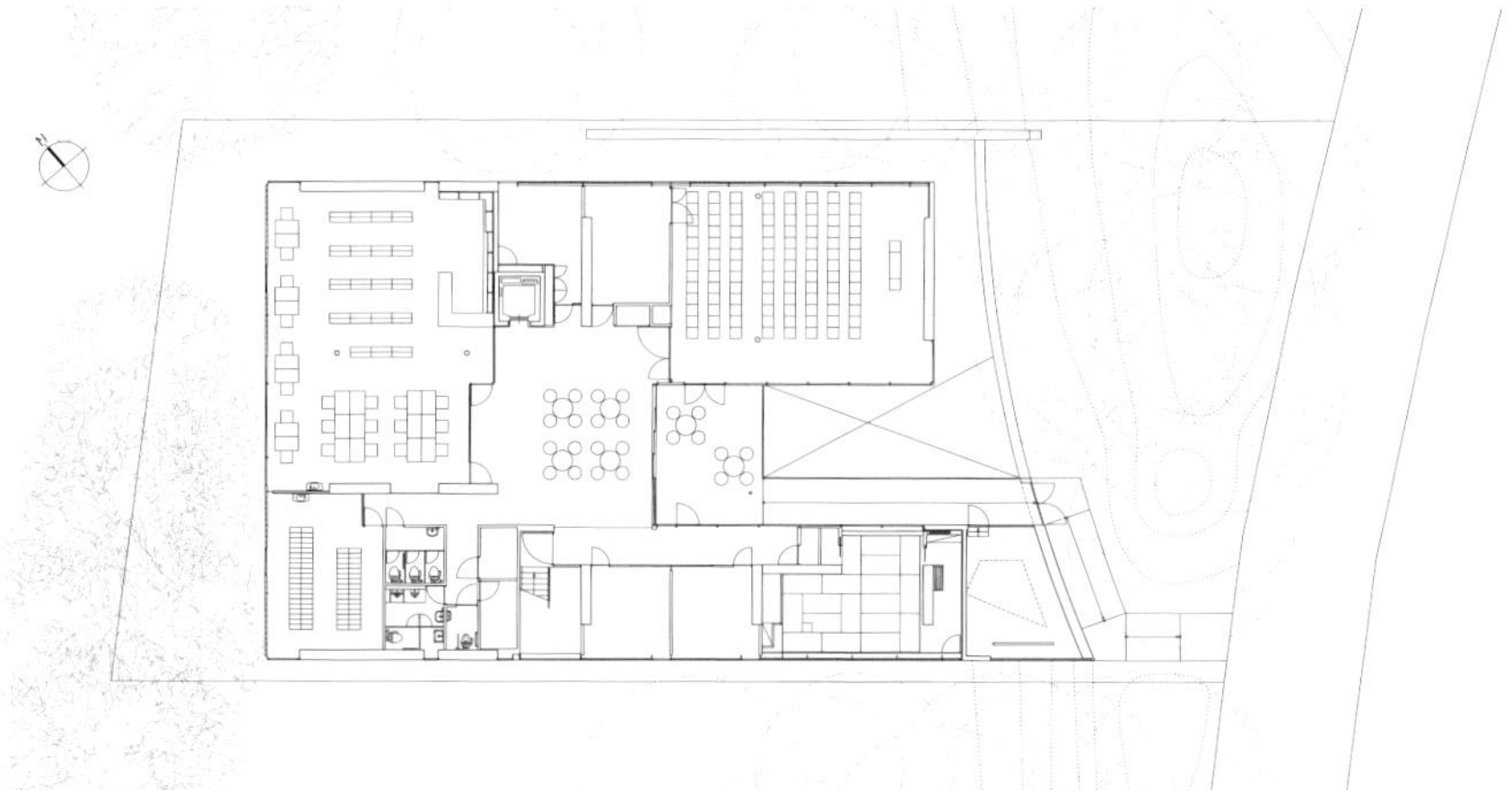

2階平面図　S=1/600

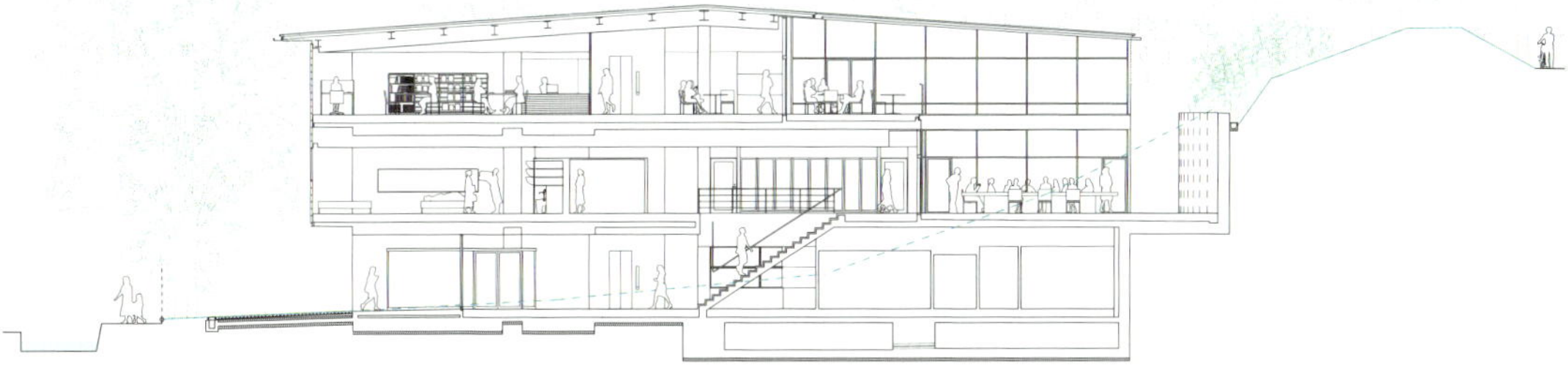

断面図 S=1/400

宙
渡月荘 金龍

2006

修善寺にある旅館の、宙に浮いた食事処の増築。
回廊がめぐり、外観は阿弥陀堂のような感じになっているが、非常に建築条件の厳しいところだった。
菊竹清訓先生の〈スカイハウス〉を原型として、敷地にある岩をよけながら、柱を地形の条件に沿って変形して巴状に配置し、シェルの屋根をかけている。
菊竹先生はこれを非常に気に入って下さった。インテリアは、日本の庇や縁側に囲まれた空間になっている。

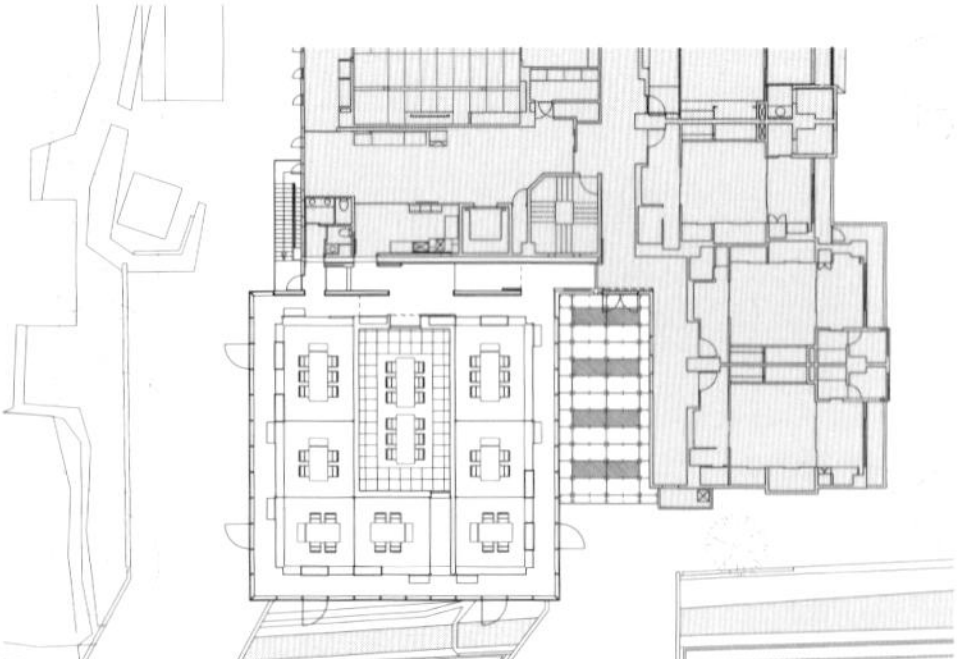

2階平面図 S=1/800

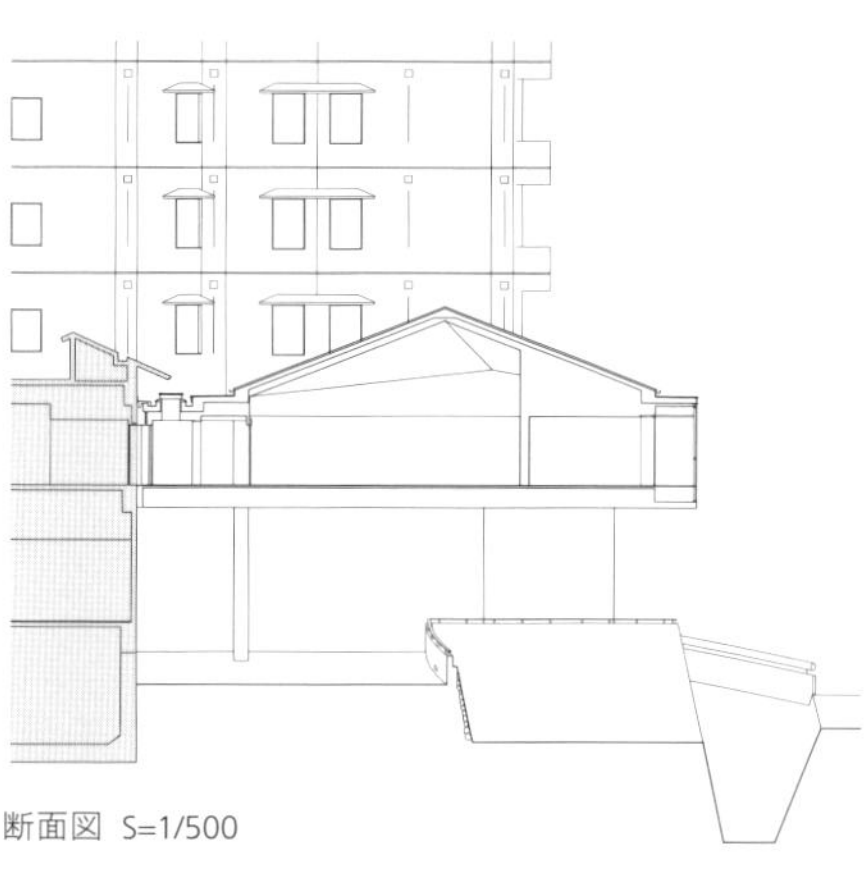

断面図 S=1/500

エンゼル病院

2002–2015

前面道路から一〇メートルほど上がった、この一帯の地層である折尾石という岩盤の上に敷地があり、そこをどのように利用するかという問題があった。

「建物が敷地全体と相まってゆったりとした別世界となるような空間の創造」を院長には期待された。そこで居室は最上階に乗せ、岩盤をくりぬきアプローチ路と地域に開かれたレストランを地上に計画した。

竣工以後、駐車場・公園・エントランス増築・管理棟増築と現在も規模を拡張しながら、この敷地の特性を建築によって魅力あるものにしようとしている。

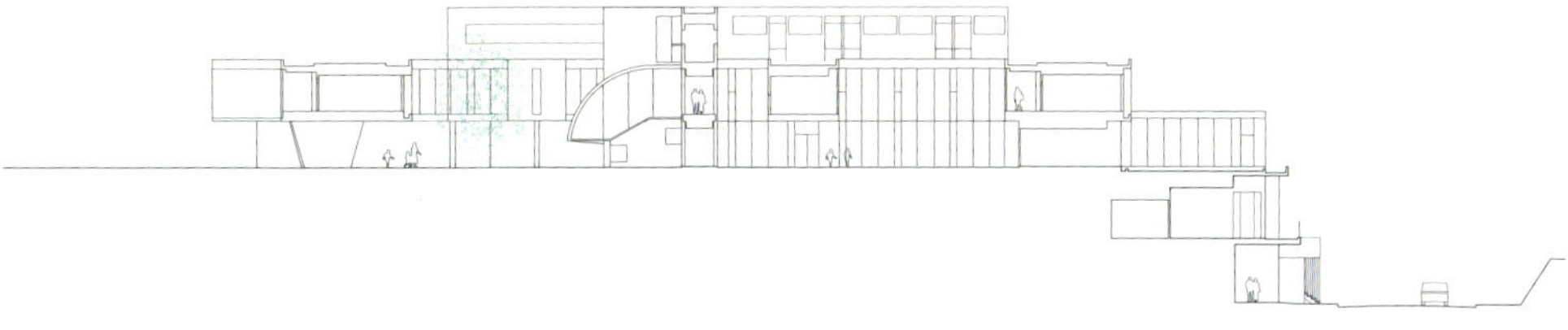

断面図 S=1/800

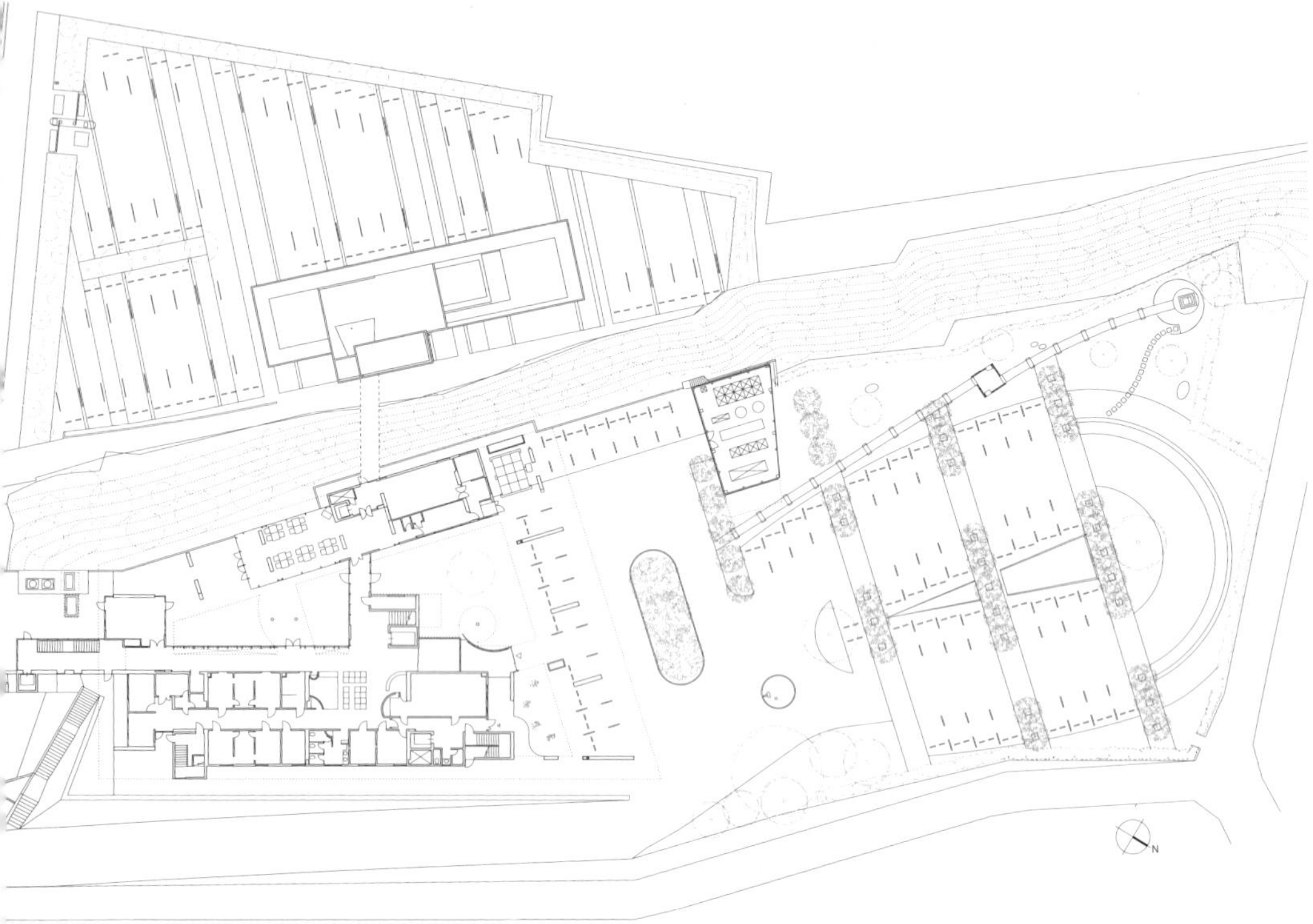

配置図・1階平面図　S=1/1000

茨城県営 長町アパート

1999

非常に高密な、大工町という飲屋街のなかに建っている集合住宅。六年間かけて一つひとつ建て替え、かなりの時間をかけて取り組んだ。雑多で高密な、小さな建築粒子の集合によってつくられた周囲の環境に働きかけ、地域の拠点となるようなおおらかな場所をつくりたいと思った。敷地のなかに空白を取り、その建物のなかにまた小さな空白がある構成で、二重の、入れ子状になった「内なる空」がつくられている。

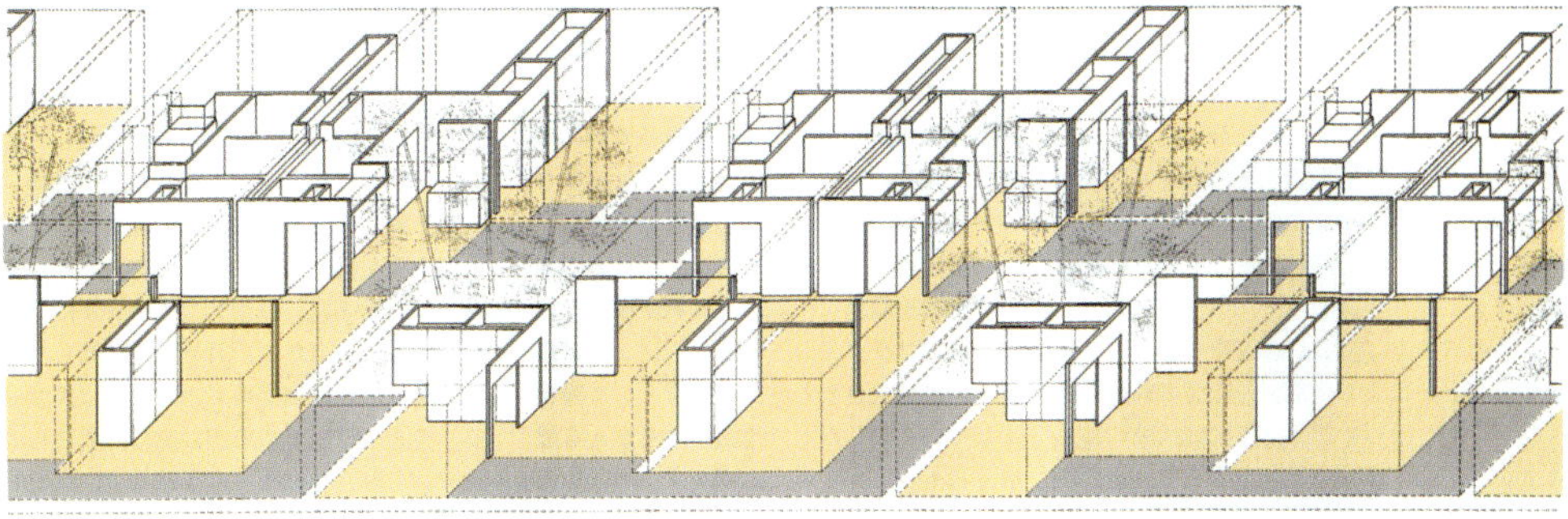

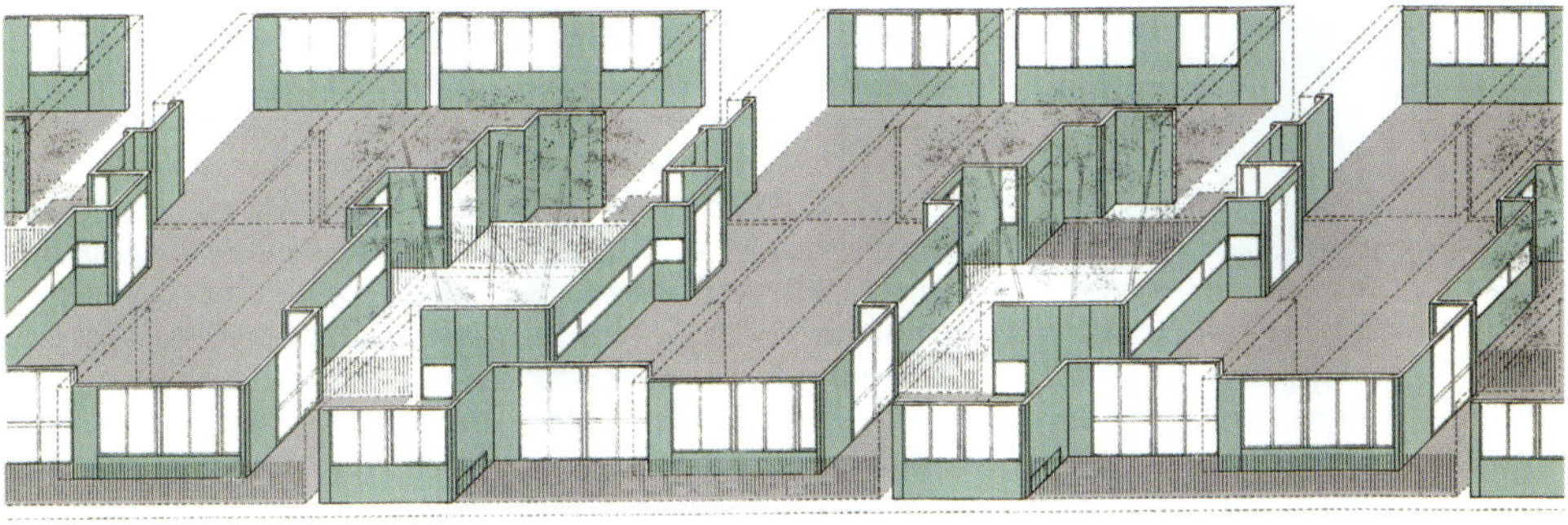

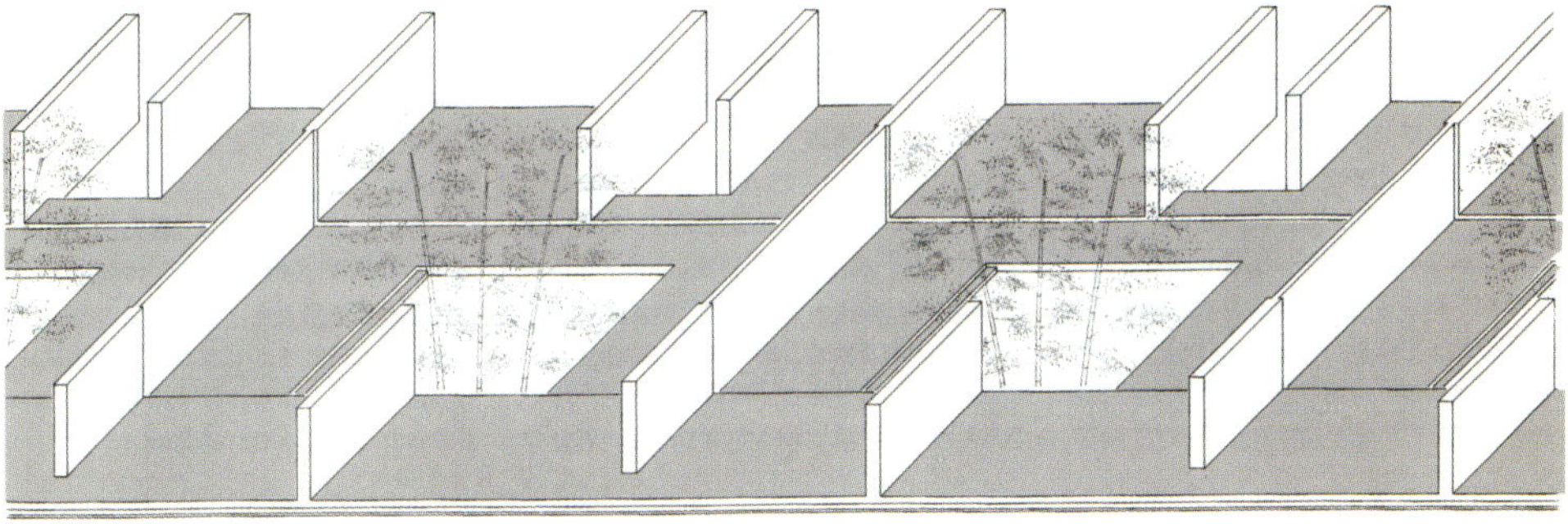

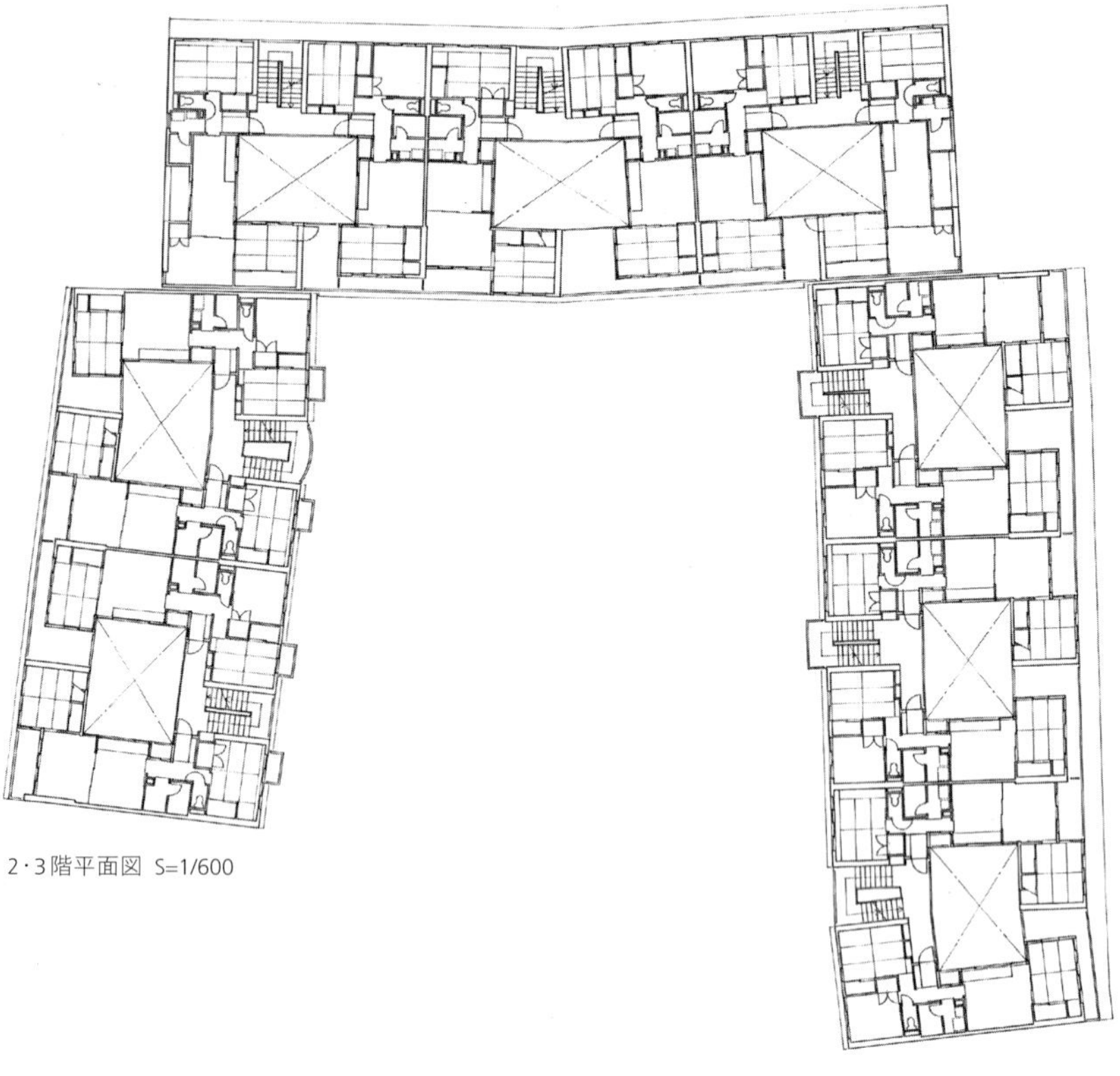

2・3階平面図 S=1/600

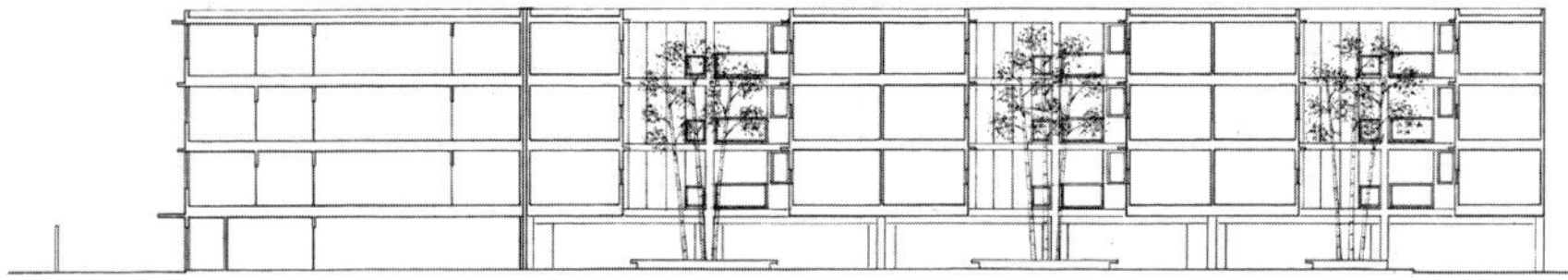

断面図 S=1/600

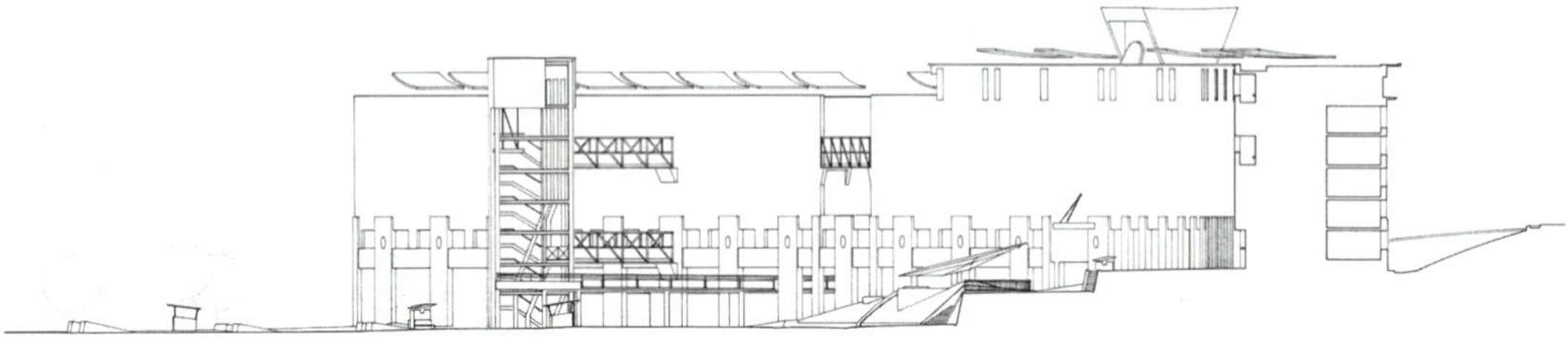

断面図 S=1/1000

熊本市営新地団地C

1993

一八〇戸の市営住宅の建替え計画。敷地は二五〇メートルほどの長さで県道に接し、細長い敷地には高低差が一〇メートルほどある。全体にこの県道沿いの地表面を開放したいと考えた。

熊本は夕日がたいへん美しい。山並みの風景と呼応する、ある種の街のインフラストラクチャーを公営住宅群でつくれるのではと考え、交通量の激しい県道沿いの風景をつくろうと一生懸命に取り組んだことを覚えている。大地の起伏と建築のつくる空間の間を問題にしていこうと試みた。

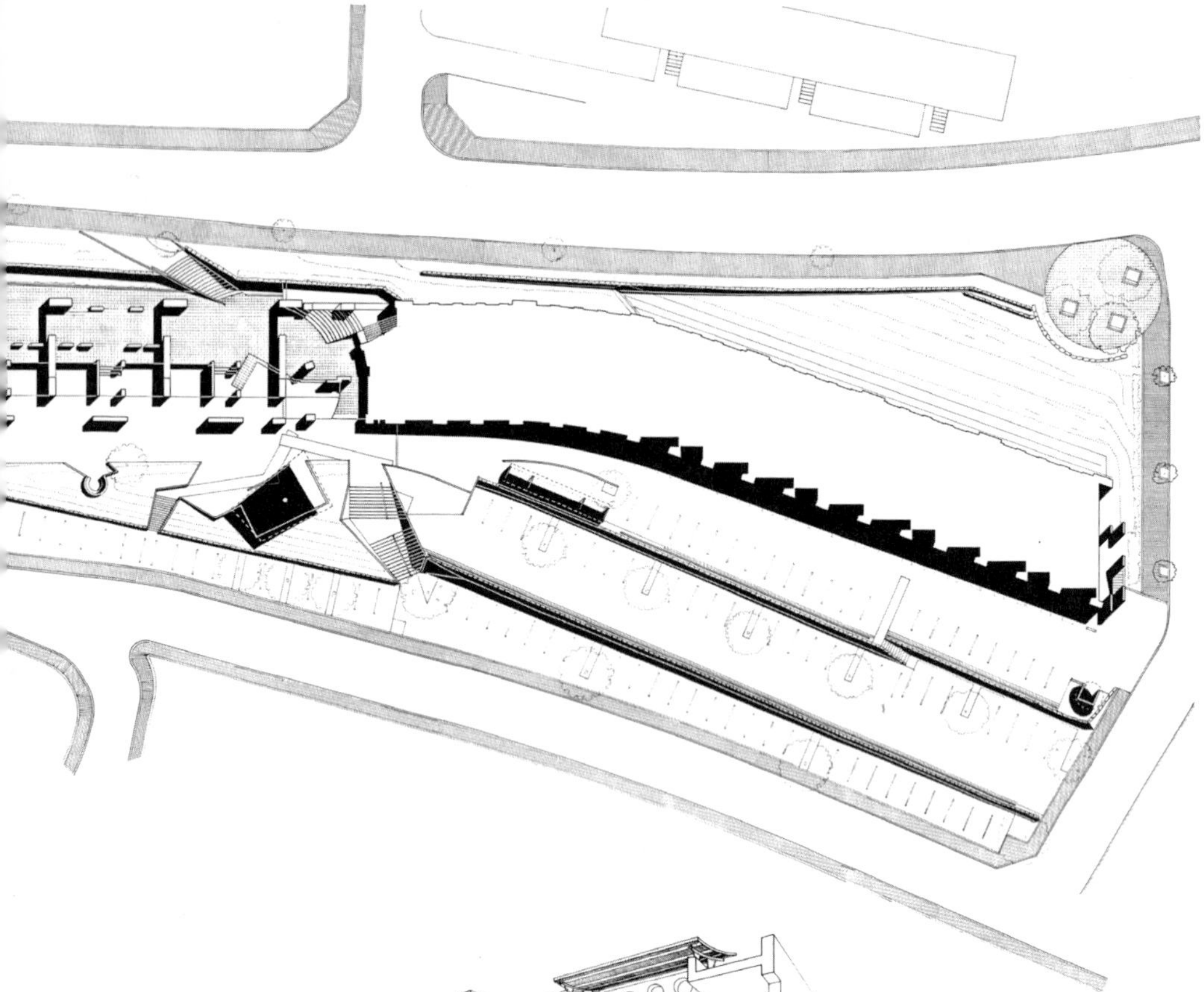

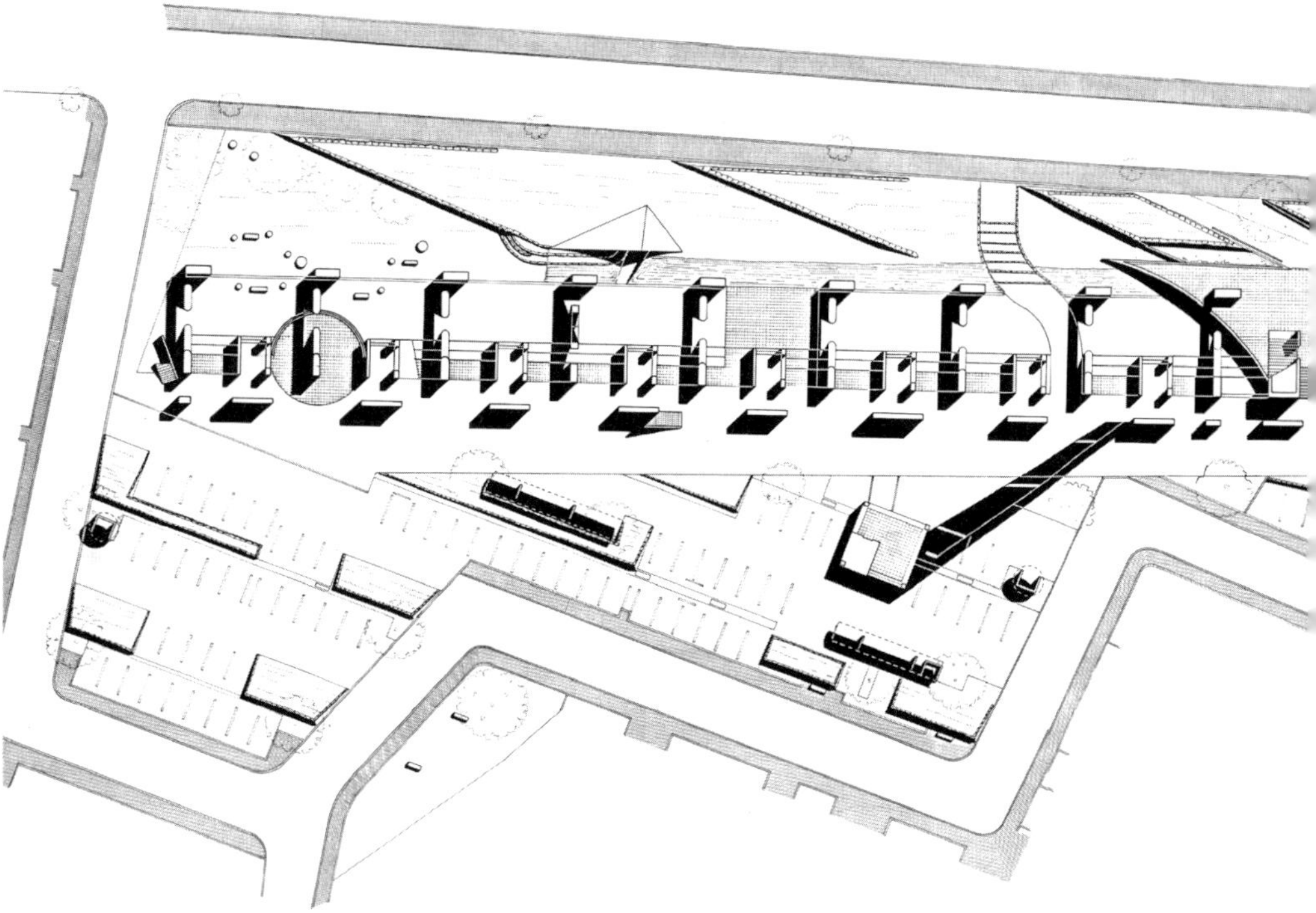

配置図・1階平面図 S=1/1000

ひらた
タウンセンター
2002

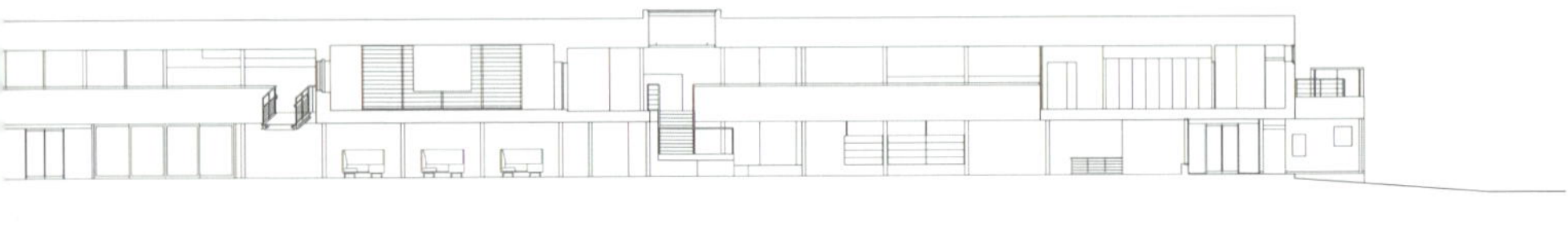

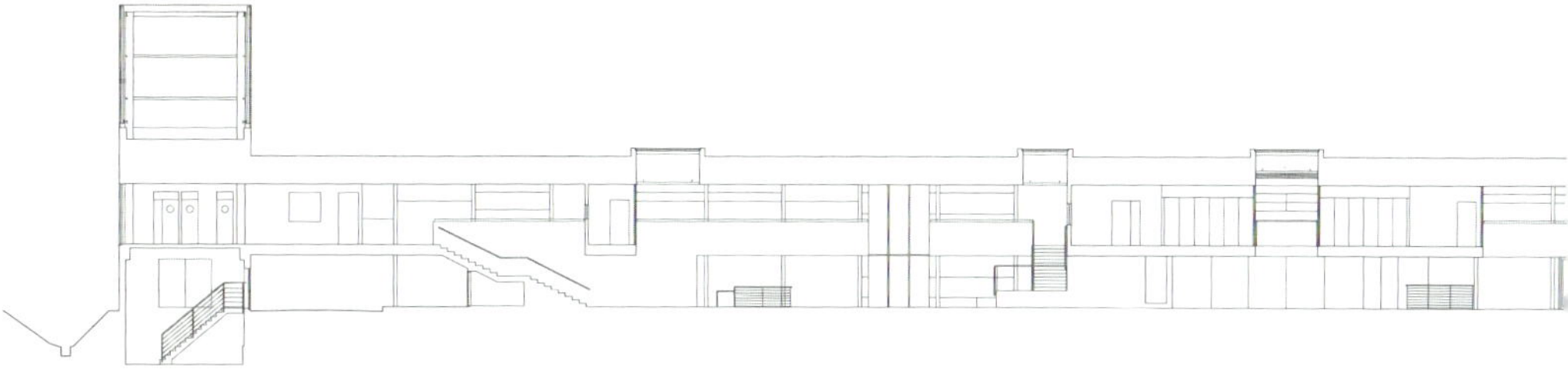

断面図 S=1/500

鳥海山を望む水田の風景がずっと続いている。そんな何もない空間を相手に、建築をつくることでもともとあった風景の美しさを新たに覚醒させる、建築的景観を生み出したいと考えた。

　水路が流れていて、自分たちの集まる場所がそこにある。この東北の大地の拡がりある外側の空間と、人間の交流の場、洗練された人間の世界というものの対比が建築ではないか。そして、そこを行き来するときに受ける「驚きの感覚」のなかに建築的なものの中心があるのではと考えた。

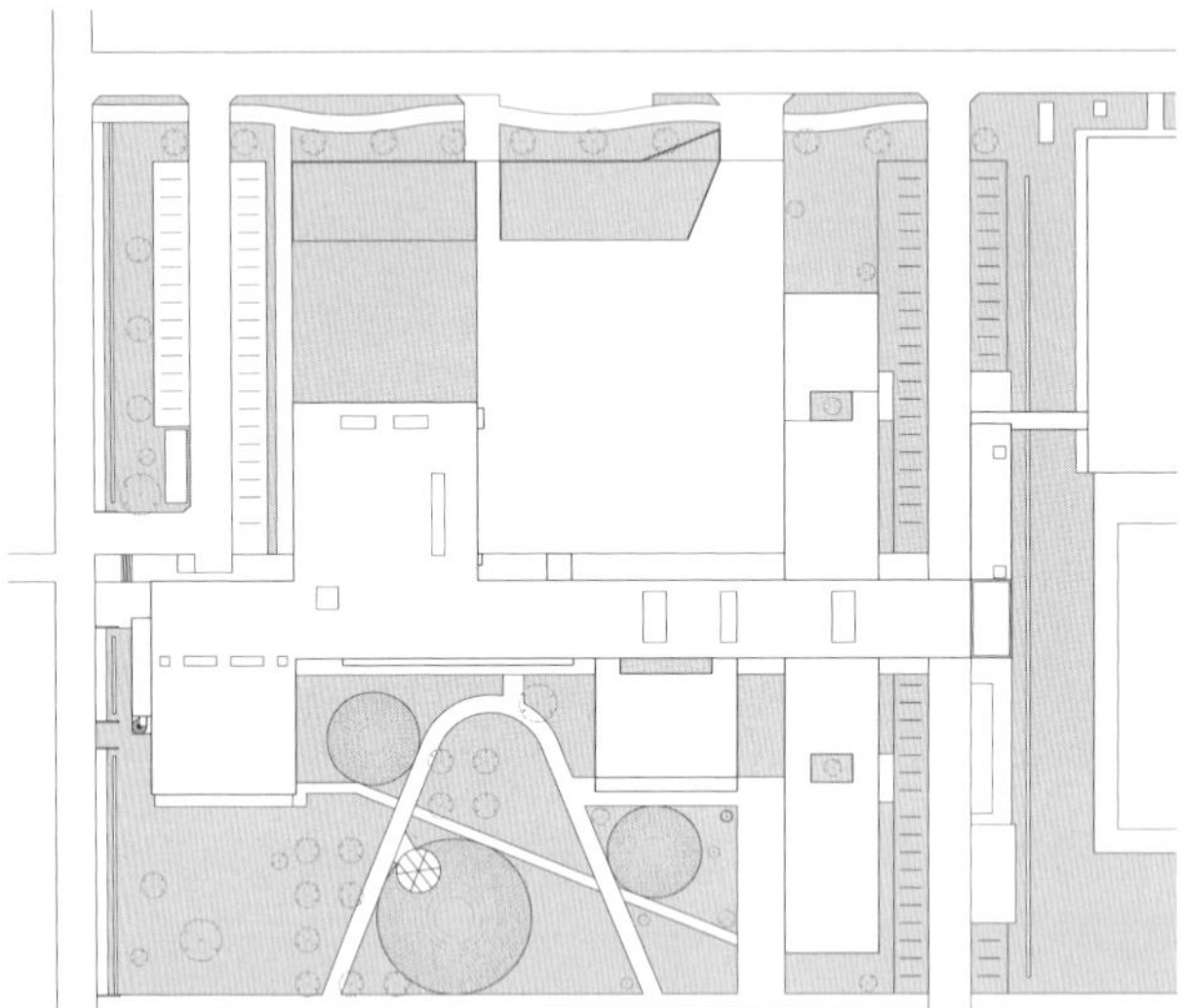

配置図 S=1/2000

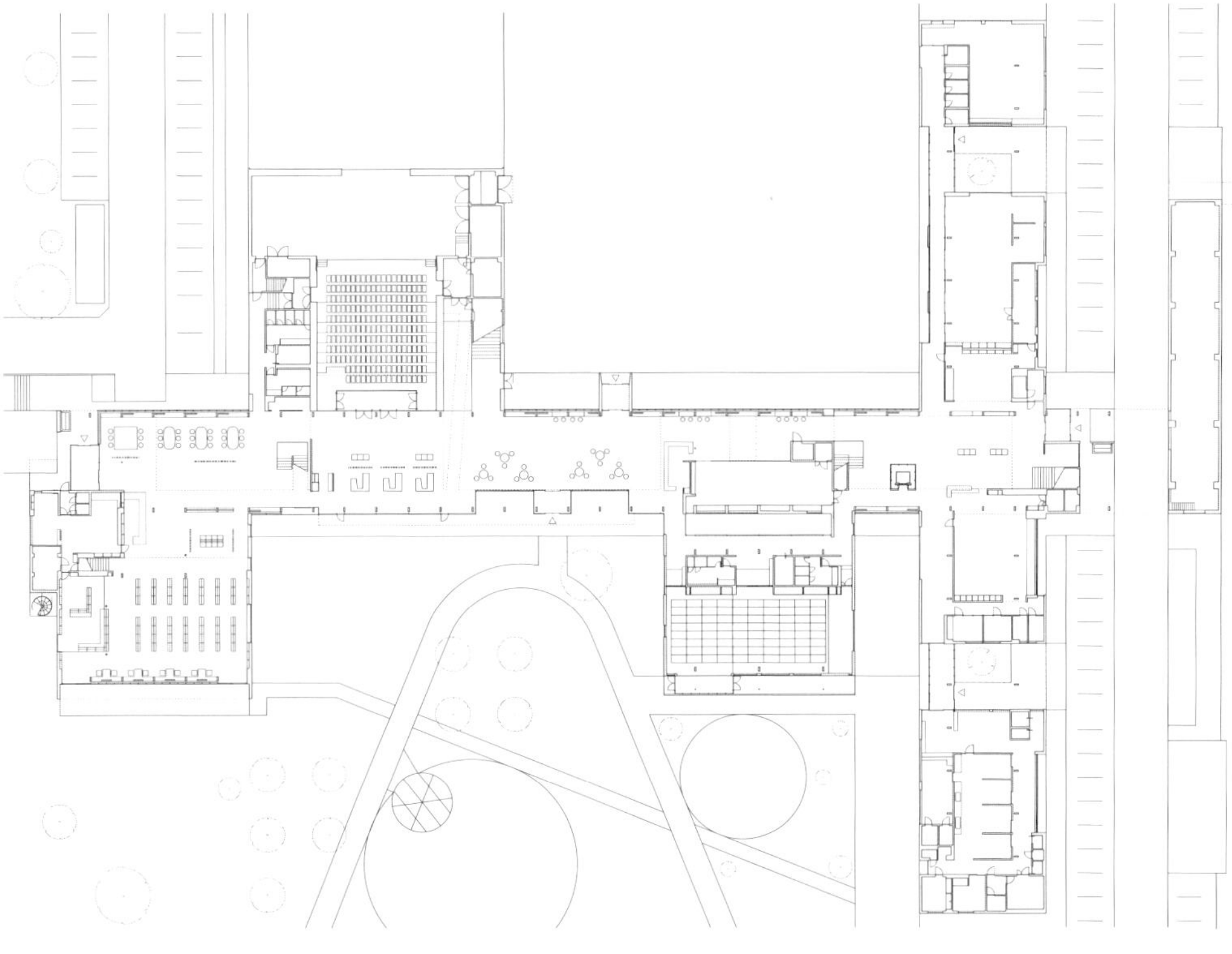

1階平面図 S=1/1000

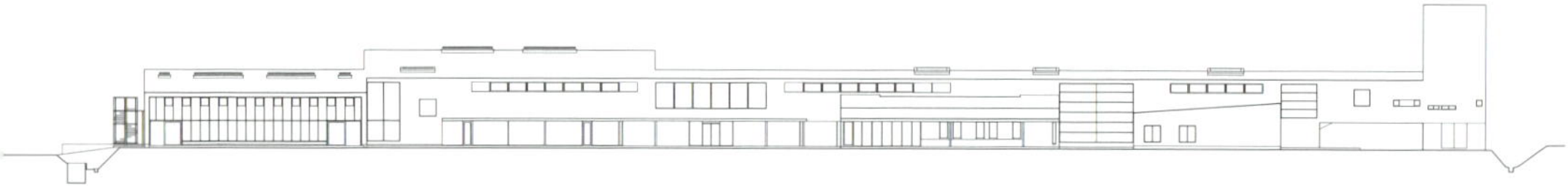

南立面図 S=1/1000

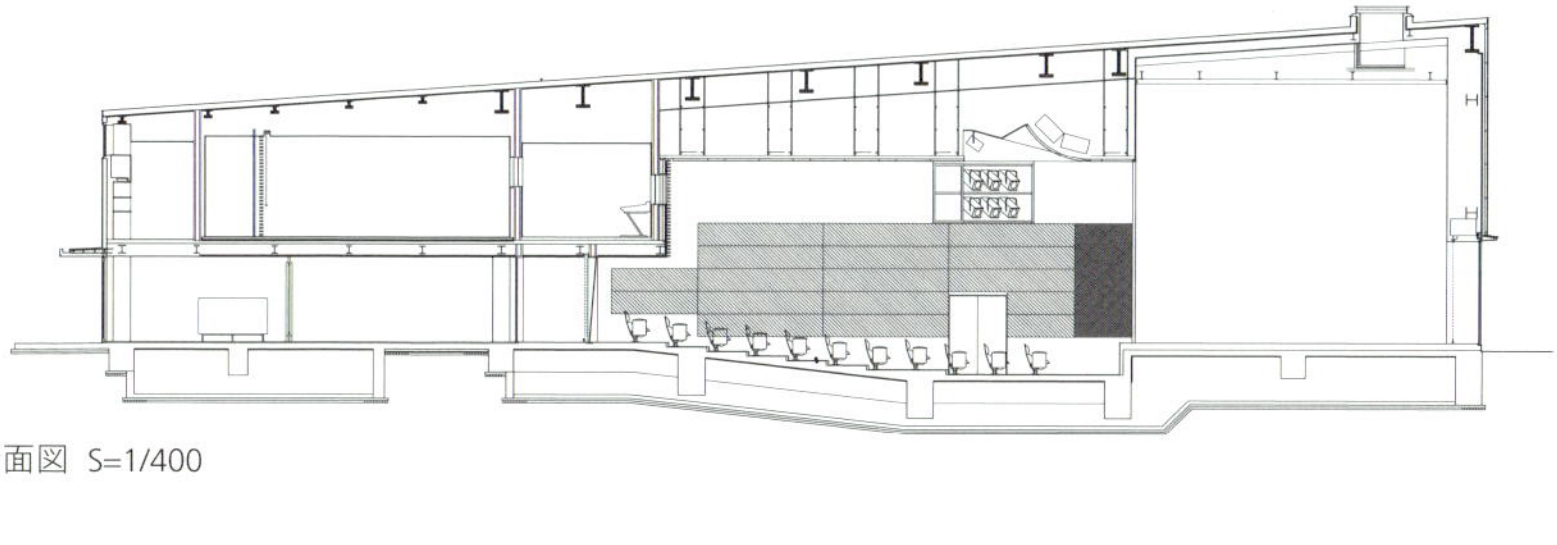

シアター断面図 S=1/400

八幡厚生病院新本館棟[pp.114-121]
114-115|北側エントランス夕景。
直交するふたつの方向性のある
柱(350mm×1,000mm)の連続が
つくり出す中央の軸性、妻面は
コンクリート杉板型枠打ち放しの上、
緑青色透湿撥水剤仕上
116上|5枚の妻面の壁のリズムが
取り囲むロータリーの空間
116下右|外来待合から
エントランスを見る
116下左|精神科救急病棟食堂。
奥の緑を治療環境として引き込む
117|東側大通りに平行なブロックと
背後の起伏ある地形から押し寄せる
ふたつの軸性の交錯
118|全体で410床の病院。
南側に下って既存病棟
119|南西、既存棟から見る
120-121|西側心身医療病棟の庭

横須賀市救急医療センター・
横須賀市医師会館[pp.122-127]
122|小雨模様の海と建物。大通りと
海の水平性に呼応する建築的景観。
奥に見えるのは猿島
124-125|南全景。よこすか海岸通りに
引いて建物を配置し、コーナーに
広場を生み出し、回遊性をつくる
126上|医師会館ホール
126下|北東面の複雑なボリュームを
統合する長大な壁。背後に拡ける
海の空間へと導く水平性
127上|医師会館ホワイエ。
面が交錯する動きの環境
127下|海を見晴らすテラス

成増高等看護学校[pp.128-131]
128-129|上の歩道からコートを
見下ろす
130|2階コート。奥に上の通りへと
抜ける通用口がある。左手に講堂
131上|エントランス。
左手に親水公園と桜並木がある
131下右|桜並木に面する
1階看護実習室
131下中|講堂。奥の壁は波板ガラス
131下左|図書室。2階を折紙のような
一枚の黒い天井板が覆う

宙 渡月荘金龍 食事処[pp.132-133]
132|玄関前の庇をつくる
4枚の壁柱(4,200mm×450mm)
133上|会食の場。座敷と縁側と庭
133下|既存厨房のレベルで
食事処の床を設定する増築、
4枚のHPシェル板が覆う

エンゼル病院[pp.134-137]
134|エントランスと中庭。
左手の風防室の曲面の壁は
コールテン鋼、右手にくすの木
135上|手前は最近手掛けた
道路面にある職員・管理棟。
既存棟との地形の落差(9m)を
ブリッジで結ぶ
135中|中庭を囲む部屋。間口2.7m
135下|部屋廊下。
左手ガラスブロックの壁
136右|エキスパンドメタルで
構成された駐車場公園の東屋。
モッコウバラの花園
136左|駐車場公園全景。
正面に病院があり、奥に鹿児島本線が
走り、貯水池が見える
137上|大地の起伏をとり込んで
建築的景観を構成する
137下|2つの棟を連絡するブリッジ

茨城県営長町アパート[pp.138-141]
138|住戸内〈光庭〉夕景
139上|ボイドラーメンの構造による
フレキシブルな床面の上に配管をし、
設備を据え、外壁全体は
サッシュパネルとして工場生産品を
持ち込み、部屋の間仕切りは
内部パネルを立て、住まいの場を
完成させる。構造体と壁仕切の
システムを生産方式から切り離し、
フレキシブルで長持ちする
公共住宅の型の提案
139下|〈街の庭〉、都市の余白
140上|住戸間の〈光庭〉と〈街の庭〉。
2重中庭の住まいの場
140中|地上階の〈光庭〉は
〈街の庭〉と繋がることによって、
都市生活の余白を生み出す
140下|光庭(7m×5m、H=12m)を
持つ公共集合住宅
141上|光庭。正面は工場生産され
サッシュと一体化した外壁パネル
141下|住まいの場。
室内―テラス―光庭

熊本市営新地団地C[pp.142-145]
142|地上面を町の歩行者の
ネットワークに開放する
143上|夕景。周辺の山並みのスケール
そして光の強さや空の色。
県道を走る車の流れや速度の感覚
143下|遠景
144-145|歩道脇に広いオープン
スペースを公共集合住宅のピロティが
確保する。県道と既存石積み擁壁を
利用した駐車場公園
144下|厚い南北の壁体から構成され、
光と風と景観を導き込む為に上、下、
左右と穴が穿たれた住まいの構造
145下|鳥瞰全景。県道のカーブと
呼応するピロティで浮き上がった
243mのチューブ

ひらたタウンセンター[pp.146-151]
146-147|パッサージュホール幅10m、
2階に宙に浮いた会議室がある。
1階天井高は2.25m、床は大理石の
細片をかためたテラゾータイル
(450mm×450mm)
148-149|庄内平野の拡がりへの応答
149下|〈パッサージュホール〉+
〈機能的ウィング〉という構成。
左から図書センター、固定席ホール、
福祉的諸施設、診療所
150上|南外観、左手に図書センター
151上|固定席ホール　シアターOZ
150下右|平行に立ち並べられた
長方形断面の柱、450mm×150mmの
ビルトボックス。架構の規則性。
奥に図書センター
150下左|展示ギャラリー
151下|外の庭からシアターOZを見る

八幡厚生病院新本館棟

所在地：福岡県北九州市
用途：精神科病院
敷地面積：45,578.70m²
建築面積：3,999.84m²
延床面積：11,102.32m²
構造・規模：
RC造、地下1階地上3階
竣工年月：2014年2月

横須賀市救急医療センター・横須賀市医師会館

所在地：神奈川県横須賀市
用途：診療所・事務所
敷地面積：4,213.33m²
建築面積：2,113.02m²
延床面積：3,756.58m²
構造・規模：
RC造一部鉄骨造、
地上2階
竣工年月：2014年3月

成増高等看護学校

所在地：東京都板橋区
用途：専修学校
敷地面積：1,230.09m²
建築面積：634.69m²
延床面積：1,816.55m²
構造・規模：
RC造一部鉄骨造、
地下1階地上2階
竣工年月：2006年3月

宙　渡月荘金龍　食事処

所在地：静岡県伊豆市
用途：旅館食事処
敷地面積：7,098.05m²
建築面積：337.29m²
延床面積：290.71m²
構造・規模：
RC造一部鉄骨造、
地上2階
竣工年月：2006年7月

エンゼル病院

所在地：福岡県北九州市
用途：産婦人科病院
敷地面積：4,360.30m²
建築面積：1,492.44m²
延床面積：3,091.80m²
構造・規模：
RC造、地下2階地上3階
竣工年月：2002年9月

エンゼル病院管理棟

所在地：福岡県北九州市
用途：産婦人科病院（管理棟）
敷地面積：9,849.14m²
建築面積：340.69m²
延床面積：953.71m²
構造・規模：RC造、地上4階
竣工年月：2015年4月

茨城県営長町アパート

所在地：茨城県水戸市
用途：共同住宅
敷地面積：3,498.00m²
建築面積：1,449.10m²
延床面積：4,773.30m²
構造・規模：RC造、地上4階
竣工年月：1999年3月

熊本市営新地団地C

所在地：熊本県熊本市
用途：共同住宅
敷地面積：12,555.50m²
建築面積：3,089.89m²
延床面積：17,477.94m²
構造・規模：
RC造、地下1階地上7階
竣工年月：1993年1月

ひらたタウンセンター

所在地：山形県酒田市
用途：図書センター・ホール・
診療所・福祉センター
敷地面積：19,455.00m²
建築面積：3,996.41m²
延床面積：5,090.38m²
構造・規模：鉄骨造一部RC造、
地下1階地上2階
竣工年月：2002年7月

Ⅳ章

友人との対話

陣内秀信×富永讓

■陣内――個からスタートした結果、集合住宅になり、皆で気を遣いながら関係を持って生活する。そういう規範がヨーロッパの都市には当たり前のようにあると思うんです。

■富永――日本には町家という、全体の町をつくっていくタイポロジーがあった。今はすべてお金で計算する。街のインフラがタイポロジーなしでつくられてしまう。

イタリアから学ぶこと

■富永――陣内さんは東大で私の四年後輩ですね。私が芦原義信研究室の助手だったころ、陣内さんが留学前の手続きなどでよく研究室に来ていました。それが最初の出会いだと思います。

陣内さんが留学していた当時、一度ヴェネツィアでお会いしたことがありました。僕にとっては二度目の海外旅行でした。アンドレア・パラディオの建築が好きで、二〇キロぐらいの大荷物を抱えて建物をめぐったのをおぼえています。パラディオのヴィラはだいたい辺鄙なところにあって、山を登ったりしながらくたくたになってたどり着く。あのときはヴィチェンツァ駅から鉄道でヴェネツィアに向かいましたが、山歩きで疲れていたうえにワインを飲みすぎてスイスのほうまで行ってしまった。車内で目を覚ますと夕方になっていて、山のなかで教会の鐘が鳴っていた。この日は陣内さんと八時ぐらいに約束していたのですが、到底間に合わない…。そこに親切な人が現れて、「俺もヴェネツィア行くんだ、ついてこいよ」と終着駅まで連れてってくれたんです。夜の一〇時を過ぎていたかもしれません。それでも陣内さんはちゃんと待っていてくれたんですよね。

その日は陣内さんが学生だったころ以来の再会で、ひさしぶりに会うとイタリア男になっていた。落ち合って水辺のレストランに入ったと思いますが、ウェイターを呼ぶのにテーブルを手でドンと叩く仕草が印象に残っています。

■陣内――マンフレッド・タフーリが授業中にスライドを送るときにテーブルを叩くんです。それを真似たんですね。

■富永――ヴェネツィアの街も案内してもらいました。僕が東大でちょうど京都の町家を研究していたこともあって、イギリスやオーストラリアにも見られる町家が、都市における人間の住まいの普遍的な構造だと考えていました。人間的な町家の構造をドライに抽象化したかったわけです。たとえば、ル・コルビュジエの白の時代のように漂白し、日本の住宅のタイプとして使えるんじゃないか、そんな話をしたら、あとで『ボローニャ――旧市街の修復に関する政策と方法論』[1]を日本に送ってくれました［図1］。

これが非常にドライな分析で形態論的にまとめられた、とてもいい本でした。ボローニャの街の中庭形式は、京都にとても似ている。中庭が細い街区に打ち抜かれて、住まいの空間ができている。日本の研究者だと町家の湿った部分に気がいくものですが、中庭のD／Hを数値的に還元する手法などが僕の性にあっていました。

このずっと後のことですが、ヴィチェンツァでアビターレ・イタリアという、ちょうどバブル期の日本とイタリアの建築家の交流をやっていたときにもご一緒しましたね。槇文彦さんが日本の団長で、伊東豊雄さん、山本理顕さんなどもいた。《ラ・ロトンダ》で記者会見をした日の夜に別のヴィラで華やかな晩餐会が開かれました。いまでは夢のような思い出です。

あのとき、イタリア側のパネリストはエットレ・ソットサスやアンジェロ・マンジャロッティなど錚々たるメンバーでした。この締めくくりに、ヴェネツィア大学のカラブレーゼがこんな話をしました。曰く「イタリアの建築家は過去のユートピアのなかを生きているのではないか。ユートピアは過去のなかにはありえない、未来に探すべきである。日本の建築家は未来に向かってユートピアを探しているのではないだろうか。狭い国土のなかで広い空間を模索している」と。

でも僕はそのとき、この発言は完全に違っているなと感じたんです。未来はまず現在のなかにある。過去のなかにもある。イタリアの建築家はいろいろなレギュレーションをクリアして過去の制約のなかでつくっている。日本はとても自由だから、勝手にいろいろなことをやっ

図1｜*Bologna: politica e metodologia del restauro nei centri storici*
『ボローニャ――旧市街の修復に関する政策と方法論』

て未来がある。だけど僕は、九〇年代の日本が非常に具合の悪い方向に進んでいると思っていた。経済が独り歩きして人間の都市を無機質化し、収益優先の巨大なものや商業広告のようなものがどんどん増えてきた。樹木は伐られて、空地があればなんとかお金を生まなくてはと札束のモラルが発生する。それが九〇年代から急速に起こり、空間がどんどん貧しくなっていきました。

■陣内――当時の日本は、考えるヒマがないほど次々と建物がつくられていきましたね。一方でイタリアの人たちはつくるチャンスがとてもかぎられていて、そのなかで考えている。イタリア人のプレゼンテーションにおいて重要なのは、言葉や論理に非常な信頼を置く点です。作品を解説するよりも哲学やプロセスを大切にします。それが過去にユートピアを見出しているように聞こえることもある。彼らにとってルネサンスはつねによりどころであり、参照点であり、次の新しいものを生み出す原点なんですね。歴史に立ち戻りながら現代との往還のなかで考えている。日本では江戸というとノスタルジーになってしまうのと対照的です。

■富永――全般的な都市生活の質で捉えるとき、レギュレーションなどがあることで、かえってイタリアのほうが住むことの楽しさがあるように感じます。さらに、全体のインフラと可変的なものがうまく調和しているようにも思える。日本ではインフラが商業主義のなかで完全に均質化していますね。

■陣内――磯崎新さんは六〇年代の終わりごろに「都市の解体」や「見えない都市」といった言説をマニフェストのように発信しました。それはそれで魅力的でしたが、本当に都市が解体され、中心は空洞化し、スプロール化によって田園はつぶされました。しかし世界的に見てこれほど機能的で移動が便利な都市はほかにないから、破綻することなく、歯止めがかからなくなってしまった。イタリアではそんな器用なことができない。都市のイメージにも徹底的にこだわる。長い目で見たら、結局イタリアのほうが豊かな環境を持続させています。

■富永――カラブレーゼさんの話を裏返せば、日本は新しそうなものを生み出したけど深いものは生み出していないということになるのでしょう。「新しさ」と「深さ」というふたつの次元があって、それは必ずしも一致しない。「新しさ」は、基本的に情報であり、スマートフォンを指で動かせばすぐに出てくるようなものです。だけど「深さ」は、人間が頭を使い、長い時間かけてつくっていくものであって、自分が努力しないと生まれません。

■陣内――「新しさ」だけが生まれて、一時的に勝ちを獲得しても、五年経つともうだめですね。賞味期限の早いところで繰り返しているのが日本の状況だと思います。

■富永――一九九〇年というとちょうどこうした動きがはじまったころで、皆たくさんのプロジェクトを抱えてイタリアに出かけていきました。イタリアの人はそのころ、非常に地味にやっていたと思いますが、どちらが正しかったか二〇年経つとわかりますね。

「東方への旅」をたどる

■陣内——富永先生に三つほど伺いたいことがあります。ひとつは、京都の町家の研究も含めて、日本的な建築への関心や研究成果が、富永さんのル・コルビュジエ研究とどのようにつながっているのか。富永さんの作品、建築の哲学のなかに日本的なるものがどのように生きて方法論化されているのか、いつも関心を持っています。

■富永——僕の生まれは台湾なんです。でも本籍は奈良の大和郡山で、お墓も薬師寺と唐招提寺の間の西ノ京にあります。小・中・高校のころは夏になると必ず一～二週間、奈良で古寺巡礼をしていた。それは奈良の伸びやかな空間が好きだったからです。京都は技巧的で洒落ているけど、せこせことしたところもある。だから唐招提寺のような、プロポーションも含めて伸びやかでボーっとした建物が好きでしたね［図2］。

　菊竹事務所時代にも、京都・下鴨の東本町で二年ほど下宿していたことがあります。菊竹さんの下で京都信用金庫の一連の店舗の展開をやっていたのですね。京都分室長と言われたりもしましたが、現場の常駐監理をしながら京都の文化人とつきあう機会がありました。二川幸夫さんが京都の建築の図集を出すというので、一緒にいた早稲田の鈴木啓二くんと日曜日に富乃井とか庭の実測図を描いていました。

　そういうことがあって日本の空間には非常に近しい感覚をもっていたんです。東大に勤めたときも日本建築の空間とル・コルビュジエのふたつやるつもりだった。町家をドライに漂白して、町家の構造だけを引き出して現代住宅をつくれるのではと、最初はそんな大それたことを考えていました。

　そんなことで僕は、ル・コルビュジエには最初から違和感があった。そもそも西洋の教養や近代建築的な素養がなかったこともある。まずル・コルビュジエを研究すれば、そこに西洋的な精神や思考方法が見えてくるんじゃないかと思ったのです。それで作家の身体の息吹や感触を、手を動かすことで血肉にしたいと考えて模型をつくりましたが、一方で離隔感も拭えませんでした。

■陣内——そうは言いますが、ル・コ

図2｜富永が高校生のころに描いた、奈良・秋篠寺伎芸天のスケッチ

ルビュジエの『東方への旅』のルートを辿ったりしていますよね。それから、妹島和世さんが日本女子大の学生だったころには富永先生が事実上の指導教官となって、ル・コルビュジエ論をまとめられたでしょう。

■富永――そうですね。離隔することによって見えてくるのは文化の多様性です。一方でル・コルビュジエに近寄ることで、その底に流れる人間というものの普遍にも身近に触れたいとも考えていました。

妹島さんの論文はカーブに焦点を当てた形態論の研究で、非常にいい論文でした。建築は基本的には直角であり、そうじゃないものは例外的で、そこには事件が起きている。その核心を明らかにしないと、内容のないカーブになってしまうと。今も彼女のカーブは感覚的な内容や必然が背後に潜んでいる。おそらく研究の成果が現れているのではないでしょうか。

■陣内――地中海世界には、キリスト教、イスラム、アラブといったいろんな世界が混在しています。富永さんも地中海が大好きで、しかもル・コルビュジエも地中海が大好きでした。ふたりともその豊かさからとてもインスパイアされている。二重写し三重写ししていった場合、富永さんにとって地中海はどういうものですか。ル・コルビュジエは本当の意味で自分にピタリとこなかったと話されていましたが。

■富永――いま、ル・コルビュジエが二四歳のころの『東方への旅』を研究しています。歩いた道筋を一〇〇年後のいま、何回かに渡って見ています。彼にとっても地中海はサプライズだった。

彼の生まれたスイスの片田舎の時計産業の街は、家がポツポツと立ち、人通りもまばらで、文化的で自然はおそらく豊かです。しかし都市的な環境とは言えない。だから彼がトルコ・イスタンブールの街に着いたときに人が多くて驚いたのではないか。街中を深夜まで隅々歩いている。とにかく彼が最も影響を受けた街だった。

しかし表立ってアラブだと言ってしまうと『建築をめざして』が訴える一九二〇年代のアーキテクチュアをつくる正統ではなくなってしまいます。だからギリシャと言う必要があった。ギリシャ、ローマ、そして近代建築というふうに。

だけどあの旅行記を見るかぎり、イスタンブールでとても感動しています。もちろん彼にとってもギリシャは『建築をめざして』の最後の記述が全部パルテノンの話であるように、えらく美しさに驚嘆していたわけですが、冷たいと言っている。一方イスタンブールは、それとは異なった都市の生活世界で、僕を温かく受け入れてくれると。彼にとってはサプライズ多き空間だったと思います。

僕自身は、ギリシャの風土は貧しいけどきれいで、本当に惚れたというか共感した。直感的に、日本によく似ているなと思いました。とても楚々としている。ローマなんかは、脂ぎっている感じがあります。

パエストゥム神殿やパルテノンは本当にシャープな感覚を持った人たちが生き

ていた、という当時の精神世界を感じる作品です。彫像を見てもどれが一流二流ということはなく、作者を問わず素晴らしい。社会的に問題があったのかは知りませんが、貴族制社会のなかでシャープな生活世界があったんだなということに感銘を受けました。

■陣内――ル・コルビュジエがイスタンブールに惹かれたというのはとてもおもしろい話ですね。僕の同期で、広島大学の杉本俊多がプロイセンのカール・フリードリッヒ・シンケルの研究をやっています。シンケルは一九世紀、国家を代表する新古典主義の建築家で、当時本当に大きな影響力を持っていた。じつはイタリアを全部旅行していて、克明にスケッチをたくさん描いている。中世のオリエンタルな要素や装飾的な要素、ピクチャレスクな海岸線の風景などにとても惹かれていたのがわかります。しかし自分の国に帰ると国家を代表するイデオロギーは古典主義なので、神殿、シンメトリー、軸線といったふうに設計したそうです。

ル・コルビュジエはアクロポリスだけど、彼のなかにはイスタンブール的なものもある。こうした要素はその後の作品に現れるんですか？

■富永――ル・コルビュジエの最もクリエイティブな近代建築への貢献は、「アーキテクチュアル・プロムナード＝建築的散策」だと思うんです。その原点はやはりイスタンブールなんです。空間というものは視覚的な像ではなく、時間と運動のなかで体験されてくるシークエンスだと彼は言っている。〈建築性〉といったものについて、いまで言う存在的なものと現象的なもの、幾何学と現れ、そういうものを結びつけるものが建築だと彼は定義した。人間という主体の運動や記憶というものを前提にしないと空間はデザインできない。そういうことをはっきり言っています。そこでアラブの建築に学ぶのだと。

■陣内――それは情報だけじゃなくて、深い人間のつくり得た空間の経験ですよね。身体で感じとると。

■富永――おそらくそれを感じたのが二四歳のときのイスタンブールへの旅なんです。彼の手帖を見ていると「建築的散策」を表したスケッチがあります。順路を示し、こういうふうに回って行くんだとか、絵では描けないような動線などを記述しています。

■陣内――東方の旅のスケッチのなかに、おそらくトルコだと思うんですが、チャイハネなどにある小さな椅子が描かれていますね。白樺の木を使って四本の小さな脚をつけて、籐や藁で編んだようなもの。本当にどこにでもあるような単純な椅子です。チャイハネで男たちがワイワイ集まっていると会話の輪がどんどん変容して、椅子を持って動いたりする。そういった人間の身体にぴたっと合った小さな椅子に関心を示し、寸法というものをスケッチしています。

■富永――現象的なもののすべてはまさに身体的なものです。東方旅行を見てもそういったクローズドショットが多い。

ポンペイの遺跡の、床の表面がどんな石とどんな石でできているかまで記述しています。椅子のスケッチも寸法入りで、ちょこっとしたところを描いている。ひとつずつサプライズの秘密を解き明かしていくわけですね。遺跡をめぐりながら自分でスケッチして秘密を明かし、後で使おうと思っている。おそらくその二四歳のときに建築家になろうと思ったのだと思います。

身体的なものを幾何学的、構成的なもののなかに移入していく、その仕方を意識化し、方法化しようとした。それがいま、二〇世紀、二一世紀の人に伝わっていっているのだと思います。

相互の関係から
集合住宅の本質に迫る

■陣内―――最後の質問ですが、一連の作品のなかで、集合住宅は非常に重要なジャンルとして、水戸の〈茨城県営長町アパート〉や熊本の〈熊本市営新地団地〉などがありますね。水戸は拝見しましたが、大きいスケールの広場・小さい共有の空間・住戸と、じつにおもしろい構成で考えられているなと思ったんです。富永さんはそもそも集合住宅はかなり意識的に興味を持って取り組まれたんですか？

■富永―――僕はかなり早い時代、三〇歳ぐらいに、「二軒の住宅から」（『新建築』一九七七年六月臨時増刊号）というエッセイを書きました。集合住宅というものの本質は、二軒の住宅があれば発生する問題である、だから二所帯住宅や離れをつくるということは集合住宅であると。

その発想があったのは当時、都内でさまざまに環境の悪い敷地の仕事ばかりを依頼されていたことにも拠ります。周辺が思い思いに建っているようなところに、ポツンと敷地がある。そこに四〇坪土地を買ったから設計してくださいと言われると、隣の、さらに隣の住宅にも気を遣わないとできない。その相互の関係を考えるところに、集合住宅というものの本質があるということを書いています。

僕はいまもそう思いますが、日本で集

写真１｜ナポリの沖合にあるプロチダ島

合住宅というと、制度化された公団のようなものがイメージされます。箱みたいなものにエレベーターがついていて、いろんなタイプに分かれている。日本ではそういうふうにつくるけど、そうじゃないだろうと。住宅という個がふたつあれば相互の関係性が生じる。それはもう集合住宅であると。三つあればもっと…。

■陣内——例えばナポリの沖合にプロチダという島があり、ヴァナキュラー空間の代表的なものですが、アマルフィもそうですが、一個一個段状に建築を積み上げていく。しかも急な崖に張りつくようにセットバックしながら、階段をずーっと昇っていく。結局一〇世帯ぐらいが同じ房状のなかにあり、斜めの関係で住んでいる。海岸線から入って一階は堤防で、漁夫の船がある。二階以上が住宅で、海のほうにしか開口がなく、穴蔵のようになっているけど、みんな前庭を持っていて、そこをよその人も通っていく。発生的には個からスタートして結果的には集合住宅になっていって、みんなで気を遣いながら関係を持って生活している。そういうことが当たり前のようにヨーロッパの都市にはあると思うんです。日本では、コモンセンスとしての約束事というか、社会のなかにある共通の規範がなくなっちゃった。

■富永——それがなかった。その代わり町家という、全体の町をつくっていくタイポロジーがあった。すごく危惧しているのはいまの日本の住宅はタイポロジーがないでしょ。経済の収奪社会であるかのように、すべてお金で計算している。だから街のインフラがタイポロジーなしでつくられていく。全体性を考える人がいない。本来建築家の役割なんでしょうが…。

自然や地形や街、建築の外側の空間が大事なのではないかと思います。自分の生活世界は、建築の世界だけででき上がっているわけではない。家庭、家と庭、住宅と外側の空間との関係が大事で、建築のなかでジッとしているわけにいかないから、外に出ていく。つまり外は連続した空間なんだと。にもかかわらず未だ

写真2｜プロチダ島の家なみ。
崖に張りつくように
家屋がセットバックしながら
積み上がる

空間は建築がつくるんだと思っている人も多い。

　イタリアの都市的な街空間の造形みたいなものがまったくない経済オンリーの社会が何をもたらすのか。そういう意味で、結局は環境的に住まい手に将来大きなつけをまわすことにならないかという暗い予測を持っているんですが、どうですか。

■陣内——イタリアをはじめヨーロッパの人たちは、「家に住む」だけじゃなくて「街に住む」感覚を持っています。だから中層の都市型の集合住宅の三〜四階に住んでいる人は、窓から見える風景をものすごく愛おしく感じ、楽しく価値を見出している。そういうふうにみんな街に住んでいる。気配を感じながら、街に住むおもしろさ、下に降りてくとすぐカフェがあったりギャラリーがあったりする。

■富永——それが集合住宅じゃないかなと思います。そういうふうにみんなが視野を広げて、物事を金だけでなく、幸せのために考えなくてはならない。

■陣内——日本の場合は、それこそアパートメントハウスのようなものが、同潤会アパートメントを代表に、大正の中期ぐらいから広がっていきました。その後、マンションや集合住宅が量的には広がっていくが、歴史的な深い経験がなかった。どんどん経済論理でつくられていくからです。ヨーロッパには、オスティアの遺跡に見られるように、ローマ時代からの集合住宅の歴史、長い経験がある。これは深いですよね。日本ももちろん新しいものを積み上げていいものをつくってほしいと思いますが、やはりいろいろ経験し、知恵を発揮し、皆で議論をしてコモンセンスの基盤を一緒につくっていかないといけませんね。

　家そのもののあり方も見直したい。日本の家は小さいけど、温かみがあり、家族が一緒に食事をし、団らんを楽しむ。そして生活の場は外の庭にもつながっている。それが原点だと思うんです。そういう質素で、素朴で、一見プアだけども、じつはそこに慎ましやかな豊かさがある。こうした感覚をもう一度見直したほうがいい。どんどんお金持ちになって、空調で環境をコントロールし、都市化が進むと、原点のスピリットがなくなってしまう。そういうものをどうやって生かせるのか、建築の設計にとっても、研究にとっても大きなテーマです。

1 ——— P.L.Cervellati, R.Scannavini, *Bologna : Politica e metodologia del restauro nei centri storici*, il Mulino, Bologna, 1973.

妹島和世×富永譲

富永――妹島さんがよく使う「公園のような…」という表現は、外と内をバッサリと切らなきゃならないヨーロッパの石造りの風土にはない概念です。

妹島――私たちが一五～二〇センチ程度の壁厚を想像するとき、ヨーロッパの人たちは五〇～六〇センチをイメージする。同じ容積でもその違いで物理的な重さがまったく異なる。

幼少期と両親のこと

妹島――私は富永譲先生に卒業論文と修士論文の指導を受けました。

富永先生にはじめて教わったのは大学二年生で、そのときの課題は本当におもしろかったし、いろいろなことが勉強になったとてもよい課題であったといまでも思います。それは最初に自分で好きな建築を選び、夏休みの間に五〇分の一で模型をつくるというものでした。最初はよくわからないまま、いいなと思うものをみんなが思い思いに選んで資料を集め、模型をつくりはじめる。五〇分の一なので相当立派なものになるのですが、これをいかに具体的に、そして抽象的につくっていくかがまずひとつのハードルでした。

それから勉強して自分が選んだ建築の分析を行い、建物の位置づけや自分なりの考え方を発表しました。発表のためにつくった模型の写真を使うので写真の撮り方、選び方の訓練にもなりました。そして何よりプレゼンテーションのむずかしさ、おもしろさを体験しました。三〇分程度の発表も全員分聞くと、いろんな建物を知ることができました。ル・コルビュジエやジュゼッペ・テラーニを選ぶ人などがいたなかで、ちょうどそのころに『a+u』一九七五年五月号の表紙に載ったジョン・ヘイダックを私はとても興味深いと思って選びました。

私はふだん、モダニズムとは何かと意識することがあまりありません。私が生まれたころはというと、日本住宅公団ができて、社宅をもつ会社が広まっていた時期です。わが家もそれらをいくつか転々とした後、テラスハウスのような家に長く住みました。その延長でそういうことを疑問に持たないまま建築をつくってきたと言えると思います。

最初の建築作品〈platform I〉は一九八七（昭和六二）年にできました［写真1］。もう少しで三〇年ほど経ちますが、これまでつくったものを見ると、最初から内部空間に興味があり、外部空間とどうスムーズにつなげるかということをずっとやっている。そしてつなげた結果、まだまわりから浮いていて、それをどうやって地面にフィットさせていくか、そういうことをいろんなかたちでトライしているような気がします。

■富永——妹島さんは小さいころ、どんな子どもだったのですか？　ここに妹島さんのお父さんが亡くなられたときに編集された『ナマステジー！こんにちは！』という本がありますが、お父さんはインドでダムの建設にも携わられた、溶接のエンジニアだったそうですね。この本には妹島さんのお父さんからの手紙が載っていて、これによれば「和世は幼稚園にもいろいろと準備がたいへんだと思う」とか「本人にできれば学問の道で、もちろん専門は問わない、働いてもらいたいと思う、記憶がいいから法科もいいし、医学・薬学、あるいは数学ができればば宇宙物理学者にもいいかもしれない」というようなことが書いてあります。別の手紙では「三歳で神童も、二〇歳すぎればただの人では困るので、恵まれた才能を有効に活用できるようにさせてやりたいものである」とも。つまり三歳で神童だったということだよね。

■妹島——いえ、神童なんてことはまったくなくて、むしろ出遅れた子どもでした。当時はまだ珍しかったと思いますが、父も母も私に仕事で世に出ていく人になってほしいと考えていたようです。「和世」の命名も働くうえで男か女かわからない名前を考えたと小さいころに聞

写真1｜〈platform I〉、1987年

きました。父は子どもの面倒を見ることはしなかったので、直接話した記憶はあまりありませんでしたが……。

■富永―― この手紙は非常に愛情がこもっていますね。

■妹島―― 私自身もけっこう驚きながらこれを読みました。高度経済成長期の男性はとても忙しく、私の面倒は基本的に母が見てくれていた。父が私の展覧会に来たとき、「誰かが世界の妹島さんって言ったけど、自分にとってはもっと前から世界の妹島だ」なんてまわりにわざわざ言うんです。ちょっと常識外れの人でした。だから神童というのも父が勝手に言っただけで、そんなことはまったくなかったんです。

子どものころに見た〈スカイハウス〉

■妹島―― 母が幼いころ、本ばかり読んで友だちと遊べない子どもだったらしく、母は、私をとにかく外に連れ出しては土に触って遊ばせようと努力したそうです。その結果、本はいやでも自然に読むだろうと思っていたのにそうではない子になったというふうに聞いています。

■富永―― 僕は、子どものころに目で見たものや育った環境、建築家ならばどこで建築に興味を持ったか、そういった最初の取っ掛かりにこそ、その人のすべてがあるという説を唱えているんです。丹下健三先生ももともとは文学を志してらっしゃいました。ところがあるとき、読んでいた美術雑誌にル・コルビュジエの〈ソヴィエト・パレス〉が出てきた。それで彼はあの凛とした、背筋が凍るようなかたちに惹かれて建築をやろうと考えた。〈ソヴィエト・パレス〉のアーチに見られる緊張感、超越的な感じは丹下先生のなかにずっと最後まであったような気がします。

先ほどヘイダックの話をされていましたが、妹島さんにとっての建築の取っ掛かりというか、最初につかみとったものは何だったんでしょう。そこにけっこう本質があるように思われます。

■妹島―― 小学生のときに見た菊竹清訓さんの〈スカイハウス〉ですね。両親は建築と全然関わりがないのですが、私が小学校の二〜三年生のころに家を建てるとき、たまたま読んでいた建築の本に〈スカイハウス〉が出ていたんです。なにしろ田舎に住んでいたので、これが家なのか！と子ども心にとても驚いたのをおぼえていますが、そのときの興味はそれで終わってしまったんです。

それ以前はアパートに住んでいて、高度経済成長期だから同年代の子どもたちがいっぱいいて、みんなで裏山や原っぱを駆け回って遊びました。ほら穴をつくっては原始人の家だと言ってみたり、家電が入っていた木枠を持ち寄っては上に草をかけて小さな家をつくったり、小さいころの遊びと言えばそういうものでした。

こうした体験が影響していたのか、大学に入るときには建築学科や住居学科を受験しました。日本女子大学に入学してからは先輩に雑誌や本を読んだほうがいいと言われて、一年のかなり早い時期、五月か六月ぐらいに図書館で本を読んでいたんですね。そこにたまたま〈スカイハウス〉が載っていたんです。そこではじめて、自分が小さいころに見た家が有名な建築作品だったと知りました。建築をおもしろいと感じられるようになったのはそれがきっかけですね。

■富永――住居学科に進んだのも、もともと建築に興味があったにせよ、そこまで積極的な理由があったわけではなかったのですね。

■妹島――積極的というよりは、消去法で決めたというのが近いかもしれません。高校では理系のクラスでしたが、どの学科に進むか決めるときも、当時はいまのようにいろいろと大学の情報を調べるようなこともありませんでした。医学部や歯学部は点数が足りないし、薬学もピンと来なかった。理学部に進むと将来は先生か研究者でしょうが、それは私には合わない。となると、工学部になるわけですね。なかでも建築が一番近い、というか近づけそうというくらいの気持ちでした。小さいときにプランニングが楽しいなと感じたこともあって、じゃあやってみようかという程度ですね。

■富永――僕が最初に妹島さんとお会いしたのは、最初のお話しのとおり、大学の家具構成の講義でした。でもじつは家具構成と言いながら、家具のことなんて一切やらない。建築の模型をつくる研究で、妹島さんはそこでヘイダックという、図像が明快で、幾何学の完結した形を選んだことが当時はじつに特殊だと感じました。いまもそういうものへの興味が続いている感じはします。

卒業論文と〈ルーブル・ランス〉

■富永――妹島さんの卒業論文は「ル・コルビュジエの作品に見られる曲線――その手法と意味」というタイトルでした。内容は住宅から公共建築までのすべてにわたるル・コルビュジエの作品のなかで、カーブが現れているときにどんなイベント・事件が起きているかを論じています。

つまり建築というものは実用的・構築的なものであり、キューブや幾何学、直線といったもので構成されるのが基本だが、そうではなくカーブが持ち込まれるときには何かそこに出来事が起きているだろうと。それを非常にドライに、全作品のカーブを抽出して、最終的に五つに分類している。結論を読んでみると、すごくちゃんとしたことが書かれています。

「直線と曲線は単なる線の戯れではない。人工と自然の併存、そしてその対比はコルビュジエの空間の根底を成しているものだ。私たちが感動を受けるのはその形が美しいということではなくて、その態度と思想がまさに建築の真なるものだか

写真2｜〈ルーブル・ランス〉、2012年

らだ」と。頭脳の仕組みがものすごく緻密な感じがします。

うってかわって修士論文「一九世紀のイギリスのカントリーハウスについて」は卒業論文と正反対のテーマですね。ある意味一番難しいテーマですよ、イギリスのカントリーハウスなんて。誰も興味をもたないでしょう。ロバート・ヴェンチューリはエドウィン・ラッチェンスのカントリーハウスから、アイロニーやユーモアといった感じをどうやって生み出したのかというような内容で、非常に高級な話を展開しています。どうしてこのようなテーマになったんでしょう。

■妹島——伊東豊雄さんのもとでアルバイトしていたとき、コーリン・ロウの「キャラクターとコンポジション」を読むお手伝いをしたんですね。いままで考えたこともなかったことだったので、チャレンジングにやってみようと思って選びました。

■富永——この論文で書かれていることもすごくいい。「モダニズムというのは非常に極端な理論だ」。つまり近代建築、モダニズムというのは、建築の抱えている問題を部分的にしか扱ってこなかったと。部分的というのは、一種の脳内的な空間ですね。近代建築は建築課題《ビルディングタスク》のほんの少しを選び取ってオブジェクト化した。もっと幅のあるリアリティを含み得るような建築を、と書いていて、やっぱりすごいなと思う。いまの〈ルーブル・ランス〉などは、まさにそういうことを考えているわけでしょう?

■妹島——そうかもしれませんね。たとえば、五つに分けてそれをまたつなげる、というようなことはいままでもやっていた。ただ〈ルーブル・ランス〉の場合、三角形の敷地に合わせるために少しカーブにしたり、造成したようにみえないために全部平らにせず、すこしずつ埋めたり、スロープでまわりとつなげていったり、一つひとつの操作は本当に些細なことなんですが、建ち上がってきた時点でいままでつくってきたものとは違う感触がありました［写真2］。

■富永——僕も〈ルーブル・ランス〉を

見てすごく感動しました。二〇一三年二月にぜひ見せてほしいと頼んだら、妹島さんから朝の早いときに見てくれと注文がついた。ランスはパリからTGVで1時間ほどの街ですが、七時ごろに発って見に行きました。

僕が見るに、妹島さんの建築のすばらしさはその「静けさ」にあると思うんです。初期の〈platform〉はすこし違うかもしれないけれど、それ以降の作品にはスタティックなものではなく、外部の空間を共有しながら変容していくような性格を持った「静けさ」がある。〈ルーブル・ランス〉は曇ったり晴れたり、大雨が降ったりと周囲の気候がどんどん変わる土地にあります。そういう環境で雲の動きや人の動きを建築が映す。雲や人間が浮かび上がるような額縁をつくり、その風景に対して変容するものを映し出す性格を持っていますね。妹島さんの建物を見ると、いつも「風景の構想」がなされていると感じます。出発点には内部の建築的な構成に非常な興味があったというお話しですが、外の風景にも気を配られていると感じました。

妹島和世における日本的なもの

■富永――日本の空間は「空間」というより、「風景」だと思っています。西洋の空間は構築的な人間の空間ですね。かたや「風景」の「景」は、中国語で「光」という意味をもつそうです。つまり「風」と「光」がある、変容していくような場所の感覚というものが日本の空間なんです。日本で空間について言及されはじめたのは明治以降のことで、それ以前の建築はみんな、風景をつくり出しているという気がします。とくに僕は〈ルーブル・ランス〉を見て、寝殿造を思い出しました。一機能一個ずつのブロックを組み合わせて、全体の風景をつくっている。一方〈スタッドシアター・アルメラ〉は書院造ですね。大きな部屋をプレートで切っていくことで空間をつくっている[図1]。妹島さんの建築には真にユニ

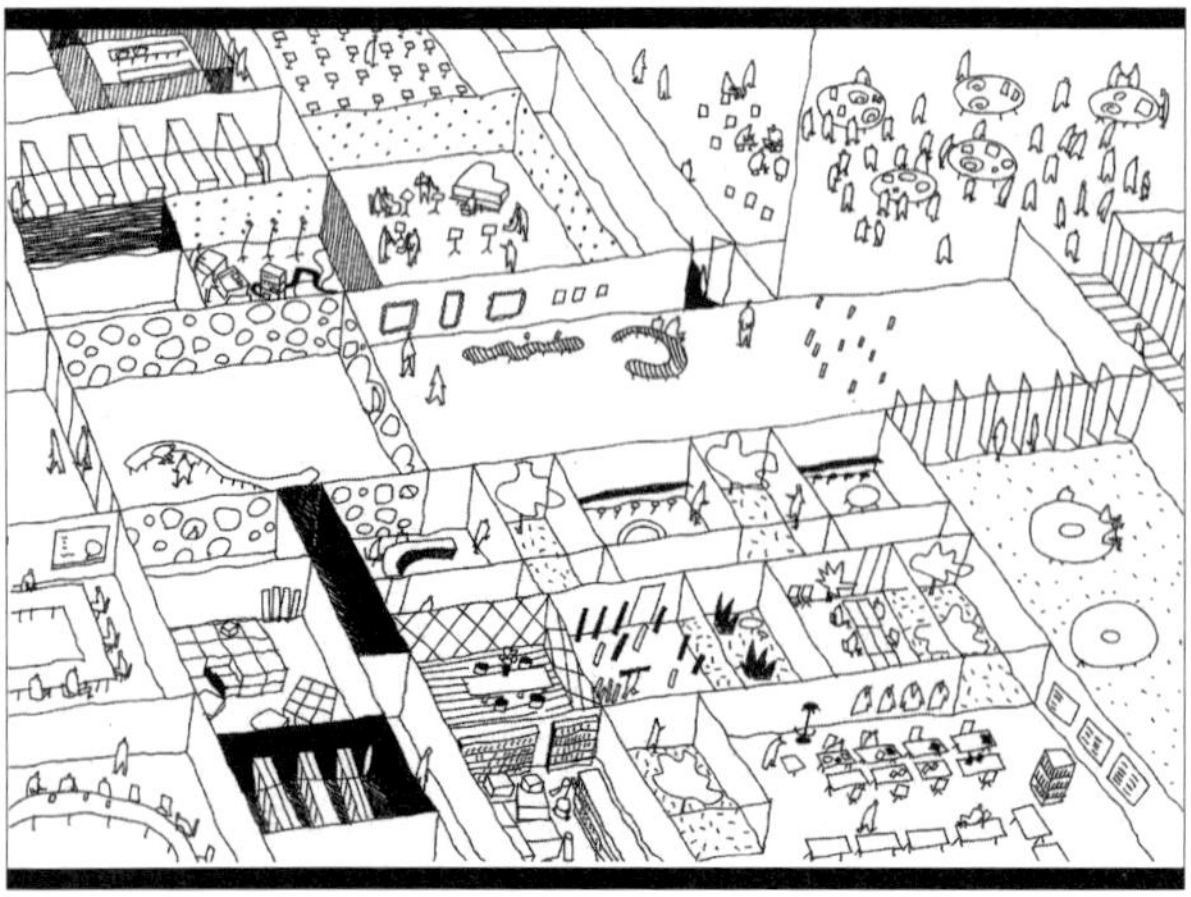

図1｜〈スタッドシアター・アルメラ〉のドローイング

バーサルなところがあって、日本の空間の伝統がある。いま注目されるのは、西洋の建築家には真似できないことをやっているからなんじゃないかと思います。

僕は吉田五十八の建築が好きで研究していますが、彼にはそういう日本の伝統を一身に引き受けたところがあります。明治期に西洋から石造りの文化が入って以来、伝統はバッサリと切られてしまったところで、丹下さんや菊竹さんはそういったものに関わって引き寄せてきたんだけど、いままた伝統は浮上してきた。そういった日本文化の独自性が見直されて世界に出て行っている。戦後すぐ吉田は作品集のなかでそんな時代がきっと来ると予告しています。真の意味で世界性をもっていた。僕はそんな印象を持ったんですが、ご自身でそういうことを感じたり、ヨーロッパの人びとから指摘を受けることはありませんか。

■妹島――やはり日本よりもヨーロッパの人に言われます。一度、〈スタッドシアター・アルメラ〉のパースが、平安時代の屏風絵とピッタリ重なると見せられたことがあります。本当にそっくりで驚きました。

日本の空間や建物には非常に興味があります。建築家だからというよりは、もう少しミーハーに、日本のスタイルみたいなものをすごく綺麗だなと思うんです。「部屋」というものをイメージするとき、私たちは一五～二〇センチ程度の壁厚を想像しますよね。でもヨーロッパの人たちは五〇～六〇センチ程度でイメージしていると思うんです。でき上がった部屋が同じ容積だったとしても、その違いで物理的な重さがまったく違ってくる。

私たち日本人がなんとなく理解しやすいのは、たしかに空間よりも場所の考えのほうですね。だから三次元の彫刻的なものをつくろうとするのは、不得意だと思います。それは洋服で考えても、身体のフォルムをはっきり強調する文化と、着物のように身体のかたちを見せないようなものから発展してきた文化との違いがあります。

ただ、仮説ではありますが、私が最近感じるのは、建築に比べると洋服のほうが早く進んでいるということです。ヨーロッパの若いファッション・デザイナーは、川久保玲さんなどから多く学んで、身体の線のフォルムを出すデザインのなかに同時に、川久保さんなどが提出した現代性を合わせ持つ、新しい展開が起きていると思うのです。建築でも同じようなことが起きるのではないか。それからとくにいま関心を寄せているのが東南アジアの気候です。そういう地域では、寒くてドライなヨーロッパ中心で考えていた建築がいろんな場面でフィットしなくなっていきますから、何か新しい建築が生まれるきっかけがあるのではないかと思っています。

■富永――日本では、「家庭《かてい》」というと「家」と「庭」、昔は「家庭《いえにわ》」と呼んでいました。人間の生活の場は家であり、庭は植物の生成の場だった。人間と植物が共存し、自然と調和するような生活の状況といった場の在り方がありました。いまのマンションだと庭はほとんどありませんが、日本の昔の住宅はすべてそういうものですね。

妹島さんはよく「公園のような〇〇」という表現をなさいますね。それはまさに建築空間と庭の関係じゃないかと推測したことがあります。僕もとても好きな言葉ですが、それが妹島さんの建築ではかなり複雑に建築化されている。「公園のような」と「家と庭」というふたつの概念は、ヨーロッパの石造りの風土ではけっして対にはならない関係ですね。外と内をバッサリと切らなきゃならない厳しい環境では考えない場所の概念です。

■妹島――そのような考え方には初期のころから興味がありました。それは庭についてのというよりも、庭がそのまま建築につながる考え方です。なんとなく固定化された空間的なものではなく、どんなものも包含できる――さまざまな年齢の人だったり、いろんな人がちがう目的をもって一緒にいるような――感じですね。それぞれにプライバシーが保たれながら、でもなんとなくつながりも感じられるような。それはいくつもの場所がつながっているという感じで、そういう建物がつくりたいと思っています。それを富永先生が日本的と捉えるのと逆に、日本で育った私たちはヨーロッパの建築家と同じことはできないだろうし、当然違ったものになるだろうなというのはいつも考えることです。

大らかにつくること

■妹島――建物のなかにいても外とのつながりが感じられるために建築の境界をどう広げればいいかということを、私はずっといろんなかたちで考えていました。外の空間と一緒になってその場所をつくる、あるいは外の空間と重なり合うようなものにしたいと思っていたんですね。外での経験と内での経験がどこかで一致するというか……、いろんな時間の積み重ねによって場所そのものが固有性を持つわけですから、そういうものに触れられる建築のつくり方ができたとき、内と環境と建築が合わさったと言えるんじゃないかと思ったんです。

■富永――妹島さんの建築は、外見だけ見るとミース・ファン・デル・ローエに似ているんだけど、実際の体験はまったく異なるものです。妹島さんの建築の感じはとても柔らかい。〈ルーブル・ランス〉のエントランスホールはいままでの妹島建築の集大成のような、いいところだけが集められているような印象がありました。経験がなければあれほどのものは絶対につくれないと思える蓄積があり、すばらしく魅力的でした。全体的に秩序を突き詰めすぎず、むしろ粗っぽいところもあるんだけど、その点は世間にすこし誤解がありますね。〈金沢21世紀美術館〉は、ものすごく緻密に詰めているから、綺麗なんだけど少し窮屈なようでもある。対して〈ルーブル・ランス〉はむしろ豪放な、大らかな感じがあります。空がものすごく広い感じがしますよね。まわりの古い空堀を活かしたり、労働者住宅の煉瓦を反映していたり、建築空間の狭々しさというものがなく、大地の空間と呼び交わしている感じがする。これまで見せてもらったなかで僕は一番好きな作品です。

■妹島――先生にそう言っていただけるととても嬉しいです。コンペで最終案を提出するとき、もう少し細かい単位空間をつないでいったものと、実際にできたものとで迷っていました。少し単純すぎるのが心配だったんです。だけど、あの大雑把な感じがあの場所に合ったんだろうと思います。日本で同じ材料を使ったとしてもけっしてああはならない。北ヨーロッパの水平に広がる光だからあのように現れているということは言えるでしょうね。

佐々木睦朗×富永讓

■佐々木――吉田五十八はミースとの関係で見えてくるんです。吉田は日本建築に大壁を入れた代わりに柱や梁を自由にした。柱梁、軸組の〈バルセロナ・パヴィリオン〉と対照的です。

■富永――数寄屋の大御所と言われていますが、吉田五十八の指向性は非常に近代建築的だった。水平と垂直のコンポジションや面と直線の扱いはミースにとても近い。

構造家を志したころ

■富永――まずはじめに、佐々木先生はどんな場所で生まれ育って、どのようなきっかけから建築をめざそうと考えたのでしょうか。

■佐々木――僕は愛知県東栄町で生まれました。奥三河と言われていますが、どちらかというと長野に近い。石山修武さんに言わせると日本のチベットだと。一〇歳まで、疎開先で母親と僕の兄弟と祖母と暮らしていました。

家族で撮った古い家族の写真に「諏訪大明神」と書かれたものがあります。佐々木家はそのむかし、諏訪の方から移ってきました。僕で一八代目になります。幼いころは川で泳いだり、真っ黒になるまで遊びまわっていました。おかげさまで勉強せえとうるさく言われることもなく、のびのびとすごしていたんですね。

その後に名古屋で暮らし、大学をめざすことになりますが、僕らの世代の共通として、丹下健三さんの〈国立屋内総合競技場〉を見て建築家になろうと志した人が多いと思います。そういう動機を与えてくれた建築です。僕は高校三年生のとき、まだ完成前の状態でしたが、模型や施工中の映像などをＮＨＫの朝七時からの番組でよく見ていました。丹下さんは蝶ネクタイを付けて番組に出ていた。それに影響されて名古屋大学の建築学科に進みます。とにかく〈国立屋内総合競技場〉が一番大きなきっかけでした。結局いまにいたるまで、丹下さんの仕事を四〇年間ずっと追いつづけてきたというか、僕にとっては追いついては離される、そういう憧れでもあり、究極の、規範となる建築家でもあったわけです。

大学四年生で研究室に進むにあたって悩んでいたころ、丹下さんともうひとりすごいと感じた人がいました。皆さんご存知の坪井善勝さんです。丹下健三さんと組んでいた世界的な構造家で、丹下さんが構造の話をし、坪井さんがデザインの話をしていたという逸話も残っています。

昔『建築』という雑誌で「空間デザインと構造理論」というタイトルで、木村俊彦先生が連載をしていました。僕は中学・高校のころからずっと数学が好きだったのですが、木村先生の格子梁を解くときの数式がとても綺麗で、建築の世界にこれほど鮮やかに数学を使える先生がいることに驚いた。作家で構造家、しかもデザイナーでもある。まずそれにびっくりして憧れを持ったんですね。

僕が大学時代に選んだ研究室は、松岡理先生の研究室です。松岡先生はバリバリの理論家で、国際的にとても評価が高かった。難しい数学を使うことで有名な先生でしたが、その先生に見込まれてしまったんです。じつは松岡先生と木村先生は、高松中学のときの同級生なんですね。僕が木村先生に興味を持っていたこともご存じで、研究室に入るよう誘われました。当時、デザインをやりたい気持ちも強かったのですが、結局松岡研に入り、研究をするようになった。それはそれでやりはじめると数学もすごく面白かったのですが、やはりデザインをやりたい気持ちはおさえがたく、大学院を出た後で木村先生のところで働くようになりました。

フェリックス・キャンデラとガウディ

■佐々木――僕が大学院を修了したのは一九七〇年のことです。大学で学んだ六〇年代は構造表現主義の時代でした。六〇年代半ばは社会経済的にも戦後の復興を乗り越え、ようやく日本独自の技術がすこしずつ出はじめていました。『建築文化』一九九〇年一一月号に当時とくに顕著だった傾向を示す見出しがあります。これによれば一九六〇年代は「建築的事実イコール構造的事実という図式のもとに、構造体の明快な自律性が建築表現の鍵としてクローズアップされ、前川國男＋横山不学、丹下健三＋坪井善勝、菊竹清訓＋松井源吾、大高正人＋木村俊彦、といった建築家と構造家との名パートナーシップのもとにさまざまな話題作が生み出されていった」［六四頁］時代でした。

そして一九七〇年に木村さんの事務所に入りますが、この年には大阪万博がありました。構造表現主義にあらゆるテクノロジーが投入され、立体からシェルからひととおりの実験がなされ、終焉を迎えた時代です。そうするとだいたいつまらくなるんです。僕にとって万博は、技術的にはもう先がないとしか感じられないものに映った。じつはこの後、もっと悲惨なポストモダンの時代に入っていくわけですが。

■富永――佐々木さんは私より三年若い世代ですね。私がいた菊竹事務所の構造は、松井源吾先生と依田定和さんにお願いしていたので、協働する機会はありませんでした。

佐々木先生が一九八一（昭和五六）年に独立されてすぐ構造を手がけられた鈴木恂さんのアトリエを見たとき、非常に興味をもちました。三〇センチ×三〇センチの非常に小さな柱と梁、スラブが一五センチの、日本の住宅の構造としてはものすごく華奢でエレガントな構造を実現させていて、僕も自分の住宅で頼んでみたいなと思った記憶があります。エレガントなコンクリートは、イメージはできるもののなかなか実現できるものではなく、おもしろいことを考える方だと思いました。その後の活躍は挙げればキリがないのですが、非常に野心的なお仕事を続けてこられていますね。

影響を受けた建築家と構造家に丹下健三さん、坪井善勝さん、木村俊彦さんなどが挙がりました。これまで仕事をされたなかで影響を受けた構造家はいますか？

■佐々木――ポストモダンの時代は建築雑誌を見てもつまらないものばかりで、沈んでいく世の潮流がどうなっていくかをじっくり見届けたいと思っていました。その時代は与太郎をやっていて、お茶から小唄、三味線、お花まで、若旦那のようなことにいろいろ手をつけていた時代なんです（笑）。当時、ポストモダンの時代はしばらく続くだろうという気分でしたが、モダニティあるいは近代の合理性は絶対になくならないと踏んでいた。そもそもこれがなくなったら世の中終わりだと。そんなことを信じながら、盟友の難波和彦くんと当時いろんな勉強会を始めたんです。そのなかで真っ先に目をつけたのが「ハイテック建築」でしたが、いろいろやってみたものの、それでも先に進めないような気もしていた。そんなときに僕が最も尊敬するフェリックス・キャンデラに会ったんです。〈バカルディの瓶詰工場〉などをやった空間の魔術師と呼ばれた天才構造家です［写真1］。

写真1｜〈バカルディの瓶詰工場〉

当時、キャンデラの作品集を齋藤裕さんが出版するというので、一緒に行って対談しようと誘われてついていきました［写真2］。おもしろかったのはキャンデラとアントニオ・ガウディの話になったときです。僕は大学のころからガウディの表層だけが目について食わず嫌いだったんですね。それで対談のなかでキャンデラに「これのHPはガウディも使っていますよ」と言ったんです。そうしたら向こうがものすごい剣幕で「俺のHPはガウディと全然違う！　対極にあるんだ！」と怒り出した。どうして怒るのかと言えば、彼にとってガウディは最も尊敬する建築家だったからなんです。キャンデラは一九五〇〜六〇年代にスーパースターだった。その彼から「ガウディは忘れ去られてしまったが、ものすごい建築家であり、ミースなどよりもはるかに上だ」と言われたんです。それで僕はびっくりした。一番嫌いだと思っていた建築家を、僕が一番尊敬する構造家が称揚しているわけですから無理もありません。

それでバルセロナへ行って、ガウディの勉強をはじめたんです。つぶさに調べていくと、キャンデラが言うようにすごい人だと遅まきながら理解した。それからのめり込むばかりで、その後『ガウディのフニクラ』（INAX出版）で、この建築家とキャンデラについてのエッセイを書いたりしました。

モダンストラクチャーの虚構性

■富永――いま名前の挙がった方々は、佐々木さんの『GA JAPAN』での連載「モダンストラクチャーの原型」（四八〜五六号）にも登場します。この連載をあらためて読むと不思議なんですよね。第一回がミース、第二回が吉田五十八、それからル・コルビュジエ、キャンデラ、ルイス・カーン、ガウディ。最後はパルテノンで締めくくっている。これは構造のエンジニアが書いたというよりは、むしろ意匠論です。完全にデザイナーの文章で書かれている。

そこで僕が興味をもったのは、〈バルセロナ・パヴィリオン〉のところでも言われている、視覚的なものと、構成的、構築的なものとのズレです。この微妙なズレによる緊張関係が好きになるんだと書いてある。それは僕もいい建物だなと思ったときに感じることで、例えばルイス・カーンの〈キンベル美術館〉、それか

写真2｜フェリックス・キャンデラと

ラル・コルビュジエの〈サヴォア邸〉、さらに〈バルセロナ・パヴィリオン〉や〈国立屋内総合競技場〉といった、記憶に残り、これは大傑作だと思える建築は、やはり合理的なものを突き詰めた結果、合理の外に出てきているような部分というか、ズレがある。それが人間に解釈されたときに起こるのかなと考えました。

それともうひとつは吉田五十八さんのことです。〈吉田五十八邸〉はいま、大塚家具の会長の住まいになっていますが、この見学にご一緒したとき、時間をかけてたいへん興味深くご覧になっているのをおぼえています。こうした熱意と先ほどの小唄や華道など、日本の芸能・文化に対する美的な関心は佐々木さんのなかで重なり合うものなのでしょうか。

■佐々木――これは磯崎新さんから聞いたことですが、一見すごい建築というのは、ある面で死に物狂い、型破りなところからしか出てこないというのですね。そういうものはだいたい、枠に収まりきっておらず、どこまで追いかけてもどこかでするりと逃げられる部分がある。とは言っても合理的なことを徹底的に分析してないかというと、それは一応やっているわけです。だから、それを超えちゃうようなバカバカしさというかエネルギーが感じられると、それがどうもおもしろい。ミースが最終的にたどり着いた〈ファンズワース邸〉はめちゃくちゃ美しいけれど、僕はやはりどちらかと言えば完成されていない時代の〈バルセロナ・パヴィリオン〉のほうがいい。ル・コルビュジエもそういうところがあります。

ルイス・カーンの〈キンベル美術館〉は、もう完成されていた時期だと思いますが、あれだけはまた別の意味でおもしろい。何が違うかというと、カーンには構造のパートナーでオーガスト・E・コマンダントという同年代のペンシルバニア大学の先生がいました。カーンのいい建築はほとんどこの人物が担当している。〈リチャーズ医療研究棟〉からスタートして、かなり徹底してロジックでやっている人なんです。カーンは、コマンダン

写真3｜〈キンベル美術館〉

トとほかのエンジニアを使い分けていて、自分が本当にわがままを通したいときにはこのコマンダントに泣きついていた。そういう面白いコンビだったわけです。カーンとコマンダントが組んだなかでの傑作中の傑作を挙げるなら、僕は〈キンベル美術館〉だと思う［写真3］。カーンは、ついぞ死ぬまであれはアーチだというんです。空間としてそう捉えている感じ。だけどじつをいうと、構造はアーチじゃなくて円筒シェルです。曲げにふさわしくケーブルを曲面のなかに理論どおり入れているんだけど、そういう建設現場を見ているにもかかわらず、最後までアーチだと思っていた。そこのズレは本心かわからないんだけど、そういう建築のほうが魅力的だと『ルイス・カーンとの一八年 (*18 Years with Architect LOUIS I.KAHN*)』という本でたしかコマンダントは記していた。予測不能だからインパクトがあるというのか。

ミースの〈バルセロナ・パヴィリオン〉に至っては、噴飯物ぐらいに構造がおもしろいんだよね。彼は何がなんでも鉄骨のドミノと考えていたわけではなく、最初は壁でやろうとしていたんです。そのうちに柱だけでもいけるとわかってドミノに変わっていったんですが、工期の途中で屋根が下がってきたりしてまた壁を頼りにするとかいろんな経緯をたどっています。最終的には鉄骨のフレームを組んじゃうわけですが、東大にオリジナルの図面があって、調べてみるとディテールはけっこういい加減ですごくおもしろいですよ。やはり初期の右も左もわからない、ましてやH鋼なんてない時代ですからね。アングルで組み立てつつ、地震がないから横力は考えなくていいとしても、風力に対して安定させるために壁をすこし使ったことが窺える。そういうごまかしをけっこうやっていたことが分析すると見えてくるんですが、下から見たときには全然それが見えない。

■富永——「モダンストラクチャーの原型」で書かれていますが、八本の四つのアングルを接合した仕立て柱がクロムメッキされていますね。それが化粧になっていて、柱であるにもかかわらず視覚的には消えている。壁が重力をもっているように見えるけれども、実際の力の流れは不純なんでしょうね。まさにある種の視覚的なものと合理的な構築のズレに緊張関係があるから、この空間はおもしろいわけですね。

■佐々木——僕が好きなのはみんなそういうものなんですよ。実体主義じゃなくてフィクショナリティ。虚構とでもいえばいいのか、こういうことを巧みにやっているものがチャーミングなんですよね。

吉田五十八とミースにみる伝統からの跳躍

■富永——構造的な秩序と、感性的な秩序というか、力の視覚的な構造によってもたらされる緊張感てありますよね。吉田五十八は日本の伝統的な建築に面を導入して軽妙流麗なる世界をつくり上げるのだけど、柱は、面に薄さと滑ってゆくような流動性を与えるために、スレスレにポンと置く。それは構築じゃなくて、人間的な構造だと思うんです。構造でも人間の知覚構造みたいなものが感じられる。

■佐々木――まったくそのとおりだと思います。吉田五十八は、関東大震災を教訓に大壁構造の特別な方法論を思いついて、それは徹底してやりました。そのうえで遊びというか、すこし洒脱なかたちでそういう柱をちょっと無駄にしている。でもその強固な基盤のうえに、柱の持つフィクショナリティを導入したりするところが、僕は好きなんですよね。

■富永――吉田五十八とミースには共通点がありますよね。〈吉田五十八邸〉をふたりで拝見する一〇年ほど前、吉田さんがちょうど亡くなられて奥様がまだご存命のころに一度、訪ねたことがあるんです。とてもきれいに設えられていて、吉田さんが生きていたときと同じ掛け軸が掛かっていました。奥さん曰く「吉田の建物は新興数寄屋といわれるけれど、本人はもともと数寄屋をやるつもりは一切なかった、日本建築の近代化しか考えていなかった」。いろいろな建築を見たけれど、ヨーロッパの近代性にはかなわない、だから日本建築をやったんだということを仰っていた。コマーシャリズムのなかで吉田五十八は数寄屋の大御所と言われていますが、吉田さんの指向性は非常に近代建築的だった。水平と垂直のコンポジションや面と直線の扱いはミースにとても近い。

■佐々木――吉田五十八は一見華奢なイメージがありますが、けっしてそうではなく論理は非常に骨太なんですよね。それでなお繊細な表現ができるとしたら、やはり数寄屋と言えないんじゃないか。どちらかと言うと近代主義というか、モダニズムだと思うんです。連載で吉田五十八を取り上げるのを意外に思われたかもしれないけど、僕からすればミースとの関係で吉田五十八が見えてくるんです。ヨーロッパには壁式の重い文化があって、それを取り払うつもりで――ル・コルビュジエのドミノもそうですが――、最終的に柱梁軸組の〈バルセロナ・パヴィリオン〉をやるんです。日本の建築はもともと軸組ありきだったところを、吉田五十八は大壁にした。その代わりに柱や梁をもっと自由な要素として扱ったから、両者はとても似ているんです。

■富永――正反対の方向性ですよね。いずれも西洋と日本で、それぞれの建築的伝統をトランスフォーメーションさせることで類似性が生まれている。

■佐々木――いま一緒にやっている妹島和世さんたちも近い感性を持っていると思うんです。ヨーロッパにはない日本固有の捉え方をする。僕も海外から仕事を頼まれたときに、伊東豊雄さんやＳＡＮＡＡとの作品を見せると、すごく日本的だという言い方をされます。そういうときに吉田さんに近いものが日本人の私たちに流れているんだろうと感じますね。

■富永――佐々木さんと伊東さんとは気が合うというか、言っていることがお互いにすぐ伝わるんじゃないですか。伊東さんも、李朝の壺などを鑑定しておられた父さんのもとで育って、日本的な感性、日本文化の素養があるから、何かしら感性的秩序を共感できるんだと思います。

■佐々木――最初に先祖が諏訪から奥三河へ移った話でいうと、伊東さんが育った環境は同じ文化圏なんですよね。伊東さんも諏訪で、まさにご先祖様も一緒です。原広司さんも飯田のご出身で、妹島さんも母方の実家が飯田なんですね。だからなんとなく波長が合うんでしょう［写真4］。

■富永――山の文化圏ですよね。

■佐々木――僕は山ですね。

■富永――だけど、出自は伊豆なんですよね。僕の祖先は伊豆の土肥なんですよ。海を見ていたＤＮＡが僕にはまだ残ってますよ。

■佐々木――そうそう（笑）。

■富永――先祖のこと言ってもしょうがない（笑）。でも海から山に行くんだよね。だから動物が生活した場の記憶というか、自分たちのなかに沈殿している何かがあるんだろうな。伊東さんは湖かなとかね。静謐というか、しんとした静まり返った湖面がすこし煙っているような印象がある。幼いころに見ていたものは非常に大きいということですよ、これは僕の自説ですが。

数学的秩序と歴史の旅

■富永――佐々木さんは数学が得意だと言っていましたが、近代建築の美の性格は根拠のないところから出たスタイルじゃないかと僕は思うんです。一方、日本の様式は寝殿造、書院造、数寄屋造とあって、これらは変容するプロセスのなかで、前の時代を引き継ぎながら生活の要請から変わってきた流れなわけです。しかし、近代建築そのものにはそんな生活臭がない。そこが産業社会の原理に合致したのだけれど、構築された明晰な世界、つまり数学的な世界をつくり出しました。したがって近代建築の美というのは数学のなかに潜んでいると言えるんじゃないか。数学的なものと美的なものの感性的な秩序の一致が夢見られたわけです。

写真4｜〈せんだいメディアテーク〉

■佐々木――たぶん、僕が最初に木村俊彦先生の建築に惹かれたのは、群論に近いからです。操作の仕方がとてもきれいで鮮やかな、非常に抽象的な世界なんだけれども、これをどう組み立てていくかというとき、そこに美学と論理があるような気がするんです。カーンなんてものすごくしっかり歴史に戻るでしょ。ル・コルビュジエもそうですよね。自分が何者なのかと問うたときに抽象的な世界だけではなかなか答えが出せないのかもしれない。

■富永――近代建築のなかに残っているのは、結局「数の美学」ではないですか。しかし数の美学そのものには根拠がないから、いかようにも操作的に使われうる。混沌とした自然のなかに場を設営しようとしたとき、「数の美学」、「幾何学」は人間の感性的秩序を司るビビッドなもの、精神的なものでした。そこに「人間の事実」――建築性があったのだと思います。ル・コルビュジエも当然、「幾何学の起源」を求めて歴史に旅立ちます。ミースもそうだし、カーンも建築の起源を覚醒させようと装飾のホコリを拭って始原を呼び戻そうとする。近代建築でいまも見るに耐えるものというのは、そこではないですか。数の操作だけで、グロピウスがやった建物は悪くはないが、もう一回見ても印象が変わるような問題じゃない。数のゲームのようにつくられる建築もそうです。精神なき数学が人間と無縁なガラクタを大量につくり出してゆく危険もある。だから、そこには近代建築のある種の美学の限界や宿命があるのかなとも感じますね。

坂本一成×富永譲

■富永――〈代田の町家〉は幾何学構成を用いながら身体性のある空間になっていて新鮮でした。全体に不思議なアマルガムが感じられます。

■坂本――建築の何でもなさ、日常性に向かい、クライマックスを避けることが、当たり前の建築に近づく方向性だと思っていました。そういう点から空間の重心を下げたいと考えたのが〈代田の町家〉です。

建築を学びはじめたころ

■富永――私と坂本さんは一九四三年生まれの同い年で、もう四〇年近いつきあいになります。坂本さんの名前を初めて知ったのは、私の処女作〈青山南町の住宅〉と坂本さんの〈雲野流山の家〉（一九七三年）が『新建築』の同じ一九七四年二月号に掲載されたときでした［写真1、図1］。身体性をもった作品で、豊かな生活経験をもったユニークな方なんだろうなと感じたのを覚えています。坂本さんと話をするようになったのは、篠原一男さんに竣工するたびに住宅を見せてもらうようになったのがご縁ですね。あるときから篠原さんのお誘いで伊東豊雄さんや長谷川逸子さん、白澤宏規さん、多木浩二さんたちと、できたばかりの住宅を見せていただくようになりました、食事をごちそうになりながら、建築界の話題や建築論について刺激的な議論を交わしたのをよくおぼえています。

当時は伊東さんをはじめ、私たちの世代の建築家はみんな仕事がなく、鬱々と不安定な生活を送っていました。ただ、坂本さんだけは早いころから完成度の高い住宅をつくっていたんです。ひとつの住宅の表現をめぐってしょっちゅう議論していたころ、すでに作風を確立しているかのような感もありました。私がル・コルビュジエ研究をやっていたことで、坂本さん、多木さん、伊東さんと「白の時代」のレトリックについて話したりしたこともありました。みなさんと違ってつくるだけでなく、考えることにもずいぶん時間を割いていた時代です。

今日は坂本さんにいくつか聞いてみたいことがあります。ひとつ目は、デビュー当時から際立った早熟さを感じていましたが、住宅をつくるなかでのある種の巧みさ、細やかなところのニュアンスといった、生活的な空間に対する感性がどのように生まれたのかということです。最近ときを経て〈水無瀬の町家〉（一九七〇年）と〈代田の町家〉（一九七六年）を訪問しましたが、これが二〇代の建築家がつくった住宅かとあらためて新鮮な驚きがありました。部分・空間・素材に対しての敏感な感性はどのように生まれたのか。おそらく生活に対する観察が非常に細やかだったのではと感じます。

ふたつ目は若いころに研究されたという日本の伝統的な住まいについてです。坂本さんの建築のプロポーションやキャラクターを決定づけているプロポーションやスケールからは、美しさというより、むしろ日本の住宅がもともと持っていた歴史性や生活感といったある種の伝統的なものが感じられます。ある人が床面の構成によって領域ができていると仰っていましたが、たしかに開口部の抱きや手摺のところにすこし飛び出している台があったり、水平性をつくる面が床との対応で設定されている。そこには書院造の床の間、付書院、玄関の式台を思わせるような全体の秩序

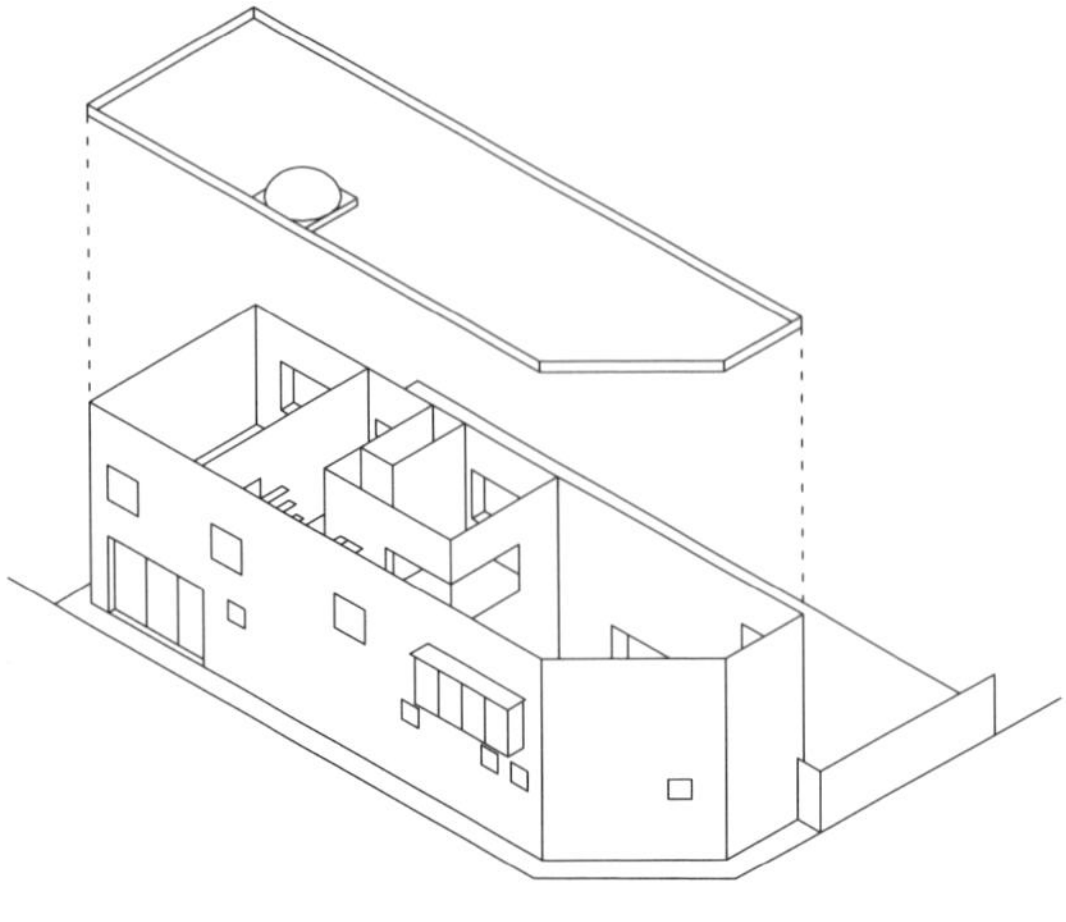

写真1｜〈雲野流山の家〉、1973年

図1｜〈雲野流山の家〉アクソメ

も感じられます。
最後にモダニズムの建築家について、具体的にどのように感じられ、どう評価しているのか。自己の建築論を哲学的に厳密に突き詰めていった建築家についてはどう思われているのか知りたい。ロバート・ヴェンチューリに影響を受けたと仰っていましたが、そういう興味を持つ人はどういう人なのか。この三点を中心にお聞かせください。

■坂本――私の父親は八王子の農家出身の軍人で、母親は世田谷の旧武士系の地主でしたから出自は対照的ですが、両親は戦時中に結婚していて、私が小学校三年ぐらいまでのずいぶん長い間、世田谷と疎開先でもあった八王子の両方の家を行き来していました。

父親の家はみんなでこたつを囲んでワイワイすごす牧歌的な感じがあって、あまり緊張感なく大らかな雰囲気でしたが、母方はいかにもといった厳しく緊張感をつねに持ってないと生活できないような感じで、巾広の縁側もあるそれなりの屋敷だったと思います。その後の私の分裂した思考は、こうした子ども時代の環境と関係があるかもしれません。戦後は空襲で焼けた八王子にバラックを建てて三年ほど住んでいました。私がいたところは郊外の元八王子村で、小学校は八王子の中心地でした。八王子市内と世田谷ではそれほど様子が変わらないのですが、当時は川を渡った元八王子村で一変していました。言葉が違ったんです。僕はずっと世田谷ですごしたのでよそ者扱いでした。言葉が違うことでいじめられるわけですね。

数学の成績はよかったのですが、古文ができませんでした。親から理工系と言われて育てられた影響かもしれません。それで東京工業大学に一九六二(昭和三七)年に入学します。このころはもう、スピリットを持ったビビッドなモダニズムはもはや見られないという状況でした。私自身がノンポリの学生だったこともあり、建築思潮や社会の動きにあまり敏感ではなかったこともあるでしょう。「生産としての近代」といえばいいのか、モダニズムがルーティン化し、いわゆる建物になっていく環境で建築の勉強をはじめたわけです。

清家清と篠原一男との出会い

■坂本――なぜ建築を選んだかあまりおぼえていません。文系ではないと考えて理工学部に進むも、化学みたいな目に見えないものはダメだと感じ、結局見えるものは建築ぐらいではないかと思った。あえて言えば高校時代に通学の電車から見えた、百葉箱のような箱形の白い研究所の建物をとても新鮮な思いで見た経験からかもしれません。大した建物じゃなかったと思いますが、伝統的な環境のなかに建つその姿に建築の現代性のようなものを感じました。しかしその後、モダニズムの精神を示したその時代の建築家たちもかなりマニエリスム化していきましたね。たとえばル・コルビュジエは五〇年代にはすでに〈ロンシャンの礼拝堂〉や〈ラ・トゥーレット修道院〉をつくっていたし、ミース・ファン・デル・ローエは〈ベルリン国立美術館〉など古典主義に近いものをつくっている。つまり僕の学生時代は、一九二〇～三〇年代のル・コルビュジエやヴァルター・グロピウスにあこがれる状態ではなかった。当時はポール・ルドルフやルイス・カーンが活躍していました。

学部四年生だった一九六五（昭和四〇）年に、「IAESTE」という海外インターンシップでスペインに三ヵ月ほど行きました。そのとき見ようと思っていたのが、ジェームズ・スターリングとアンジェロ・マンジャロッティ、それから地中海のヴァナキュラーな集落です。

当時の日本は東京オリンピックの直後で、〈国立屋内総合競技場〉はじめ、丹下健三さんの建築が強いインパクトをもっていました。たまたまそのときに建築雑誌で清家清特集があり、建築の丹下、住宅の清家と言われていた。学生のとき、住宅の課題なんておもしろくないと思っていたときに、清家さんの住宅を見せてもらう機会がありました。そこで愕然としたんです。住宅でこんなことがあり得るんだと。それで清家さんにはとてもあこがれたのですが、錚々たる住宅作品が多くつくられた一九五〇年代と対照的に、六〇年代は住宅なんて建築じゃないとする空気が支配的になります。そんななかで清家さんの住宅も五〇年代のものはすばらしかったけど、六〇年代になるとどうだろうと感じることもありました。

東工大では清家先生を中心とする意匠の講座があり、篠原先生が一般教育の図学を教えていました。清家研に入りたいと思っていたときに、ちょうどヨーロッパに行くことが決まりました。それで先生に日本とヨーロッパの集落の比較をやりたいと相談したんです。そうしたら「ヨーロッパに行くなら、そのまま居ついたら？」とけんもほろろに言われました。それで清家研はあきらめました。篠原先生は当時、建築学科の専任ではありませんでしたが、建築の学生も指導することもあるということで相談に行きました。すると「僕もそんなことを考えていた、一緒にやろう」と、そのときばかりは丁寧に応対してくださった。篠原一男は、住宅は建築じゃないといわれた時代に、住宅こそ建築だ、芸術なんだとひとりで頑張っていた建築家でした。

篠原一男とロバート・ヴェンチューリの影響

■坂本――大学院には結局、一九六六～七一年までいました。一九六八年にロバート・ヴェンチューリの『建築の多様性と対立性』が出ます。その前に〈母の家〉を設計していますが、当時の日本はまだアメリカやヨーロッパとずいぶん隔たりがありました。いわゆるポストモダニズムが少し遅れて入ってくるのですが、この翻訳はわりと早い段階でなされていて、原書の翌年にはもう日本語版が出版されました。訳文がなかなか難物で、何が書かれているのか当時はわからなかった。モダニズムはもうマニエリスム化していたと言ったけれど、僕らの精神はあいかわらず近代建築の考え方だと。私には最初、篠原一男とヴェンチューリが理解できなかった。でも自分の感覚・感性と一番重なり合う感じがありました。そんなことから私の仕事がはじまってくるわけです。

幼少期が分裂しているような環境にあったこともあって、物事を片一方では受けとれない、常に相対化させせなければならない感覚が自分にはあるように思います。学生たちにも自分の考え方をつねに相対化させせながら新しいことを考えてほしいといってきました。そういう意味で私自身、一種の認識的な問題を大事にしてきたのではないかと思います。

最初の「部分・空間・素材に対する感性」についてのご質問ですが、モノの抑え方というものが関わっていると思います。そのモノがそのモノでありながらそのモノでない状態に置きたいという気持ちがあって、あるひとつのイデオロギーで決定することにどこか気恥ずかしさを感じます。やりすぎないようにしたいと思うのですね。とすれば、その逆側を重ねることによって中和させる。それは私の性格かもしれません。ある種の強いモノのあり方が、それによって強く現れてきて、いろんなことを包含する。モダニズムが持っていたピュアさやストレートさはそれなりに評価しますが、本当に世界を受け入れているのだろうかという思いはつねにあります。

■富永――たとえば、吉田五十八は晩年に「物足りなさの、物足りさ」ということを言っています。そういうことにすでにして気づく若者が、どうして生まれてきたのか不思議に思います。

■坂本――〈散田の家〉（一九六九年）はストレートすぎてすこし気恥ずかしいのですが、この住宅を見ていただくと篠原一男との関係がわかります[写真2]。また今回、四四年ぶりに改修した結果で、その違いを見ていただけると思います。篠原一男のストレートさはある部分で共感できるけど、それ以上になると共有できない。それを改修前後の違いで見られると思います。篠原評価と篠原批判とを重ねるようなかたちでこれまでつくってきておりますが、戦う相手はやはり厳然と篠原一男だと思います。富永さんにも共感していただけるのではないでしょうか。あの時代の建築思潮は、磯崎・篠原が圧倒的に強い枠組みを形成していた。とくに私は近くにいたのでなおさらそう思っ

写真2｜〈散田の家〉、1969年

たのです。

富永さんをはじめ、錚々たる面々が菊竹事務所に入ったわけですが、私はわりとぼんやりとしていて、そういうふうに突っ走れない。学生のときに設計事務所のオープンデスクに参加してずいぶん落胆したこともあります。かなり屈折していて、建築がストレートに世界をつくっていくことに違和感があった。磯崎・篠原には厚みのようなものを強く感じていました。伊東さんとはその後、わりとつきあうようになって、ふたりで打倒磯崎・篠原なんてことも言っていました。富永さんともご一緒に議論したこともありましたね。

■富永——菊竹事務所でも『建築の多様性と対立性』の翻訳が出たときに一所懸命読みました。いま手に入る版は新訳ですが、最初の版はひどい誤訳だらけだった。それでも何か重要なことが書かれていることはわかって、伊東さんの呼びかけで原書で読みました。そうしたら原文はストレートでわかりやすい。やはりヴェンチューリの影響はとても大きかったですね。モダニズムに対して根本的なカウンターパンチを食らわせようとしたのだと思います。初期のヴェンチューリの住宅も魅力的でした。

■坂本——私は最初、よくわからなかったんです。なにしろ篠原一男の圧倒的な影響下にあったわけですから。そのなかでヴェンチューリは言葉から理解できて、住宅は魅力的というより変だなと思いました。それが段々と魅力的なものに変わっていきます。それだけにその後のヴェンチューリの建築作品がどうしてああなったのかなと不思議に思いました。ヴェンチューリにかぎらず、理論的な考え方を示された方が教条主義的になってしまうのはやはり際どいなと感じました。先ほど、いきすぎないようにしたいと話したのは、そういうことに関係があると思います。だからつねに「よくわからない」「曖昧」「適当」とかずいぶんいろいろと批判され続けてきました。

当たり前の建築が結実した〈代田の町家〉

■富永——二番目の質問の日本の伝統的な空間の捉え方についてはどうですか。

■坂本——東工大での学生時代には、日本建築に対して歴史家の平井聖や藤岡通夫がいて、大きな影響を学生に与えていた気がします。平井聖先生がいたことで、日本建築にはかなり親近感をもっていました。

日本建築に対して、篠原一男は伝統から出発したという言い方をしています。篠原先生は民家の研究もしていた。私も日本の建築や民家の集落を勉強しました。そのころ、ルドフスキーの*Architecture without architect*（建築家なしの建築）やマイロン・ゴールドフィンガーの*Villages in the Sun*など、ヨーロッパの集落の本が出ていて、人が集まって住むような場所のおもしろさに親近感を持っていました。やはり純粋な、建築然とした建築といくらか距離をおいていたのだと思います。

■富永——〈代田の町家〉を見せてもらっ

たとき、正方形や黄金矩形といった幾何学構成が使われていながら、とても身体的な空間が新鮮でした。日本的な台が部屋のなかに出てきたり、窓台が非常に重要な役目を果たしていたりしますね。全体に不思議なアマルガムを感じました。伝統的な空間の影響というのはもともとそういう民家や集落への関心を通じて素地ができたということですか。

■坂本――タイポロジーを外したいと、どこかで感じていた気がします。もうひとつ、これは多木浩二さんの言葉ですが、私の建築はアンチクライマックスだとずいぶん言われてきました。

最初の〈散田の家〉をつくった当時、あのくらいの内部空間のボリュームを住宅でつくるということは一般的にはほとんどありませんでした。篠原もあの当時あそこまで天井の高いものはつくっていなかったと思います。篠原は当時、「大きければ大きいほどいい」と言っていました。私もやはり空間が大きくないと建築にならないと感じていましたが、同時に部屋をただ並べても建築にならないと思っていました。〈水無瀬の町家〉もいくらか天井が高いのはそういうわけです。

ですが、すこしずつ違和感をおぼえはじめます。私の建物を見てもらうと、いかに天井高が減っていくかわかります。〈散田の家〉は六〇〇〇ミリ、〈雲野流山の家〉は四五〇〇ミリ、〈代田の町家〉で

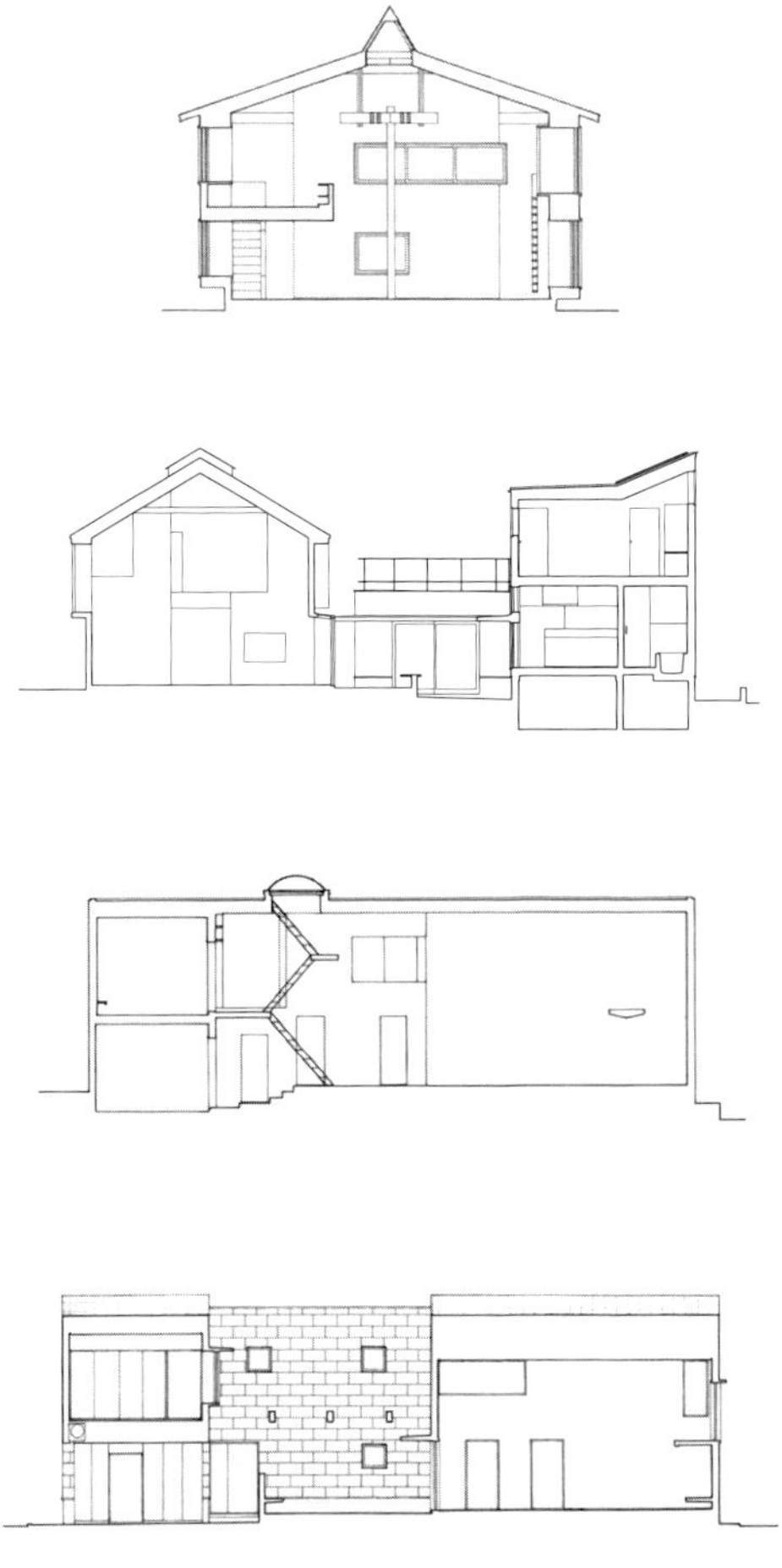

図2｜天井高の変遷
（上から〈散田の家〉、
〈水無瀬の町家〉と〈水無瀬の別棟〉、
〈雲野流山の家〉、〈代田の町家〉）

は三九〇〇ミリと徐々に天井高が下がっていき、最後は二一〇〇ミリを切ります。建築の何でもなさ、ある種の日常性みたいなものに持っていくこと、クライマックスを避けることが、当たり前の建築に近づく方向性だと思っていました。そういう点から〈代田の町家〉もできるだけ低く抑えたい、空間の重心を下げたいと考えたのです[図2]。

　当時はピーター・アイゼンマンに影響されていたと思いますが、建物は垂直材と水平材の構成です。意味を消したいという思いが私のなかにあったので、アイゼンマンはとても魅力的だった。垂直性が高まるほど特別な意味を強めてしまうので、それを抑える水平的な構成を同時に重ねたい。〈代田の町家〉はそんなことが重なった結果という気がします。

■富永――たしかに重心が低い感じはしました。日本建築の座った空間の高さというか、カメラを低く構えたときの全体像が上がってくるような空間ですね。私は〈代田の町家〉の構成がとても好きです。

「特別」をしない建築への親近感

■富永――では、最後の質問について。デビューされた当時、イギリスの建築について書かれていましたが、それ以後、建築家に対する言及が減りました。いま、どのように感じておられるのでしょう。これは〈HOUSE SA〉を見ての直感ですが、ハンス・シャロウンのように部分でアドホックに全体を構成していくような建築家に共感されているのかなという推量を含めて、ほかに興味ある建築家を聞いてみたい。

■坂本――シャロウンは〈ベルリン・フィルハーモニーコンサートホール〉と、それから〈ベルリン州立図書館〉に感激しました。私の中で評価する建築を一〇個挙げよと言ったら多分これらは入ると思います。同時に見たミース・ファン・デル・ローエの〈ベルリン国立美術館〉をマニエリスムだ、古典主義だとか思いましたが、やはりミースにはあまり興味を持てなかった。初期の〈トゥーゲンハット邸〉でも何か違うなあと。ちょうどその頃シャロウンとミースの建築を同時に見たものですから、強く印象にあります。

　それはともかく、モダニズムをどのように位置づけるかによりますが、アドルフ・ロースが近代建築の最初期の建築家と言えるのかなと思います。たとえば、機能の追求や幾何学的な構成、あるいはインターナショナルスタイル、装飾を外したスタイルの追求、歴史からの脱却だとかいろいろな言い方ができると思いますが。

　ロースの〈ミュラー邸〉をたまたま見る機会があったのですが、ラウムプランだけでなく、外形が不思議と印象的なんですね。私の〈egota house A〉、〈egota house B〉を見て、外形でロースを思い出すと言われることがあります。〈ミュラー邸〉はそんなに好きなわけではないけれど、親近感みたいなものが持てたように思います。

　モダニズムを考えればグロピウス、ル・コルビュジエ、ミースということになるでしょうけど、私の学生時代にまだ生きていた方々ですので、そこからの影響というのは当然あると思います。当時ジェームズ・スターリングとアンジェロ・マンジャロッティの建物を見ても、もちろん悪くないのですが、やはり歴史を経てきた建築のほうが面白いと思うんですね。それで当時見た現代建築はどこか寂しいなと思った記憶があります。ですから熱心に見て、そのなかから何かを吸収しようという気持はあまりなかった。それで集落みたいなヴァナキュラーなものに興味をもった気がします。

その後に感激した建築と言えば、オットー・ワーグナーの〈ウィーン郵便貯金局〉ですね。あれは実際に見ると全然違う、素晴らしいと思いました。自分が気づかなかったような不思議な空間に出会えたという感じを持ちました。一九七〇年代、私たちの世代の建築家はみんな特別なことをやっていたましたよね。失礼かもしれませんが、私や富永さんは特別なことをしなかった。それが富永さんにずっと親近感を持ち続けている理由かと思います（笑）。

渡辺真理×富永譲

■富永——渡辺さんの研究アプローチはとにかく足で稼ぐ。形態論でもプログラム論でもなく使われ方、つまり実態に迫るということですね。

■渡辺——新聞紙上で見た家族の食事風景の写真が、住まいの原点と考えていたイメージと重なりました。家族とは何か、突き詰めるとこういう姿なのではないかと感じました。

見学会に押しかけた駆け出し時代

■富永——渡辺さんと僕は七歳くらいの年齢差がありますね。私が法政大学で教えるようになってから、一二年間ご一緒してることになりますが、最初に出会ったのは一九九三（平成五）年で、三重県で竣工したばかりの〈RFヤマカワ本社ビル・アネックスMUSEO〉を見せてもらったときになります。そこで交わした議論は『建築文化』誌上で「〈変換〉と近代建築という伝統」（一九九三年四月号）と題した座談会記事になりましたね。

■渡辺——この記事を今回、富永先生が発掘してくださいましたが、二〇年も前になるのですね。僕も久しぶりに読んであらためて驚いたことがありました。

〈ヤマカワ〉は〈サヴォア邸〉を参照した作品ですが、じつは最近の〈真壁伝承館〉も桜川市内の歴史的な建造物を参照したものです。時空を隔てたものを建築に取り込む方法にいまと二〇年前と通底しているところがあることに気づかされたのは、自分でもとても新鮮でした。

■富永——そうですね、〈ヤマカワ〉は〈サヴォア邸〉の骨格をベースにしていて、近代建築の作品を変換して新しい意味を見出すのがテーマとなった建物でした。この近くには内藤廣さんの〈海の博物館〉が完成したばかりで、おそらく冬だったと思いますけど、渡辺さんと木下庸子さんと僕の三人で一緒に見に行きました。そのころは内藤さんもまだ何の賞も取っていない時期だったと思いますが、これもやはりたいへん力作でしたね。

その後、もうひとつの近代建築の変換ということで、僕が三島につくった〈トポア〉という住宅をおふたりには見にきてもらいました。その建物はル・コルビュジエの〈ラ・ロッシュ＝ジャンヌレ邸〉のカーブを引用したものです。「〈変換〉と近代建築という伝統」は、このふたつの作品をめぐって、モダニズムの伝統とトランスフォーメーションをテーマに話したものでした。法政大学とまったく関係がないころに別の邂逅を果たしていたわけですね。誌面の写真を見てもらえれば二〇年前はお互いに若かった(笑)。

■渡辺――たしかに富永さんと最初にお話ししたのは『建築文化』のときですが、僕たちは、建築家が設計した住宅を見におしかけるということをよくしていました。僕たちというのは菊池誠さん、青木淳さん、八束はじめさんなどで、いまは「オープンハウス」が半ば制度化されていますが、当時はごく内輪の内覧会なのに「〇〇さんが設計した住宅ができた」という話しを聞くにつけ、みんな呼ばれてもいないのに週末のたび押しかけていました。じつは富永さんの〈住吉診療所〉(一九八二)も拝見しています。そのとき、遠巻きにお見かけしているのですが、こちらは大学院を出たばかり、磯崎新アトリエに入って間もないころで、話しかけることなんてとうていできません。僕にとって富永さんはいわば追っかけしていた人で、その本人が目の前に現れて非常に緊張した記憶があります。

非核家族への気づき

■富永――その後、『新建築』誌上で「集合住宅をユニットから考える」という連載をされていました。このときも「集合住宅の九〇年代」というパートで、僕の〈熊本市営新地団地〉と〈茨城県営長町アパート〉についてインタビューしていただきました。その連載記事は二〇〇六年にまとめられた同名書籍で読むことができますね。

■渡辺――「ユニット」について話す前にすこし寄り道させていただくなら、僕は、師と呼べる方に何人か巡り会えたことが幸運だったとつねづね考えています。

ひとりは京大時代に習った上田篤先生です。上田先生は僕が入学するすこし前に着任されたのですが当時から次々と本を書いていました。いまも旺盛に書いていらっしゃって、自分の年齢よりも多い数の本を出版するというのが先生の目標なんじゃないかと思うくらい著作が多い人です。

もうひとりは、建築家の磯崎新さんです。『建築の解体』は僕たちが学生のころのバイブルだった。いまならインターネットで世界の情報がすぐ手に入るけれど、当時はそうではない。アーキグラムやスーパースタジオ、クリストファー・アレグザンダーもこの本で紹介されていて、『美術手帖』の連載記事をコピーして何度も読みました。磯崎さんの言う「建築の解体」を、僕たちは「モダニズムの解体」と捉えた。誰がどのようにモダンアーキテクチュアを導こうとしているのかと推理するように読みふけりました。僕がハーバードのデザインスクール大学院を出て、ケンブリッジ・セブン・アソシエーツで実務研修していたときに、磯崎さんがロサンゼルス現代美術館を設計することになったのがきっかけで、アトリエのスタッフになることができたのは幸運でした。

自分が磯崎新アトリエから独立して仕事をはじめたとき（他の建築家と同じように住宅からはじめたわけですが）、形態論でなく、ｎＬＤＫのようなプログラム論でもないやり方がないものか、ずいぶん考えました。

磯崎さんのようなやり方はまず無理だと思ったし、上田先生のように歴史的な文献を暗記するくらい読み込んで、何か立論することもなかなか難しい。そこで「家族」というものが切り札になるのではないかという希望的観測のもとに住宅設計をはじめました。

ｎＬＤＫ論というたいへんよくできた仕組みから逃れる手がかりを探していたといってもいいかもしれません。

あるとき、朝日新聞紙上で家族をテーマにした連載がありましたが、そこに掲載された、昭和二九（一九五四）年の新潟の食事風景の写真が、僕にとって住まいの原点と考えていたイメージと重なったのです。家族とは何だろうという問いに対する答えが、その写真から感じとれます。大勢の人が一緒に食事している様子は、いわゆる近代家族と明らかに違う。家族とは何かよくわからないけど、突き詰めるとひとつはこういう姿なのではないかと感じました。上野千鶴子の家族の定義である「共食」とも重なるものでした。

■富永——渡辺さんのアプローチというのは、最初の著書『孤の集住体——非核家族の住まい』（木下庸子と共著、住まいの図書館出版局、一九九八年）でも共通して見てとれますが、とにかく足で稼ぐわけです。足を使って現地を訪れ、世界各地・日本各地の集合住宅を見て、インタビュー形式で研究する。集合住宅の実態というものを認識しながら、思考を深めていくという、非常に具体的な研究方法だと思います。形態論でもプログラム論でもなく使われ方、つまり実態に迫るということだと思います。

■渡辺——家族といったときに想起されるもうひとつの姿が、いわゆる団地のなかの家族像です。近代家族と先ほどの家族が、日本の社会のなかでパラレルに存在していました。私たちのイメージではなんとなくＡ or Ｂだったわけですが、いまの時代にはよく知られているとおり、ＡからＢに移ったのではなく、ＡもＢも存在していた。近代家族はたとえていえば長男ではなく、都会に出てきた次男の生活のことであり、捏造とまではいきませんが、つくり上げられたライフスタイルだったんです。その近代家族の住まいとなった２ＤＫとは何だったのかと考えてみると、大きく四つの特徴が挙げられます。

まず「食寝分離」、次が「就寝分離」、親子が就寝を分離できるように、いちおうふたつの部屋がある。それから「ダイニングキッチン」という概念。さらに「シリンダー錠」。玄関に鍵がかかることが、じつはかなり重要だったんじゃないかと思います。それまで女性は一度結婚すると家にいる、しかも家には鍵をかけない。ということは、誰かが家にいないといけない。だからほとんど家から離れられず、外に出ることができない。ところがシリンダー錠は、簡単にかけることができ、誰でも外に出られるようにした。つまり女性を解放した。ＤＫというのも女性を解放しました。ただ、それが皮肉なことに、「住まいを閉ざす」ことにもつながります。当然ですよね、それまではいつも訪ねると誰かがいたわけです。「こんにちは」と声をかければ奥から人が出てきて、「あら、いらっしゃい」となる。社会から閉じていなかったものが、容易に完全に閉じることのできる住まいになった。近代住宅の問題、閉じた住まいと呼ばれる出発点は、僕はここにもあるんじゃないかなって思います。

その後、一九八〇～九〇年代にかけて日本人の住まいは、四〇平方メートルから倍の大きさになっていきます。２ＤＫが３ＬＤＫになる。２ＤＫでは、「New Privacy」、それまでプライバシーがなかった人たちがプライバシーを手に入れました。３ＬＤＫになると、「Extended Privacy」、要するにもっとプライバシーが強調されていき、家はもっと閉じるようになります。住まいに家族のための場所は増えるけど、家族以外の居場所がなくなっていく。そういう方向に、日本の近代居住は突き進んでいきました。この傾向は、マンションのような集合住宅だけでなく、戸建てでも進行します。

じつは、核家族の数は戦前も戦後もそんなに変わっていません。世帯数で言うと約六割です。そこがピークで、それ以上にはなっていない。私たちはなんとなく、一九五〇年くらいから核家族が日本の世帯の主流になっていると思っていますが、じつは変わっていないんです。一方単身世帯は、人口が高齢化したり若い層の非婚化が高まった結果、急速に増えはじめます。僕たちは核家族でない家族全体を対象とし、やがてそれを「非核家族」と呼ぶようになりました。

これから日本の社会は高齢世帯と若年層の単独世帯が両方増えていきます。いわゆるＤＩＮＫＳ（夫婦共働き）の世帯も、僕たちは非核家族と捉えました。そして大家族、先ほどの新潟の人たちのような家族も非核家族に組み入れていくと、じつは日本を構成するマジョリティは非核家族だと考えられるようになります。

ｎＬＤＫは核家族にとても合っていて、閉塞的になる問題点はあるけれど、それ以外の点ではとてもよくできた住まいの形式です。しかし僕たちの社会で、核家族がマジョリティでないとするならば、ｎＬＤＫでない住まいの可能性もきっとあるのではないかと思っています。

コンテクスチュアリズムの再発見

■富永――――最近、〈真壁伝承館〉を見せていただきました。そのとき考えたことをすこしお話しします。〈真壁伝承館〉の建つエリアは真壁町のなかでも歴史的な地区で、たいへん難しい敷地であることが現地に行ってよくわかりました。スケールといい、かたちといい、とてもうまくつくられていて、魅力を感じました。と同時に、〈RFヤマカワ本社ビル・アネックスMUSEO〉と同じような思考がなされていることにも着目したい。〈ヤマカワ〉は、〈サヴォア邸〉を変換して意味を見出したと先ほどお話ししました。敷地の条件があまりない、起伏の少ない土地と言えると思います。そこに何か、モダニズムに由来するひとつの歴史的な意味をもった骨格を投入して、変換していく操作がなされています。あるベースの上で変換することから、意味が生み出されるという考え方です。〈真壁〉では、この土地の伝統的な日本建築を「サンプリング」と「アセンブリ」という方法で変換して、周りにある建物に呼びかけ、――この場合は鉄板でつくるといった感覚質の変換で――新しい意味を生み出しています。こうした考え方は渡辺さんのなかで一貫しているものというのが発見できておもしろいと感じました。見かけはまったく違うことをやっておられるけれど、渡辺さんが考えていることは、既存の一般に了解されているものがベースになっていて、それが変形されたときに意味が生み出されると思ったんです。

■渡辺――〈真壁〉は研究室のメンバーで取り組んだプロジェクトです。何案もつくったのですが、最後は未来型と伝統型の二案になりました。伝統型案は、大学院生たちにはあまり人気がありませんでした。地域の伝統的建築をサンプリングしているので新鮮味がなく見える。僕も未来型案を出そうかと迷ったんですが、伝建地区の中心に来たる建築に形態の「ノベルティ」は必要だろうかと半ば居直って伝統型案を提出しました。プロポーザルの二次審査で、聴衆の地元の人たちから「あなたたちの案がいい」なんて言われた経験はこれまであまりなかったので単純に感動しました。

■富永――ベースがないところに表現はありえない、ということだと思います。〈ヤマカワ〉は評価の定まったアーキテクチュアの変形で、〈真壁〉は周辺の伝統的な建築の変形。よく似ているけれど、意味作用は異なるでしょう。一方は建築が築いてきた文化の古典性を浮かび上らせて、一方は「いま」「ここ」にある場の特性を対比的に浮び上がらせるものだと思うのです。

■渡辺――僕がハーバードで学んだ七〇年代の終わりは、コンテクスチュアリズムの時代でした。スタジオ課題の設計の出発点として、都市にある何か、つまり既存の街路や建物、モニュメントなど、すなわち都市の文脈（コンテクスト）に、自分の建物をどう関連づけるかというコンテクスチュアリズムの方法論は当時の米国の建築系大学院を席捲していました。ただコンテクスチュアリズムはその後、八〇年代になるとポストモダニズムに流れ込み、歴史的な建築様式をファサードにもってくるだけの安直な解決案ばかりになってしまい、その結果、短期間で消費されてしまいました。とはいえ「コンテクスチュアリズム」が無効だったとは考えていません。新しくつくる建築は既存の都市からどうやって学んだらいいかというのは現在でも正当な問いかけですし、コーリン・ロウの方法論にしてもそうです。このところまた乾久美子さんが言及されているようですが、コンテクスチュアリズムは再考に値すると思いますね。

■富永――コンテクスチュアリズムはアラン・コフーンはじめ、いろいろな人がいて理論的にはいま見てもおもしろい。だからロブ・クリエとかああいう感じにならないように、もうすこしきちんとコンテクストを読んでいくことは大事だなと思います。

アマルガムとしての〈NT〉

■富永――ほかにもいくつか聞いてみたいことがあるんですが、渡辺さんの作品は〈NT〉のシャープで非常に都会的なセンス、ある種のウルトラモダンみたいな感じの住宅作品の印象と、家族とかコミュニティという研究テーマがあって、ここに漠然としたギャップをいつも感じていたんですね。渡辺さんはコミュニティに着目しながら、ウルトラモダンというか、非常にスマートでシャープな表現ができる。コミュニティというものの前提に、非常に西洋的な個人というものがまずあるのかなとも思うのですが、先ほどのように家族について話すときにベースにあるのは、個人という非常に強固なものがまずあって、それが滞りなく社会のなかで活動していく、という視点をおもちなんじゃないかなと。日本の家族というときにつきまとう、つきあいとかコミュニティといったウェットなイメージとはすこし違うと思いました。あの建物の持つ空間の印象、連作の鉄骨の非常にシャープな住宅、そのあたりのつながりはどう捉えていますか。

■渡辺――日本人の暮らしというものについてひとつ例を挙げるなら、公営住宅の五一C型に対して、当時の住宅公団の2DKがあります。2DKは食寝分離はしていますが親子の就寝分離はしてないんです。「親子三人が川の字で寝るのが一番日本人らしいよね」と、そういうところから日本の家族のスキンシップは育つのだという話しになるんです。ですから五一Cの、やや「核家族イデオロギー」的な考え方と、それを世間に広めていった公団住宅とは微妙に温度差があるという気がしています。

僕たち設計組織ADHの住宅設計は『孤の集住体』で欧米のコハウジング調査を行い、さまざまな家族のあり方を学んだことで大きく変わりました。「家族」をテーマに設計できるのではないかと考えはじめたときに、〈NT〉の施主にたまたま出会いました。あの家は、私たちがすべて設計したというよりも、彼女と私たちの考え方のアマルガムです。非常に不思議な発注者でした。（リビングルームでなく）「ライブラリー」中心の生活、

「オープン・キッチン」、「オープン・ワードローブ」……〈NT〉に採用されたくらしのアイデアはこの家族が実践していた生活をほんのすこし改良して住まいにあてはめたものです。建築家の高口恭行さんが「カンゴクのような家だ」という訪問記を書かれたのを読んで〈NT〉のオーナーが「この人はわかってないわね、究極の住まいはカンゴクでなくてカンオケよ」と断言されたのが印象に残っています。

■富永——もうひとつ、〈真壁伝承館〉を見せてもらったときに感じたことですが、〈NT〉などではすごく結晶的な輪郭、つまりある図形的な秩序で明快に部屋を割り切って構成していますよね。それが〈真壁〉では多彩で細やかなニュアンスの場所というか、隅っこがあるようなものができていて、何か新しい境地のようなものを感じたんです。〈真壁〉の敷地条件にもとづくものなのか、渡辺さん自身の興味が、均一ではない散らばっているような空間に向かっているのか。これまでの図形的な分割と幾何学で全体を構成して秩序づけていくような空間から離れることを考えはじめたのかなと、ある種の心境の変化みたいなものが見てとれました。

■渡辺——「家族」をテーマに住宅設計をしていると「場所」の概念が弱くなります。家のある場所は、家族の営みが行われる内部空間と比べると窓から見える外部ほどのものでしかない。そもそも〈NT〉に外部空間はほとんどありません。〈真壁〉はサンプリングされた「タテモノ」を敷地内で「アセンブリ」するところからして「場所」との闘いが始まりました。富永先生が喝破されたように〈真壁〉は僕たちにとって「場所とは何か」を徹底的に考えさせてくれた「場所の建築」です。ある共同体と建築を接続させるには、具体性をもった「場所」が不可欠であることを三年かけて学びました。

隈研吾×富永譲

■富永——近年は建築が持つべきタフさみたいなものが急速に失われていると感じます。コンペ案を見ても人間性の側面にばかり寄り添いすぎているんじゃないか。

■隈——タフさの質が変わっているとも考えられる気がします。垂直的な丹下さんのタフさに対して、水平的なタフさもありうる。保護されるような感覚が根源的なものとつながりうるのではないでしょうか。

田舎と都会、家並みを見比べる小学生

■富永——隈さんとは四〇年ほど前の一九七三年に、東京大学の意匠の講座で僕が教えていたころに知り合ったのが最初ですね。僕は当時、芦原義信先生の助手で隈さんは大学三年だったと思います。

そのときの隈さんについて覚えていることがいくつかあります。ひとつは僕が高橋鷹志先生と担当した計画演習の授業で街歩きのレポート課題を出したときのことです。隈さんは「犬の街歩き」といって、ものすごく低い視線で写真を撮って、地図を付けて持ってきました。犬の目線から風景がどう見えているか捉えた回答で、非常にトンチの利いた人という印象をもちました。そのころから隈さんは最初の掴みで人をはっとさせるものがあって、注目を集める力をもっていました。現在のプロジェクトでも変わっていないのを感じます。

それから、正月にわが家へ来たことがありましたね。ちょうど子どもが生まれたころだったと思いますが、ずいぶん遅い時間に隈さんから「エスキースを見てほしい」と電話がかかってきました。「今どこにいるの？」と訊いたら「近くにいます」と言う。僕は当時たまプラーザから一五〜二〇分くらいの、陸の孤島みたいな団地に住んでいたのですが、「もう車で近くまで来ています」と言われたら断われないでしょう。仕方なく家に上がってもらったけど、なにしろせ

まい部屋だったから寝ついた子どもも気配で泣き出しちゃった。迷惑でしたが（笑）、すごい行動力だとも感じた。この熱心さは生きるうえでとてもたいせつだと思います。

隈さんはその後、研究員としてコロンビア大学へ行かれました。このときに茶室の講義をしたいからと言って、篠原聡子さんを通じて京都の茶室のスライドを貸してほしいと頼んできたのですよね。隈さんが日本建築に興味を持っていると感じたのはそのころです。学生のころからそれほど深いつきあいがあったわけではないけど、最近のプロジェクトを拝見しても、日本建築への関心が空間に現れています。インターナショナルな世界でクローズアップされているものは非常に独特で、日本的な庇、屋根、覆い、それから断片化された部材といったもので、やはりグローバルな視点ではとても異質なんだろうなという気がします。

経歴には法政大学でも教鞭をとっていたとありますが、それはアメリカから帰国した後のことですか？

■隈――コロンビアから帰ってきて、事務所をはじめた年からです。そのころの事務所のスタッフはだいたい法政の学生が中心でしたね。

■富永――二五年前に『ＳＤ』一九九〇年一〇月号で僕の特集が組まれたとき、隈さんにも本をお送りしたら丁寧なご返事をくださいました。そのときの手紙が出てきたんです。

■隈――それはこわい（笑）。

■富永――これによると、「僕も富永さんのように建築の作品だけじゃなく、文章書いたり色々なことをして、自由にやっていきたい」と書かれています。現在では八面六臂の大活躍をされているし、ものすごく多くの建物を自由につくっていますが、拝見したものはどれもやはり都市にすっぽりと収まっていて、まったく違和感がない。こんなもんで大丈夫かな？と思うところもあるんだけど、隈さんの作品は実用面で問題が起きそうな感じがあまりなく、ディテールも才気を感じさせてどれを見ても「うまいなぁ」と思わせるような力があります。

いまも世界各地で仕事を展開されていて、次々といろいろなことを考えるもんだなと思いました。これをひとりの頭の中で考えることはできても、それを実現させていくのは容易ならざることだろうと感じます。その柔軟さのようなものがどこからきているのでしょう。隈さんはいったいどんな子どもだったのか、まずは聞かせてください。

■隈――僕は横浜の大倉山で生まれました。いまでこそマンションが多く建っていて、いわゆる典型的な東急の駅という感じですが、東横線のあの一帯は当時、駅を出ればすぐに田んぼが広がっているような本当に田舎でした。家のすぐ裏には農家や竹やぶがあって、農家の子たちとよく遊んでいました。田園調布の小学校に通っていたので、そのころから電車通学だったのですが、そういう都会的な雰囲気の街と田舎を行ったり来たりしていたんです。家に帰れば田園そのもので、農作業している脇で遊んでいました。その往復がすごくおもしろい体験でした。友だちの家に遊びに行くのも好きで、田園調布には豪邸があれば、いわゆるモダニズムの家も見られる。田舎に帰ればまた全然違う昭和の日本の田舎みたいなものが残っていて、それを比べるように観察するのがすごく好きでしたね［写真1］。

■富永――建築家にとってちがった環境の境界を往き来する経験は、世界の多様な側面を知るのにとても大切だということは坂本一成さんも言っていました。

■隈――いろいろな種類の家があるということに、子どものころから関心がありました。たとえば通学途中の元住吉に、公団の新しい家に住んでいる友だちがいたんですが、一九五〇年代や六〇年代はじめにはRCの立体的な建築ってあまりなかったわけです。そのモダンスタイルもおもしろいなと感じていたし、じつはライフスタイルと建築とを比較して眺めることに一番興味がありました。

家族会議で増築計画

■富永――最初から建築家になりたいと思っていたと『こどもと住まい――五〇人の建築家の原風景』（仙田満編著、住まいの図書館出版局、一九九〇年）に書かれていましたね。

■隈――正確に言うと、建築家という職業があるのを知ったのは東京オリンピック前後で、丹下健三さんや黒川紀章さんが盛んにテレビに出ていたころです。建築家という肩書きで丹下さんがいろいろ話しているのを見聞きしていて、すごくおもしろそうな仕事だと感じたんですね。それまでは獣医になりたかったんですよ、動物が好きだったから。当時通っていたピアノの先生の家が田園調布の駅前で動物病院を営んでいて、動物とこんなふうに暮らせたら幸せだなと思っていました。ところが、小学四年生のときに東京オリンピックがきっかけで、自分の夢が建築家になることに変わったんです。獣医から建築家って方向性がまったくちがうように思われるかもしれないけれど。

写真1｜幼少のころ。父とともに

■富永――獣医になりたかったというのもわかるような気がします。隈さんの建築にも自然の素材や材料の手ざわりへの配慮が感じられますから。

■隈――人間の医者だと大変そうだけど、獣医だったらおもしろそうだなと思ったんですよね。それからもうひとつ、建築家になる動機として、家の改修や増築を父親と一緒にやった体験があります。わが家はもともと四人家族が住めるような大きさではなくて、うちの祖父が大倉山で農作業をやるために借りた家だったんです。祖父が大井で医者をやっていたので、そこは週末に農業をやるためだけの小さな家でした。そこに僕や妹が生まれたりして少しずつつくり足していかなくてならなくなった。工事が難しいところは大工がやるんですが、床材や天井を張ったり壁を塗装したりとかは父と僕でやって、それはとてもおもしろい時間でした。

そのときの増築計画もみんなで平面図を見ながら「こう足したほうがいいんじゃないか」、「やっぱりこうしよう」なんて言いながら家族会議をするんですよ。父親は歳が四五も離れているからふだんはおっかなくて、もう口もきけないくらいだったんですが、そのときだけは全員でアイデアを出しあいました。祖父母も交えて、方眼紙にいろいろ書き足していったりね。家具は型紙をつくって並べて検討していました。父親の世代は丹下世代で、モダニズムの洗礼をはじめて受けたジェネレーションでもあったから、モダンな材料を好みましたね。僕もまた父親との共同作業を通じて建築の洗礼だけでなく、モダニズムの洗礼も受けていたのかもしれません。

■富永――僕は以前、棋士の羽生善治さんの柔軟な思考がどうやって育まれたかが気になって、彼の出身地である八王子まで行ったことがあるんです。そうしたら、山のなかでけっこう自然に恵まれている環境でした。つまり何が言いたいかというと、人間だって動物じゃないですか。どういう土壌から生まれて何を見て育ったのか、幼児期に何をしてすごしていたかというのはとても大切なことだと思うんですね。ましてや建築家にとって、モノへの愛着とか創意工夫の思考の形成は幼いころの経験が大事だと思うんです。

建築のタフさをめぐって

■富永――ところでモダニズムの時代では、どんな建築家に共感を持ったのでしょうか。隈さんはあまりそういうことを公言しませんね。フランク・ロイド・ライトかなという感じはしていますが……。

■隈――ライトはね、一九八五（昭和六〇）年から一年間アメリカに行ったときに、たくさん見て回りました。勉強というほどではないのですが、建築を見にずいぶん旅行したんです。なかでもアメリカはライト建築の数が圧倒的じゃないですか。ですから、ライトの住宅はおそらく数百軒見たんじゃないかな。いろいろなスタイルの住宅があって、何よりライトの場合、実物を見ないとわからないことがとても多い。がっかりすることもあるんだけど、共感したり、とんでもないことを考えていたんだなと感心したりします。写真で見てもわからないライトの前衛性や場所との関係性は非常におもしろかったたな。

■富永――ほかにはどんな建築家に共感しますか。

■隈――ルイス・カーンは学生のころから雑誌や本を通じてよく見ていました。ライトよりもおもしろいと思って、ずいぶん興味をもちました。

■富永――僕もカーンは好きでした。二一世紀というのは小さな建築を生成するなかに可能性があるんじゃないかと隈さんは書かれていますが、それは僕も非常に賛成するところです。いま隈さんにかぎらず、とくにモダニズムの王国であるようなヨーロッパや、北欧のいろいろな国で行われているコンペを見ても、当選案がすごく装飾的な感じを受けるんです。隈さんの建築はかならずしもすべて装飾的だとは思わないけれど、装飾が戻ってきた時代であるようにも感じられます。

断片的な装飾というある種モダニズムが否定してきたものがモチーフとなって、再び大手を振っている。しかも今度は均質空間に装飾化された被膜が付加されていて、世界全体で時代が元に戻っているような気がするんです。モダニズムの発信地であるヨーロッパでさえそういう風潮にある。

そこで僕が感じるのは、本来建築が持つべきタフさみたいなものが急速に失われているということです。タフさというのは建築の建築性とも言えるかもしれない。人間は滅びる生き物であり、だからこそ建築には背中を支えるものとして存在しつづけてほしいと願う、そのときに求められるある種の持続性が建築から急速に欠けていっていると思うのです。

北海道で行われた日本建築学会の大会で丹下健三論を発表したとき、そこで丹下健三の本質は「超越的なもの」を見据えていたところにあると発言しました。「超越的なもの」というのは人間を超えた次元であり、死滅していくものに対して有りつづけるものを提示することです。彼の建築にはどこか心を掴まれるような超越性を感じます。そういう非人間性、物性にこそ人間的なものが宿るのではないか。いまのコンペ案などを見ていると、人間性の側面にばかり寄り添いすぎているように思われて、建築のタフさみたいなところが看過されているんじゃないかと感じます。隈さんはどう思われますか。

■隈――タフさの質が変わっているという考え方もできる気がします。丹下さんのタフさは、すごく垂直的なものです。根源的なものというのは、一種の垂直的なものだと丹下さんは考えていて、構造的で垂直的なものに人間の根源を翻訳するというのが丹下さんのやり方でしょう。それに対して、僕は水平的なタフさもありうると思います。あるいは人間を守ってくれる皮膜的なものと言えばいいのか、単なる装飾というのではなく一種の保護されるような感覚が根源的なものとつながりうるのではないかという気がしているんです。

■富永――環境に対する柔らかさ、そういうもので生き延びていくようなタフさもあるんでしょうね。ただ、どうでしょう……それは物質としてのタフさとは次元が異なるように思います。モノというのは風雪にさらされるわけで、表面積が多いとタフなものにはなりにくい。そういう問題はどうお考えですか。

■隈――そういう意味ではコンクリートのようなタフさに比べれば、表面積が多くなるとメンテナンスもたいへんです。ただ、小さな生物の皮膜ってよく観察すると、華奢に見えて、一見タフとは言えませんよね。でもそれが新陳代謝を繰り返すことが、実はタフなんだと見ることもできる、そういう流れとしてのタフ感があってもいいのかなって思うんですよ。

フランスでは フラットルーフにできない

■富永――ここで会場から質問を受け付けましょうか。

■質問者――隈さんの建築は屋根が特徴的な印象を受けます。屋根についてお考えになるとき、モダニズムとどのように関係づけてらっしゃるのかお聞かせください。

■隈――僕にとって屋根はとても大事なものです。屋根というのはモダニズムが毛嫌いしていたわけですが、僕は日常的に設計するとき、党派的にモダニズムや反モダニズムとは考えていません。屋根は非常に科学的な要素だと思っています。たとえば、水を流すとか、影をつけるとか、地面との関係性をつくるときにいろいろな意味で役に立つ。

　じつは逆勾配のめくれあがった屋根の試行もしています。〈ヴィクトリア・アンド・アルバート博物館新館〉や、千鳥格子で骨組みで見せた〈プロソ・リサーチセンター〉では軒を上げています。屋根の勾配によって地面の間にできる空間からいろいろなことが生成されるので、自分にとって重要なボキャブラリーであり、手法なんです。だからモダニズムが本当に屋根を否定したと言い切っていいものかと疑問です。たとえばル・コルビュジエの〈ロンシャンの礼拝堂〉は、屋根的な要素が強い建築ですよね。

■富永――〈ロンシャンの礼拝堂〉の屋根は、以前建っていた教会が火災で焼けたときに、水を持ってこられなかったからという機能的な理由もあります。あの屋根の形態は雨水を下の貯水池に集めるためなんです。高台で水を一手に集約するための勾配なんですね。

　屋根はもちろんあるほうが合理的なんです。屋根のないほうがおかしい。一九二七年の〈ワイゼンホーフ・ジードルンク〉で、ル・コルビュジエとミース・ファン・デル・ローエによる平らな屋根のキュービックな集合住宅が登場したとき、ラクダの写真を組み合わせてアラブの村のスタイルだと揶揄するモンタージュが出るほどでした。ヨーロッパの北方にも屋根はありますよ。アメリカの研究者には、ル・コルビュジエやモダンスタイルの元祖は、雨が降らない地中海や北アフリカのスタイルなんだという人もいます。

■隈――必ずしも原理的に屋根が必要

というわけではないんですよ。たとえば〈ブザンソン・アートセンター〉では、逆に屋根がフラットなほうが全体的にバランスがとれるので、そうしたかったんです。ただフランスっておもしろいことに建築基準法で屋根勾配をフラットにできない決まりなんですよ。最小勾配が一四分の一と法律で決まっていて、けっこう屋根らしくなっちゃうんですね。もっとフラットにしようとすると、水が絶対にもれないことを示す書類をフランス語で出さなきゃいけないんです。だからフランスのほとんどの建物は、陸屋根に見えてもパラペットの内側で勾配をとっているんですよ。

■富永——雨水のための自然勾配をとらなきゃいけないってことなんですね。〈ラ・トゥーレット修道院〉のコンクリートの礼拝堂もキューブに見えて、屋根板は斜めになっているんです。これはコーリン・ロウが書いているんですが、斜めになることをうまく利用して建築的景観でパースペクティブを増幅させるようになっているんです。

■隈——パラペットがない〈ブザンソン・アートセンター〉では、勾配を一四分の一にしてしまうと妙な屋根っぽさが出ちゃうので、普通の五〇分の一くらいにしているんですよ。それはたいへんもめました。普通に確認申請に出すと工期に影響して自分たちの案では建たなくなってしまうので、防水屋さんにも特別に同席してもらってこれは大丈夫なんだと押し切るように許可をもらいました。ひやひやでしたね。

■富永——ル・コルビュジエの初期のころにはなかった法律なのかな。それで痛い目にあったから自然勾配を一四分の一に決めたんでしょうかね。

吉田五十八に学ぶ
和風との距離

■質問者——隈さんのつくる建築には、日本建築の伝統的なボキャブラリーが多用されているように感じられます。実際の設計では、そういったボキャブラリーを表すことを意識されているんでしょうか。

■隈——僕自身は日本建築にそれほどこだわりがあるわけではないんです。むしろ自由に考えようとしたとき、日本建築のボキャブラリーにおもしろいと思える使い途が多い。そういうことを教わったひとりが富永さんかもしれません。日本建築史の授業はつまらなくてあまり魅かれなかったんですが、富永さんの吉田五十八論の話しは学生時代から篠原聡子さんを通じてよく聞いていました。篠原さんは吉田五十八で論文書いたんでしたっけ？

■富永——学部の論文はそうです。

■隈——富永さんが指導なさったんですよね。吉田五十八のボキャブラリーには一種の近代性があるということを彼女は富永さんから教わって、その話しを又聞きするうちに吉田五十八はおもしろいと感じるようになりました。建物を見ると、構造の解き方や材料の使い方が本当に近代的なんですよね。僕らにとっての吉田五十八って、和服なんて着たりしてなんだかヘンなオヤジだという感じなんだけど、吉田五十八が歌舞伎座を設計するときに書いたものをいろいろと読むと、モダンで自由な人だったことがよくわかります。そもそも吉田五十八は学校の授業もあまり出ていなかったし、おそらくちゃんとした和風をできるつもりもなかった。僕もちゃんとした和風なんかいまでもできているつもりはないんですが、吉田五十八もきっとそういう感じではじめた人なんじゃないかと思っています。

■富永――吉田さんが亡くなったとき、「吉田は数寄屋なんてやるつもりはいっさいなかった」と奥さんから聞きました。数寄屋といえばおそらく商業的にわかりやすかったんだけど、吉田五十八が考えていたこととは違うはずなんです。プロポーションはミースと非常に近かったりする。隈研吾という建築家は、吉田五十八に庶民性を与えた人なんじゃないかと僕は思っているんですが。

■隈――吉田五十八の先生は岡田信一郎でしたよね。岡田さんは体が弱い人で、学校にもいかなかった。吉田も学校に行かなかったから何も習っていないという言い方をしていますよね。

■富永――そうそう。だから吉田は近代建築の初期の美学と職人から多くを学んでいるんですよね。自分で学んだことと、職人から聞いたことで建築をつくっていった。僕は吉田五十八の図面をいくつかトレースしたことがあるんですが、一〇〇分の一までとあとは原寸しかないんですよ。その間の普通に書く五〇分の一とか、二〇分の一がないんです。原寸を書いて、現場の人間とこれぐらいとかいって技術的な打ち合せをしたんじゃないかと思います。それはある意味で隈さんのつくり方と非常に近いんじゃないでしょうか。

伊東豊雄×富永讓

■富永——僕自身は住処や建築に永続してほしい。無常と感じることもあるけれど、それでも建築のなかに普遍的なもの、タフなものを求めたいという気持ちがあります。

■伊東——日本の建築家は伝統的にソフィスティケートしていくテクニックを持っていて、そこを評価されているケースが多い。僕はぜったいそこに行かない。元気のある建築をつくり続けていたいといつも考えています。

諏訪で過ごした少年時代

■富永——伊東さんとは、菊竹清訓事務所時代から四〇年以上のつきあいになります。学生時代は吉武泰水研究室の二年先輩で、日本人にめずらしい、根っからの建築的な才能に恵まれた建築家の先輩です。

伊東さんが建築を手がけると、清らかな精神がものに宿り、美しくなってしまうと感じていました。どんなときも建築の女神が微笑みかけるような才能の持ち主だと思います。伊東さんがどういう子ども時代をすごされたのか、その才能はいかにして育まれてきたのかを今日はぜひお伺いしたいと思います。

■伊東——私はソウルで戦争が始まった一九四一（昭和一六）年に生まれました。二歳くらいのときに家族は長野県の諏訪の田舎に引き揚げてきたので、少年時代というとほとんど諏訪の思い出になります。僕は母親が三九歳のときに産んだ子どもで、歳をとってからの末っ子の長男です。

中学三年の途中で東京に出てきて、日比谷高校に進学しました。中学、高校と野球をやっていて、左利きのピッチャーでしたので、東大だったら神宮に出られるだろうと思って東大をめざしました。最初は文Iを受けたのですが、見事にすべってしまい、浪人中に目も悪くなって野球はあきらめることになりました。野球をやらないならエンジニアのほうが向いているかなと考えて、進路を急きょ理Iに変更しました。駒場から本郷へ進むときもあいかわらず遊んでいて、進学できる先がかなりかぎられていた。そのなかで、建築をやろうかなという程度の動機で建築学科を選びました。

■富永────以前伊東さんと座談会で〈せんだいメディアテーク〉の空間の原型的なイメージについて聞いたら、「御座を敷いて、幔幕を張って、それで花見をしていて、桜の花が咲いている、そんなスペースを考えた」と話されていた。家族で花見をしている様子の写真を見ると、伊東さんの建築は小さいころのこうした開放的な屋外に親しんでいた体験が関係しているのだろうと感じます［写真1］。

■伊東────花見がずっと印象に残っているわけではないですが、花見をやるとき場所を選びますよね。眺めがいいとか、花がよく見えるとか、ジメジメしてないとか、さまざまな状況を判断して選びます。場所を選ぶのは建築にとって最も重要なことでしょう。『ウィトルーウィウス建築書』でも「建築家のやるべきことは最初にいい土地を探すことだ」という記述があります。

しかし現代建築は機能ですべてを決定する。北でも南でも部屋を決めたら、一年間同じ場所で寝起きするのはとてもつまらないことです。人はもともと、季節や時間に合わせ、南に移動し、北に移ったりして動きながら暮らしていたわけですから、そういう方法をもう一度考え直してもいいんじゃないかと思うのです。

■富永────〈諏訪湖博物館・赤彦記念館〉を拝見したとき、山の風景のなかの、ある種の澄んだ透明感のある空気も伊東さんの建築にかなり大きく影響していると感じました。こういう地域で育ったんだなと強く感じさせるものがありました。

■伊東────一家が田舎に住みついてからは海を見たことがありませんでしたから。はじめて海を見たのは小学校の修学旅行で清水港に行ったときですよ。だから水は好きだけど田舎育ちの僕は泳ぐのが苦手だったし、海は怖いものだといつも感じていました。

海の空気って、すこしどんよりしてい

写真1｜小学生のころ。
家族との花見の様子
（左から3人目が伊東）

ませんか。それに比べると信州の冬はとくに空気が張りつめている感じがあって、いまも山が好きなのはそういう印象が強いからかもしれません。

菊竹清訓という建築家

■伊東――ところで、富永さんはいつごろ建築をめざそうと思ったのですか？

■富永――僕は数学がとても好きで、最初は東大の理Iで数学やろうと思っていたんです。理学部、数学の振分点って高かったでしょう？　そのときに〈国立屋内総合競技場〉を見て、建築の仕事はすごいと強く感銘を受けたのがきっかけです。同世代で代々木に影響を受けて建築家になった人は多い気がします。

■伊東――やっぱり東京の建築のなかで、あれはいまでも最高峰でしょう。僕の場合は菊竹さんの影響も随分受けましたね。

　大学を卒業するのが一九六五（昭和四〇）年ですが、その前年の夏に一ヵ月だけ菊竹事務所のオープンデスクで働かせてもらいました。〈都城市民会館〉の設計がはじまるときで、都城のまちについてリサーチをしました。その間に菊竹事務所の設計の様子を端で眺めていたのですが、大学で想像していたのとまったく世界が違うと感じました。事務所全体にエネルギーが満ちていて「あぁ、設計の仕事はこういう環境でやるのか」と開かれた気がした。それでオープンデスクの最後の日に「来年から働かせていただけませんか？」と菊竹さんに尋ねたらその場で「いいよ」と言ってくださって、翌年四月から菊竹事務所に通うことになりました。

　〈ホテル東光園〉は富永さんが入ったときにはできていましたよね。僕がまだ学生の秋、ちょうど東京オリンピックのころ、開通したばかりの新幹線に京都まで乗ってひとりで見に行ったのです。菊竹事務所では最古参の遠藤勝勧さんが現場を担当していました。ちょうど現場の最終段階だったんですが、客室が大きな梁から吊られていました。吊られている部屋に入ったときに感激したのは、柱で支えられている空間とまったく違う感覚だということです。

　厳島神社の鳥居みたいなストラクチャーにさまざまな要素が絡み合って、それが一体になっていない。シェル構造の屋根がかかって、裏側のファサードには大きな階段のシャフトが取り付いている。不調和の調和みたいな感覚が素晴しいと思いました。

■富永――僕もこの建物と〈館林市庁舎（現・館林市民センター）〉を見て、菊竹さんのもとで働きたいと思いました。シャープな形態で構築的、かつエレガントさも備えていた。〈ホテル東光園〉は規則性《レギュラリティ》のある構造体だけど、部分のアドリブがすばらしく豊かでかっこよかった。このシェル構造の屋根だって所員のアイデアがもとになっていて、異質なものが絡まりあった非常に現代的な表現ですよね。階段の手摺なんてピンと張った白いロープをわたしているだけなんですが、細かいところがとても上手くできています。アイデアがものすごく豊富な作品ですよ。

■伊東――そのあたりが丹下さんとまっ

たく違うタイプの建築家だと思います。丹下さんは断面で考える人ですよ。「ここではまず高さを抑えて、そこから今度は天井が上がって」みたいな話からはじまる。菊竹さんの場合は最初から形なんです。「まず鳥居ありき」みたいな感じではじめて、そこにいろんなものが付加されていくわけです。どちらかというと僕は丹下さんタイプだと思う。

■富永――菊竹さんという人もつくづく建築的な才能に恵まれた人でした。僕が驚いたのは頻繁に変更すること。瞬間々々で生きたものを求めるからなんです。これじゃないと思ったら、一瞬前のことはすべて忘れてガラリと変えてしまう。そういう才能に恵まれた人でしたよね。

■伊東――菊竹さんの場合は現場に行き、現場で考えて、そこでいろんなことを発想したり、発想したりする。そういうことが結果的にすごく楽しかったり、意外性が出たりしますね。僕にはいまでも、変えていくことに対する信仰があります。かならずよくなると思い込んでいるところがありますね。いまは次第に変更しづらい世の中になってきたけれども、建築なんてその場かぎりのものだし、建ち上がるときに考えるべきことは山のようにある。「こうしておけばよかった」なんてことは次から次へと出てきます。それをいま、可能な範囲でやりたいと思っているのですが、非常に難しいですね。

■富永――きちんとした建築をつくるなら、やはり現場での変更は不可欠になっていきますよね。国の財産、宝物みたいなものをつくろうとしているのに、変更しちゃダメというのはおかしい。

議論に明け暮れた駆け出し時代

■伊東――僕は、一九六九(昭和四四)年に菊竹事務所を辞めました。大阪万博の前年ですね。じつはこのとき、エキスポタワーの設計を担当していました。一方当時は全共闘の学生運動がとても盛んで、六九年に大学が封鎖されたりしました。大学時代の仲間から夜になるとカンパの集会に誘われたりして、そういう場所に顔を出すと、万博に関わっているやつは国賊だなんて言われる。それが辛くて、途中で放り出すのは菊竹さんにとても失礼だと思ったのですが、万博が始まる前に辞めさせてもらったんです。

■富永――騒然たる時代でしたよね。

■伊東――その後、一九七一(昭和四六)年に〈アルミの家〉という最初の住宅が完成しました[写真2]。富永さんとはこのころからよく話をしたりお酒を飲んだりするようになりましたよね。僕にとってはとても思い出深い時代です。

■富永――お酒も一緒によく飲んだし、何より伊東さんは南青山にいて、僕は原宿でやっていたから、セントラルアパートのけやきという喫茶店で落ち合って、昼食がてらいろんなことを話しました。

■伊東――そこで富永さんからはずいぶんいろいろなことを教わりました。けっこうきつい人だったんですよ、この人は(笑)。そこで篠原一男さんの話しでふたりして盛り上がっていった。

■富永――あのころは渋谷ののんべい横町の居酒屋にも入り浸っていましたね。奥様もときどきお見えになって。

■伊東――〈アルミの家〉ができたとき、僕は当時NHKに勤めていた妻と結婚したのですが、彼女が富永さんのことをとても気に入っていましたね。沢田研二はジュリーの愛称で若い女性からたいへん人気だったのですが、妻は富永さんのことを「ジュリーだ、ジュリーだ」といって、わが家に呼びたがっていた（笑）。

■富永――ところで、〈アルミの家〉ってごちゃごちゃしているといわれていますが、あの住宅には伊東さんの本質的なところや根源的なものが潜んでいる気がするんです。処女作には思想のすべてが顕れるといわれますよね。伊東さんの数ある作品のなかで最も異質に感じるのですが、それはある種の両義性というか、都市に対して突出した表現でありながら、人を柔らかく包み込む感じや肌触りといった触覚的な世界と共存しているからだと思うんです。

■伊東――〈アルミの家〉から五年後の一九七六（昭和五一）年に〈中野本町の家〉が完成しました［写真3］。坂本一成さんや多木浩二さんと出会ったのはこの時期です。その後の人生に影響を与えた、とても意味のある時間だったと思います。七一年から七五年ごろまでの四、五年はいま振り返ると、建築を考えるうえで僕にとって最も重要な時代でした。仕事はまったくないし、飲みに出かけるお金もなかったから、事務所に酒を買い込んで、富永さんたちとよく朝まで語り明かしていました。

仕事がなかったそのころ、最初のスタッフだった祖父江義郎さんとほとんどふたりで設計を考えていました。知り合いが調布のあたりでわずか三坪くらいしかない美容院の仕事を紹介してくれて、建築は大工さんがつくるのでインテリアをやるようにという依頼でした。勝手にペンキを塗って大工さんに散々文句をいわれる始末で、祖父江さんとふたりで焚火にあたりながら、とてもわびしい思いをし

写真2｜〈アルミの家〉、1971年

たのをおぼえています。仕事が終えて新宿で一杯飲んでから高倉健の映画を見に行ったり、いま思えば一番純粋だった時代ではないでしょうか。

■富永――その時代の感じは切々とわかります。僕も事務所を開いたはいいが仕事がまったくなく、このままだと精神的におかしくなると思って自分で課題をつくったりしていました。そこでル・コルビュジエの模型をコツコツつくっていたら、当時『ＳＤ』の編集長だった長谷川愛子さんが注目してくれて、連載が始まったんです。その後、多木さんや坂本さん、伊東さんとル・コルビュジエの研究会をやったこともありましたね。

■伊東――そのころからル・コルビュジエ研究ははじまっていたんですね。

建築を学ぶ子どもたちの感受性

■伊東――ところで今日は、富永さんから大学教育について聞きたいと思って来たんです。僕も話したいことがたくさんあるんだけど。

■富永――いやいや、僕は教育について語れないですよ（笑）。大学でいろいろなことをやってみましたが、まず建築家教育というのは、大学に入る前に終わっているのではないかと感じています。幼いころからどのような環境で育ち、どのように自然と接したかがとても重要で、それはいま伊東さんが子ども建築塾で教えられている七～一〇歳くらいの時期にあたります。僕はそれほど多くの学生を指導してきたわけではありませんが、こいつは伸びるだろうなと思うのはだいたい豊かな自然のなかで育ってきた経験がありますね。すこし辺鄙な地域や、地方の雪深い土地で、ただひとつの小学校に集まってみんなで助け合いながら学んできた子だったりします。自然というのは建築家にとって唯一のテーマであって、それが理解できないと脳内空間ででっち上げた知識だけで設計したりすることになるから、かならずおかしいことになってきます。

■伊東――三年前から、小学校の三～六年生までの二〇人くらいの子どもたちと一緒に建築を考える私塾をやっています。先日は藤本壮介さんの住宅を見せてもらう機会があったのですが、大学生はみんな感心して見ている。だけど、子どもにとっては藤本だろうが富永だろうが関係ないから、何でこんなヘンな家を建築家につくらせるのかとクライアントに質問

写真3｜〈中野本町の家〉、1976年

したりするんです。最上階にガラス張りのお風呂があって、こんなお風呂に入れないでしょうと言う。でも慣れればこんなに楽しいお風呂はないのよとクライアントが答える。それを聞いた子どもたちはその日、納得のいかない顔して帰るのですが、一週間経つと今度は自分の設計のなかにガラス張りのお風呂をつくったりするんです。子どもはおもしろいと感じたらそれをダイレクトに吸収します。じつは菊竹さんがこういう感受性をもった人でした。

じつは建築家にとってそういう感受性がとても大事です。コミュニティのことばかりを抽象的に考えても意味はない。一〇歳くらいの子どもでも常識が備わっているから、風変わりな住宅を見るとこういう家もありなのかと思う、そうすると一気に開いていきますよね。いまの大学生も自分の感じていることをもう少し自由に解放するべきだと思います。建築って自分がどれだけ自由になれるかにかかっているような気がするんですね。とくにいまの社会では色々な価値観でがんじがらめになってしまっているから、そこで自分をどれだけ解放できるか、ひたすらそこにかかっているように僕は思いますね。

■富永――ひとつ訊いてもいいでしょうか、妹島さんは伊東事務所ではどんな所員だったのですか。僕も妹島さんとは若いころから関わりがあったので気になっているんです。

■伊東――あの人がライバルになるとは思っていませんでした(笑)。いまじゃ、ライバル以上。彼女のほうが人気あるからね、やばいですよ(笑)。

〈中野本町の家〉を妹島さんがまだ大学院生のころに見に来たんです。それがとても気に入ったようで、すぐにうちの事務所で働きたいといって、学生のうちからアルバイトすることになったんです。彼女は図面が下手ですよね。

■富永――いろいろなことをやるうえで器用ではありませんでしたね。しかし、思い込んでつっぱしる追究力がとても強かった。

■伊東――あの人の一番よいところは意見がはっきりしていたことです。うちの事務所には当時、十数人もスタッフがいて、月曜日の朝に全員でプロジェクトの進捗具合を報告していました。そのときに、彼女は人のプロジェクトに対しても、これは好きです、これはいいと思います、これはダメだと思います、とはっきりと言う。それ以上の言葉はあまりないけれど、それだけはつねにはっきりしていました。事務所を辞めてからしばらくは、夜にうちの事務所を訪ねてきて、自分のプロジェクトに対してベテランスタッフに意見を求めていたそうです。さすがに僕には訊いてこなかったけどね。

■富永――そうそう。案ができ上がると学生時代の友人にも電話をかけて会いに行き、意見をもらっていたようです。こうした行動力もやはりすごいですね。

■伊東――そうやって自分の考えを整理をしていくのはなかなかできない。だから、いまの学生にいいたいのは、設計をするときにひとりでずっと考えるのはダメだということです。友だちでも誰でもいいから意見を聞いて、人と話しながらものをつくっていくことはとても大事だと思います。優秀な人のなかによく、ひとりで自分の世界に入って設計する人がいますが、そういうタイプはいい建築家になっていないような気がします、とくにいまのような時代は。

　僕はいつもプロジェクトの最初の段階から、佐々木睦朗さんに意見を求めます。スタッフはよく佐々木さんに「何を考えているんだ」と怒鳴られていますが、そういう意識はたいせつなんですよ。

建築家を守ってくれる建築

■伊東――一九八四（昭和五九）年に、〈中野本町の家〉の隣に〈シルバーハット〉をつくりました［写真4］。外に対してどのように開くか、どういう生活空間をつくっていくか、〈中野本町の家〉をつくって以降、ふたつの点から建築の社会的な意味を考えたいと思いはじめました。妹島さんは〈シルバーハット〉をつくるときに、一緒に図面を描いてくれました。いまこういう家をやるなら、もう少しうまく設計できると思いますが、このころはある意味で純粋といえばとても純粋でした。

■富永――〈シルバーハット〉の自作解説で「今日の建築は日々現れては消え、消えてはまた現れる」と書いていますね。伊東さんのなかには、住むことや建てることは儚いものだという、ある種の無常観が一貫してある感じがして、それがどこから生まれているのか気になります。

　僕自身は、人間は儚いものであるがゆえに、住処や建築に永続してほしいと考えています。実際は永続しないし、歳をとると無常だと感じることもあるけれど、それでも建築のなかに普遍的なもの、タフなものを求めたいという気持ちがある。伊東さんとはそのあたりの考え方、大げさに言うと建築論が僕とは基本的に少しずれていると感じます。

■伊東――僕の建築はいつも時代ととも

写真4｜〈シルバーハット〉、1984年

に変化しているし、設計という行為だっていつも同じデザインを繰り返すのは、すごく退屈に感じるんです。いまの話とすこしずれますが、日本の建築家はソフィスティケートしていくテクニックを持っていて、そこを評価されているケースがけっこう多いと思います。それは伝統的に日本の得意技だと思うけれど、俺は絶対そこに行かないぞという気概をいつももっている。そこに行ってしまうといよいよどん詰まりで、先はないと思うんです。だからこの時代を大きく捉えた生き方として、元気のある建築をつくり続けていたいということをいつも考えていますね。

と同時にもうひとつ、時間に対する考え方があります。永遠とか無常といったことよりも、僕は建築の「進化」が念頭にある。例えていうと、ひと筋の水の流れに一本の杭を立てたとき、その杭を自分の建築とする考え方ではなく、その杭を立てたことによって下流の流れが速くなる、そこに生まれる渦のような建築をつくりたいと願っています。流れとある程度の関係を保ちながらも、そこだけは特別な場所になっているような建築をつくれたら最高です。でもなかなか思うようにはできませんね。自分の建築がなくなっていくことに僕はまったく抵抗がありません。むしろ早く消えてくれと思っているくらい(笑)。

■富永――まぁそうでもないでしょう(笑)。

■伊東――いや、本当にそうですよ。

■富永――それが伊東さんの日本的な空間把握の方法だと思いますが、日本の都市の不安定さとか仮設性、あるいは時代の認識と建築表現の問題をパラレルに扱っていますよね。伊東さんほど時代の気分というものを表明するような建築家はめずらしいと思います。

■伊東――ただ最近は歳をとって頑固になったせいかすこし変わってきました。佐々木睦朗さんにたいへん面倒を見てもらった〈せんだいメディアテーク〉のときに、周囲からものすごくいじめられもして、最初の一年は針のむしろに座っているような気分でした。チューブをやめてしまえと散々言われたんですが、あれをやめたらただふつうの床があるだけの建築になってしまう。そこで佐々木さんが非常に力強い構造体を提案してくださった。「まわりが何を言おうと、この建物はもう押しても引いても絶対に動かない」くらいの力強さで勝負するしかないと思った。それはでき上がってから、結果的にひとつのシンボル性を持つことになりました。それまで建築のシンボル性なんてことはあまり考えたことがありませんでしたが、建築が自分を守ってくれると感じたんです。

設計をはじめたころ、僕は美しいものをつくりたいと思っていました。それが公共建築を手がけはじめてから楽しい建築をつくりたいなと思うようになり、いまではもっと強いものをつくりたいという考えに変わってきています。

ル・コルビュジエと伊東豊雄

■富永――伊東さんが最も共感するモダ

ニストの建築家は、やはりル・コルビュジエではないかなと思うのですがいかがでしょう。

■伊東――それはもう圧倒的にル・コルビュジエです。富永さんが模型をつくりはじめたときから、もちろんよい建築家だと思っていましたが、当時はそれほどではなかった。最近、とくに後年の建物は本当にすごいと思うようになって、富永さんはさすがに慧眼だったと感じますね。ル・コルビュジエは建築家として最高の生き方をした人でしょう。

■富永――伊東さんはル・コルビュジエと似ていますよ。非常に洗練された白の時代から、強いものに向かっていき、最後に近代的な儚い空間で近代産業の思考みたいなものをやっていた感じが似ている。

■伊東――いや、それはおこがましいですよ。ただル・コルビュジエの若いころはケンカっぱやくて、論理的なものをつくっていたけれど、歳をとるにしたがって、地面から生えてきたような自然と一体化した骨太な建築をつくっていきましたよね。最後は〈カップマルタンの休暇小屋〉のような建築に行き着き、そこから見下ろせる海で死んでいくという生き方はすごい。なかなかできないけれどもあこがれますね。

槇文彦×富永譲

■富永——建築が消費されつくしてもいっこうにかまわないとする態度は、僕にとってなかなか受け入れにくい。しかし現在は、そういう風潮が強い感じもします。

■槇——ぜひ残したいと思うものはやはり、そういうメッセージが根底にあります。日本刀が見た目にも美しいように、理性と感性が統合された、ものを大事にし続ける文化も日本にある。

幼少期に出会ったモダニズム建築

■富永——槇文彦先生は私の一五年先輩にあたります。学生時代から〈名古屋大学豊田講堂〉や京都国際会議場のコンペ案、〈加藤学園〉、〈立正大学校舎〉などを拝見し、端正で透明な空間構成にあこがれました。

　私がはじめてお目にかかったのは、菊竹事務所の所員として参加した国連の委託によるコンペのときです。ペルーのリマに建てるローコスト住宅のコンペに、槇・黒川・菊竹チームの編成で応募しました。

　私が菊竹事務所から独立して事務所をかまえたころ、槇先生は『新建築』一九七九年一〇月号に有名な論評「平和な時代の野武士たち」を発表されました。この執筆に際して私が設計した〈小田原の住宅〉を見てもらうことができました。この論評で槇先生は「野武士は主を持たない。したがって権力を求めない。（…）おそらく当分の間彼らは二本の刀を差して日本の建築原野を走りまわるに違いない」と書いています。二本の刀の一本は「芸熱心（デザイン熱心）」であること。刀の切れ味を磨き、素振りをして、「自分の芸を琢磨するにおさおさ怠りない」と。

　これが野武士たちの唯一のアイデンティティだということですが、槇先生はまた、彼らに共通するもう一本の刀として「皆いい人たちである」と書いています。ひとえに建築馬鹿だということなのだと思いますが、みんな手弁当で遠くの現場に出かけて一所懸命にやっている、だから安心してつきあえるといったようなことです。しかし最後に、こうも述べられている。「より広い社会的なコンテクストを持った戦場にどんどん出かけ、(…)芸を一段と磨いてもらいたい」と。「平和な時代の野武士たち」とはいかにもアイロニカルで、野武士なら戦乱の世であらねばならないのに、平和な時代に野武士のようなふるまいをしている建築家たちとして、私や長谷川逸子さん、伊東豊雄さんの世代の建築家の肖像を描いています。風来坊で孤独な原野を走り回っていた当時の私としては、槇先生から〈小田原の住宅〉に好意的な批評をもらえたことが、たいへん励みになりました。

もうひとつ思い出深いのは、東大意匠系の槇・香山研究室で合同忘年会を開いたときのエピソードがあります。二次会で入った赤坂のバーラウンジになぜか将棋盤があって、学生が注視するなか、槇先生と将棋を指すことになったんですね。そこで負けたことがいま、将棋にのめり込むきっかけになりました。三〇年ほど前のことです。それからというもの、槇先生にはご自宅に招いていただき、将棋を指したり、おいしい料理をごちそうになったりしています。いまでは僕のほうが強いと思っていますけども(笑)。

私が〈ひらたタウンセンター〉で日本建築学会賞をいただいたとき、その推薦文を書いてくださったのも槇先生でした。このお祝いの品としていただいた古代の建築家のレリーフの写真は、いまも机の前に飾ってあります。建築家のビギニングスがここにあるんだ、製図板に向きあって一所懸命やらなきゃだめだぞ、といつも励まされる思いです。

私も七〇歳になり、いままで複雑に考えていたことが結構単純簡明に見えてきました。それらのことを書き残しておかなければと思うんですが、整然とした形で長い文章にまとめる根気が衰えてきたなとも感じるんです。その点槇先生の知力の強靭さには驚かされます。忙しく世界各地で仕事をするなか、いつ執筆の時間を見つけているのかを伺ったことがあります。そしたら、飛行機のフライトの合間にスケッチをして、それを草稿にして洗練して仕上げていっている。私もコンピュータで将棋を指したりしていますが、大学を退任したら少し自分の考えをまとめた勉強の時間を取って、形にまとめたいなと思っています。

槇先生からは人間として、また建築家としての生き方にいつも刺激を受けています。今日はまず、槇先生が幼いころはどんな子どもだったのか、そして建築家の道をどうして選ばれたのかといったことからお話しを伺いたいと思います。

■槇――――土浦亀城の自邸がいまも目黒にあります。僕は子どものころにこの住宅と出会いました。幼少期の最も印象の深いモダニズム建築との出会いです。

当時、僕の家の向かいに村田政眞さんという東京芸大出身の方が住んでいました。親同士が友だちだったんですが、一九三五(昭和一〇)年のある日、ちょうど僕が七つのときに村田さんが「じつはいま、土浦さんのところで働いている。ボスの家ができたから見に行こうじゃないか」といって連れて行ってもらったんです。この家に行って、はじめてメザニン(中二階)というものを見ました。子どもながら非常に印象深い空間でした。もうひとつ、階段のとても細い手すりに惹かれたんです。というのも、当時昭和のはじめ、横浜港にクイーン・メアリーやエリザベスなどの大きな客船が着いたとき、よく親に連れて行ってもらっていました。そこで見た大きな客船の甲板やレーリング(防護柵)のイメージとおそらく重なったのではないかと思います。そのころはけっして建築家になろうと思っていなかったですが、非常に強い印象を受けました。

その後、谷口吉郎先生が設計された天現寺の〈慶応義塾幼稚舎〉で小学校時代を過ごしますが、そこの工作室でまた、メザニンと出会いがありました。そのころ、谷口さんも先ほどの土浦邸を実際に訪問されているんです。谷口さんもあのメザニンを見て、自分もあのような空間をつくろうとしたんじゃないか。

〈土浦亀城自邸〉にはそんな思い出があります。外部にもいろんな部屋にも工夫があって、普段自分の家やそのまわりでは見たことのないスペースをここで体験しました。

飛行機技師の夢から建築の道へ

■槇――だからといってすぐに建築家になろうと思ったわけではありません。そのうちに戦争がはじまりました。僕は当時、模型飛行機をつくることが好きで、飛ばすよりもむしろ図面を自分で描いてつくる、そのプロセスが非常におもしろかったんです。中学生のとき、飛行機技師になってもいいなぁなんてことを漠然と考えはじめていました。ちょうど僕と同じ年代の林昌二さんも飛行機にとても興味があったらしい。

ところが旧制のため、そのまま慶應義塾大学予科に進んで工学部にいきました。戦争が終わると、日本では飛行機はつくれないということになった。自分は図面を描いたり、つくったりすることに一番興味があったので、それならと建築のほうへ関心が移っていきました。僕自身は慶應の電気工学科にいたんですが、戦争中、学徒動員で工場に行くことがありましたが、そこでの体験はおもしろくなかった。このまま電気工学からエンジニアになるよりも、むしろ建築家になったほうがいいじゃないかと。親戚に建築をやっている者がいたこともあって、建築に進むことを決心しました。

東京大学に入ったのは一九四九(昭和二四)年ですから、日本がまだ非常に貧しい時代でした。クラスメイトに神谷宏治さんがいました。彼も建築のデザインに興味があって、親しくしていました。ふたりとも丹下研究室に入りますが、僕はそのときすでにアメリカに留学することを決めていましたので丹下研にいたのはわずかな期間で、現在の敷地の新外務省庁舎の設計競技案をやっただけです。神谷さんはその後ずっと丹下研の重鎮として、代表作である代々木の〈国立屋内総合競技場〉や〈香川県庁舎〉などを担当されました。僕がアメリカに行っている間も彼はときどき丹下研の近況を教えてくれました。

僕が留学したのは、ヨーロッパも日本も何かやりたいことがやれるほどの体力がまだなかった時代です。アメリカには当時、ヴァルター・グロピウスやミース・ファン・デル・ローエ、マルセル・ブロイヤーといった多くの建築家が第二次世界大戦を契機にやってきており、それなりに華やかな時代でした。しかし、神谷さんから教えてもらった丹下研の仕事を向こうで見ていると、日本の戦後の建築界でもすごいものができつつあるのが感じられました。

僕が東京大学に提出した卒業設計はまだ大学に残っていると思いますが、いま見ると五〇年経ってもあまり進歩してないような気がします。図面から模型からひとりで全部やりました。ハーバード大学時代のものもすべてひとりでやりました。もちろんまだコンピュータのない時代です。東京大学のときよりは、すこし進歩したかなというぐらいのものですね。

進路を決めた偶然の出会い

■槇———僕は卒業後、ニューヨークのSOMに半年近く勤めました。それからホセ・ルイ・セルトがちょうどニューヨークで仕事をしており、うちに来ないかと誘いを受けて一緒にボストンに移ることになりました。セルトの事務所で働くかたわら、すでに修士号は取得していたんですが、さらにアーバンデザインを勉強しようと考え、また大学に入りました。

僕自身は当時もいまもそうですが、一切料理はしていませんでした。ボストンではハーバード・スクエアのそばへ毎朝ごはんを食べに行っていました。そのころ、ポール・ルドルフもウェルズリー大学でのプロジェクトで、同じカフェに朝ごはんを食べに来ていました。一度ハーバード時代にレビューに来てくれたということもあり、親しくなったわけです。当時、ちょうどル・コルビュジエの〈ラ・トゥーレットの修道院〉ができたころで、それが雑誌に発表されるとふたりで興奮しながら話しをしていた記憶があります。

その彼がある日、今セントルイスのワシントン大学で若い教員を求めているけど、どうかと言ってきた。自分で毎日朝ごはんを家でつくっていたら、おそらくルドルフに会うチャンスはなかったし、ワシントン大学に行くこともありませんでした。若いときはなんでもそうですが、偶然の出会いが自分の進路を決めることになる。人との出会いは非常におもしろいものだなぁという気がしました。

この時代に出会った重要な人としては日本での恩師、丹下健三、ハーバードでの恩師にホセ・ルイ・セルトがいます。セルトはスペイン人で、若いころはル・コルビュジエのオフィスにいました。前川國男さんや坂倉準三さんと同時期です。丹下さんはCIAMで広島の計画を発表し、一躍国際的な注目を浴びることになりました。僕はといえば、六〇年にメタボリズムに参加するのですが、それは一旦置いて、チームX《テン》というCIAMをひっくり返したグループにも参加するチャンスがありました。チームX《テン》にはピーター&アリソン・スミッソンやヤコブ・バケマ、アルド・ファン・アイク、そしてジャンカルロ・デ・カルロ、ジョージ・キャンディリスといった人びとがいて、一九六〇年の夏、彼らの国際会議に参加したんです。アビニョンに近いバニョル＝シュ＝セーズという街で、国際会議といってもとてもリラックスした雰囲気のなかでの議論でした［写真1］。議場では彼らの奥さんたちが編み物なんかをしていたりして、このときはうちのワイフもいました。昼と夜でたいへんなごちそうが出る時代でした。フランスですしね。しかしそこでの一番の中心人物は、やはりル・コルビュジエだったんじゃないでしょうか。

こうした関係が自分の六〇年代を築いてくれました。なかでもアルド・ファン・アイクは、後にワシントン大学、そしてハーバード大学で短期間ですが一緒に教えるチャンスがありました。

ワシントン大学で最初の仕事になったスタインバーグ・ホールを手がけることになったのは、大学に勤めながらキャンパス・プランニング・オフィスで手伝いをしていたときです。ある日ディレクターから、お金持ちの婦人が大学に建物を寄付したいと言っているので提案をつくってくれないかと頼まれました。そこでつくったものが提案どおりにできるならと彼女に気に入ってもらえ、実現することになったわけです。自分には何にも経験がない時代でしたが、いまと違って気に入ってもらえればそれでいいところがあった。いまではこういうものを建てようとすると、まず大学のなかにコミッティがつくられ、どういう建築家を呼んで、誰を選ぶかという議論になる。当時はまだパトロンというものが残っていた時代ですね［写真2］。

写真1｜チームX《テン》の会議の様子
1960年

ですから一九三〇年代の有名な住宅、たとえばル・コルビュジエにしても、ミースのミュンヘン・パークにしても、あるいはライトの落水荘にしても、わりと進歩的な気持ちのあるブルジョワと建築家の出会いが決め手ですね。それがとくに住宅については モダニズムの原点にあった。当時もいまもコンペで住宅を対象にしようという気分はなく、施主と建築家の幸せな出会いがあった時代でした。それがなくなったのは、第二次世界大戦のとき。アメリカはその後もまだ若干それが残っていましたが、何かそういうものになつかしさをおぼえるかたちで、絶えてゆくのが見てとれたきらいがありました。

■富永——たしかにモダニズムの精神性は住宅のなかに現れますね。いまでも残っているのは住宅ばかりですね。都市的な建築というのは、実現するのに社会に対するアカウンタビリティみたいなものが必要になります。しかし、モダニズムの精神というのは、たとえば〈サヴォア邸〉などでも、個人がOKと言えば空間へのある種の期待、希望があれば実現するようなジャンルでもあったわけです。したがって住宅には、施主に対するアカウンタビリティだけで、社会や不特定の人間に対しての説明責任がありません。たとえば〈バルセロナ・パヴィリオン〉や〈ファンズワース邸〉のように、住宅はエッセンスというかある種の空間に対する希望や直感的なイメージが投影されるジャンルですね。

「西方への旅」へ

■槇——セントルイスにいたとき、幸いにもグラハム美術財団から当時としては恵まれた奨学金を二年間で二度もらいました。その奨学金で世界を旅します。日本から出発し、香港、シンガポール、それから当時ル・コルビュジエに興味があってアメダバードからシャンディガールへ行きました。ここで生まれて初めて——それが最初で最後になったんですが——、ル・コルビュジエに会うことができました。五月のインドでも非常に暑い時季です。

写真2｜〈スタインバーグ・ホール〉のパースを前にプロジェクトの説明をする槇（1960年）

シャンディガールの北のヒマラヤに近いところにある、天井が高く薄暗いアトリエで、彼はおそらくそのとき依頼されていたダムのレリーフか何かのスケッチをしていました。その後、シャンディガールからテヘランに飛び、イスファハーン、そこからカイロ、それからその前にダマスカスからベイルート、あるいはイスタンブールというようにずっと旅行を重ねました。僕はそのとき、ヨーロッパもまだ一度も行ったことがなかったので、ひとりの親戚と一緒に車で運転を交代しながら、上から南の方までめぐりました。それが一度目の旅行です。

二度目は、まずキブツが見たくて東京から直接イスラエルに入りました。当時はパスポートに中近東に行った記録があるとイスラエルには入れませんでした。逆にイスラエルに入った記録があれば中近東に行けない、そういうややこしい制約があったわけです。その後すぐに地中海の方に行き、車でいろんなところをめぐってアメリカに帰りました。ル・コルビュジエは『*Journey to the East*（東方への旅）』という有名な本を書きましたが、自分の場合は「Journey to the West」だったのです。

この旅で、いくつか感銘を受けたシーンがあります。ひとつはギリシャのイドラ島で見た集落です。この集落にはルールがあり、個が全体をつくり出しています。漆喰壁や瓦屋根といった素材によって住居はそれなりのスケールをもったものが、ある型をもち、丘陵地につくられているのです［写真3］。と同時に大事なのは自動車交通がなく、ロバが重用されていることです。ここではロバが重い荷物を運ぶツールとして存在していました。

日本でもその後、集落の研究などが行われますが、僕はこのときにはじめてメディテラニアンの風土に接することになったわけです。そこで、さまざまなバリエーションをもった個というものと、それらが組み合わさりながら全体がつくられているのを目の当たりに経験しました。そこからひとつ言えるのは、都市で

写真3｜イドラ島の集落
（1960年）

も建築でも、みんながつくりたいと思っているのはある種の空間の秩序であり、そういうものを建築や都市に表現しようとする意志をいまでも強くもっているということです。秩序に対する欲望が、つねに人間の社会に存在していたのではないかなという気がしています。

さらに驚いたのはアテネでのことです。パナティナイコ・スタジアムという古代につくられたすばらしい競技場がありますが、ギリシャの都市国家でなぜ競技場が早くからできたかというと、都市国家では男性がみんな軍人になぞらえられているために体力をつけなければならなかった。そこで鍛錬する広場が必要とされ、古代から競技場がつくられてきました。パナティナイコ・スタジアムは何世紀にもわたって少しずつ手を加えられてきたもので、最初のオリンピックが行われたのがこのパナティナイコの競技場です［写真4］。

一九五九年に撮った写真を見て印象に残っているのは、すばらしいパブリック・スペースというのはひとりでいても楽しい場所だということです。僕はこの写真をその好例としてずっと使ってきました。この広場は人がいても楽しいし、人がいなくても楽しい場所です。そういうものが都市造形のなかで一番大事なものじゃないか。つまり巨大モールのようなもので人を集めたりするのはけっして大事ではない。都市のなかでどうやって孤独が楽しめるパブリック・スペースをつくれるかを考えることは、ひとつの都市デザインのパラメータになると思います。

理性と感性が統合された日本文化の固有性

■富永――モダニズムの時代が約一〇〇年間くらいだったとすると、槇先生は後半の六〇年ぐらいを実際に体験し、そのなかでずっと建築をつくられてきたことになります。そこでいま、モダニズムの大海原を漂うような認識をもっておられます。建築にとって何が重要か、ひいては建築とは何か、といった命題がない時

図4｜パナティナイコ・スタジアムの広場（アテネ、1959年）

代ともいえます。

私はこれまでに、建築家、構造家、歴史家である七人の方がたとお話をしてきましたが、建築とは何か、建築的なものとは何かという問いに対して、彼らとの間にどこか違和感がある気がしていました。たとえば、本心からの発言かはわかりませんが、伊東豊雄さんや隈研吾さんは、自分の建築が壊され、建て替えられてもいっこうにかまわないという。槇先生は『漂うモダニズム』で「私に何かつくることの希望があるとすれば、『消費されつくさない空間』をつくってみたい」（一〇三頁）と書かれていて、まったく同感です。私にとって、人間は死にゆくものであるからこそ、建築は永遠でありたいと思う。そこに建築的なものの中心があるだろうと考えます。

これに対して、消費されつくしてもいっこうにかまわないとする態度は、僕にとってなかなか受け入れづらいものですが、現在はそういう風潮が強い感じもします。

■槇――消費されていい建築もあると思います。だけど、これはぜひ残したいと思うのはやはり、建築が歴史をつないでくれると感じるものであり、そういうメッセージが根底にある。

たとえば、われわれがなぜ古典の建築を慈しむのかというと、その時代にあった人間の態度をここから学ぶことができるからです。日本人はこういうものに対してかなり歴史を重ねてきた。

最近、刀剣美術館をやることになっておもしろいと感じたのは、武器がアートになっているのは日本の刀だけかもしれないということです。つまり他の文化では、武器は武器。それがいかに強力で、どれほど強い殺傷機能を持っているかどうか、それがすべてなんです。だから武器はアートにならない。

ところが日本の刀は見た目に美しい。切れるという機能もまた大事ですが、美しさも兼ね備えている。つまり理性と感性の統合があるわけです。

これはいま、われわれ以上に海外の人が注目している。日本に来ると刀を見たいという人たちが多いのはそういう話なんですね。感性と理性の統合、ものを大事にし続ける文化が日本にはある。

建築でいうと、丹下健三先生の〈国立屋内総合競技場〉は、やはり理性と感性が統合されたものとして、われわれは大事にしたいと思う。それは結局、先ほどの話に戻るわけですが、消費されつくせないということは、われわれの社会の潜在意識のなかにあるものを大事にして、それを建築の上でできるだけ実現させるということではないかと思うんです。最終的には社会が判断することなのかもしれませんが、社会がもっとこうであってほしいとか、こういうものがあるといいなと思われるようなことを、われわれ建築家が建築を通して表現していくのは、非常に大事だと思います。

■富永――「漂うモダニズム」の冒頭で、日本語について書かれていますね。言葉と建築の比較を通して、モダニズム建築が母語に対する普遍語であり、二〇世紀の普遍語となったモダニズム建築がいま、劣化現象を起こしている、というようなことが書かれています。日本の近現代建築についても、日本の特性——カナと漢字を理性の世界と感性の世界のキャッチボールとして対置して、これらが共存しているようなところがあると述べている。日本のモダニズムは固有のものであって、一般の西洋やアメリカのモダニズムとはすこし異なるところがあるということですが。

■槇——日本語は漢字とカナの両方からできていて、そこから培われる理性と感性の話はたいへん重要じゃないかなと僕は思うんです。

たとえば、「雨」は「rain」ですよね。音にすると、ザーザー、ポツポツ、シトシト、それぞれ豪雨、驟雨、秋雨となり、言葉の上で表現を可能にしている。これは日本語固有のことだと思うんです。僕がむかしよく御殿場に出かけることがありましたが、あそこではしょっちゅう雨が降っていました。それを漢字で「私雨」と表現しています。しかし、英語ではそれにふさわしい表現がありません。「私雨」というとき、何かそこに「私たちだけの雨」というような感性が表現されている。日本語は優れたものだと思うんです。

こう言っちゃ悪いんですが、中国語に訳されたドストエフスキーよりも日本語に訳されたもののほうがいいというのはだいたいわかるんです（笑）。つまり、漢字しかないところで、どれだけの表現ができるかということです。つまりわれわれの日本文化は、言葉を通じて理性と感性が統合されたひとつの例だと思うんですが、明治期の後で近代化に成功したというとき、言葉が本来もっていた翻訳可能な強さみたいなものもそこにあったんじゃないでしょうか。

グローバリゼーションの渦中で日本の秩序を考える

■富永——これも「漂うモダニズム」で書いておられていたことですが、西洋の古典建築は理性の所産であり、これを補完する感性の産物として装飾がある、と（二一〇頁）。一方で日本の住宅建築に装飾がないのは、基本構造にすでに理性と感性が取り込まれているからだと述べているのをとても興味深く読みました。数寄屋のようなものがまさにそれを表しているのだと思いますが、かたやショッピングモールや娯楽施設のようにキャラクター性を前面に出すものも社会で現れている。僕がいま感じているのは、日本の社会において西欧化が進み、装飾的なものが現代の建築のなかにのさばってきているのではないかということです。装飾的なものが、経済合理主義の貫徹と同時に現れ、形相のファッション化といったことが起きているのかもしれません。

■槇——先ほどの日本文化における理性と感性に対して、もしここに磯崎新さんがいたらそうじゃないというかもしれません。では日光はどうなんだというように。日本にまったく装飾性がないとはいえませんが、グローバリゼーションによってかなり多くのことを客観的に捉えられる時代になってきたんじゃないかと思います。

　というのもわれわれには、われわれの建築の秩序がある。西洋の都市や建築にも、伝統的に西洋の秩序形式がずっと続いてきたわけです。

　ところが最近、シンガポールのウィリアム・リムという人が*Public Space in Urban Asia*という本を書いたんですが、そこに出てくるアーバニズムというものを見ると、たとえば重慶では高速鉄道の真下に中層のアパートがはめ込まれていたり、高層ビルの中を二本のモノレールが貫通していたりというような、従来のパブリックという領域においてこれまでと違うことが起きている。

　そのような世界で、日本の秩序はどのようなものか、他国の秩序はどうなのかと考える必要はあります。つまり一方において、まったく異なった都市の秩序――と言っていいかどうかはわからないが――が存在していて、それをわれわれはどう捉え、そのなかで日本をもう一度より多角的に見ていかなければいけない。そういう時代が到来している気はしています。

■**冨永**――理性と感性が統合した日本のモダニズムの形式が今後、どのように変容していくかという視点も大事だという感じがしますね。

■**槇**――そのなかでとても貴重なものだって多いし、失われていくものもあります。やはり原点に戻り、人間が欲望として持っている秩序とはいったい何なんだろうかということをもう一度考える必要があるわけです。いまのグローバリゼーションの世界では、膨大なインフォメーションが次々と入ってきて、いろんなことを考える土壌みたいなものが増えていきます。そのなかで逆に価値判断はしなくてはならない。ファッション化やブランド化といったこともあるでしょうし、そのような意識構造をわれわれが持たなければいけない時代に入ってきています。そういった意味では非常におもしろい時代が訪れている気はしますね。

あとがき

富永　讓

本書は、法政大学において現代日本で活躍する建築家、建築史家を招いて、二〇一三年末から二〇一四年はじめにかけて行われた連続講演、私との対談に端を発している。「モダニズムをめぐって」という一般的なテーマではあったが、日本にとって太平洋戦争という未曽有の国土の荒廃を経て、そののち社会経済的には驚異的な発展を遂げながら、長い安定停滞の時期がつづき、しかし未だ心のなかに巨きな空白を抱えつづけているこの国の不安の現在を生きて、そこで可能性を開花させていった固有な経験のあれこれこそが、意味深く、示唆に富んでいた。八人の親しい友人たちも皆、繰り返すことのできない〈それぞれのモダニズム〉の時間を生きていまに至っているのである。

また、対談のあった時期が私自身の退任とも重なっていたから、私自身のモダニズムも語っておきたかった。それが私の遍歴時代としてI章に収められている。引き揚げから、幼年期日本各地を移り、東京近郊の新興住宅地で少年期を過ごす、平凡な家庭に育った七〇年間と六〇年の住まいの遍歴を記すと、あわただしく〈今・ここ〉に対応してきた戦後の典型的な日本家族の住まいの記録ともなった。

修業時代を経て、建築設計事務所を構えてからも、数多くの文章を書いてきた。それがII章の論文である。年表をまとめようとして振り返ってみると驚く量だ。書評から作品批評、展覧会の感想、海外旅行先での建物との出会いの記録、一方でル・コルビュジエをはじめとする、近代建築家のスケッチや図面や模型製作をとおして積み重ねた研究の文章。短文であれ、いま読み返すとそれぞれ締切に追われながら、具体的な対象の内側に入り込み、必死に言葉に定着しようとした苦しい時間が蘇ってくる。だが、自作の解説に関しては量も少なく、即物的で、素気ない。

過ぎ去った青春の日々は遠く夢のようであるが、少なくとも夢を書きつけた記録は自分の目の前に残されている。これらの書き散らした文章以上に現実的なものはない。日本の近代建築家の作家論はそれなりにまとまった量があって、それぞれ力を籠めたものであったが、今回はこの本の性格上未熟ではあるが、その時宜の要請に従って、私の興味を定着した五本のエッセイを収録することにした。それぞれ、二〇代、三〇代、四〇代、五〇代のものだが、かたちも大きさも、ばらばらな飛び石を迂回して、建築という庭を飛び歩いて接近していった気ままな自らの後ろ姿が見えてくる。

それにしても研究も含めて文章に多大なエネルギーを注いできた。設計の実務のチャンスが少なかったからとも言えるが、建築の設計も、文章を組み上げ構成することも、私としては同じ情熱にもとづくのではないかと思っている。個人的な興味に沿って他人の耕した庭の作品のあとを辿って言葉で定着しようとするものだ。建築というメディアが発信する拡がり、豊かさ、さまざまな魅惑の数々、静けさへの思考の遍歴は、むしろ私の作品よりこれらの文章のなかにはっきりと刻印されているように思う。

Ⅲ章でとりあげた八つの最近の仕事は、場所や風景や領域の一部となり、画龍点睛となる建築の役割を示している。とりまく自然、大空や大地の起伏、光や緑や風と交渉しその間に生成する場所、建築的景観に興味は集中している。

私の人生の主に教育という場で知り合った、八人の友人たちとの対話の記録では、話し進めているとさまざまに意外な出来事や出会いの日々のあれこれの場面が湧き上がってきた。Ⅳ章の、ひとりの個人と個人が、人生というビリヤード台の上で、カチンカチンと接触し、無限の反射や曲折を繰り返し、出来事が生起してゆく場と時間、それが私にとっての生い育ったモダニズムの空間の襞が蘇る場でもあった。

最後になるが、この連続講演会を企画し運営された、法政大学デザイン工学部建築学科の教室の皆様、そしてⅣ章の速記を起こしてくれた富永ゼミの学生たち、その後出版に至るまでとりまとめに尽力してくれた根岸博之君、谷森亮佑君にはとくに感謝したい。またこの一冊の書物は、私の人生の雑然とした本棚を引っ繰り返すようなものであったから、それらを呼び出し並び換える作業や、写真や図の選定など実務的な作業を引き受けてくれた事務所の永野尚吾君、そして編集を担当された鹿島出版会の川尻大介さんにも、お礼の言葉を申し上げたい。

二〇一五年五月二五日

春の庭、フェズで買い求めた灰色と白のモザイクテーブルの上で

富永譲　著作総覧

主要著作

■『近代建築の空間再読——〈巨匠の作品〉にみる様式と表現』編著、彰国社、一九八五年

■『建築巡礼12　ル・コルビュジエ——幾何学と人間の尺度』丸善、一九八九年

■『S.D.S（スペースデザインシリーズ）1 住宅』執筆代表、新日本法規出版、一九九四年

■『建築家の住宅論　富永譲』鹿島出版会、一九九七年

■『リアリテ　ル・コルビュジエ』監修、TOTO出版、二〇〇二年

■『ル・コルビュジエ　建築の詩——12の住宅の空間構成』鹿島出版会、二〇〇三年

■『現代建築解体新書』編著、彰国社、二〇〇七年

■『勒・柯布西耶的住宅空間構成』（『ル・コルビュジエ　建築の詩』中国語版）中国建築工業出版社、二〇〇七年

■『建築製図』二瓶博厚、遠藤勝勧、坂田充弘、丸谷芳正との共著、朝倉書店、二〇〇八年

■『吉田五十八自邸／吉田五十八』東京書籍、二〇一四年

作品集

■『現代建築　空間と方法16　富永譲』同朋舎、一九八六年一月

■『SD』「特集　富永譲」一九九〇年一〇月号、鹿島出版会

■*Spazio e Società* no.55, Licosa S.P.A, 1990.10.

■『立川新市庁舎177の作品と経過（立川モデル）二〇〇五』立川市、二〇〇六年八月

■『yuzuruproject　富永譲』法政大学富永譲意匠設計研究室、二〇一三年一二月

連載

■「近代住宅の再発見」（『SD』一九七五年七月号から一九七八年五月号まで、鹿島出版会。長尾重武とのリレー形式による不定期連載。以下は富永担当回）

- 第一回「ロッシュ・ジャンヌレ邸」（一九七五年七月号）
- 第三回「ガルシュの住宅」（同九月号）
- 第五回「カルタゴの住宅」（同一一月号）
- 第七回「サヴォワ邸」（一九七六年二月号）
- 第一〇回「ワイゼンホフ・シュトゥットガルト」（同六月号）
- 第一一回「ル・コルビュジエの住宅（一九二二—二九）その建築構成法・上」（同八月号）
- 第一三回「テルニジアン邸」（同一〇月号）
- 第一六回「クック邸」（一九七七年四月号）
- 第一八回「クルチェット邸」（同七月号）
- 第二〇回「アルジェの住宅」（同一〇月号）
- 第二二回「ショーダン邸」（同一二月号）
- 第二四回「ル・コルビュジエの住宅、その建築構成法・下」（一九七八年五月号）

*その後、全面的な改稿を経て二〇〇三年に単行本『ル・コルビュジエ　建築の詩——12の住宅の空間構成』（鹿島出版会）として上梓。

■「近代建築の空間再読」（『ディテール』一九八一年一〇月号から一九八三年七月号まで、彰国社）

- 第一回「面とボリューム一」（一九八一年一〇月号）
- 第二回「面とボリューム二」（一九八二年一月号）
- 第三回「床」（同四月号）
- 第四回「上下を移行する装置」（同七月号）
- 第五回「柱と壁一」（同一〇月号）
- 第六回「柱と壁二」（一九八三年一月号）
- 第七回「天井」（同四月号）
- 第八回「家具」（同七月号）

■「旅の手紙」（『新建築』一九八四年一月号から同年四月号まで、新建築社）

- 第一回「アッシジ」（一九八四年一月号号）
- 第二回「パラディオの館」（同二月号）
- 第三回「コモ」（同三月号）
- 第四回「ロッシの仕事」（同四月号）

■「ル・コルビュジエ——手の冒険　スケッチに見る建築の生成過程」（『SD』一九八六年一月号から一九八八年二月号まで、鹿島出版会）

- 第〇回「序」（一九八六年一月号）
- 第一回「ラ・トゥーレット修道院」（同年二月号）
- 第二回「テルニジアン邸」（同年三月号）
- 第三回「スイス学生会館」（同年五月号）
- 第四回「ラ・セル・サン・クルーの住宅」（同年六月号）
- 第五回「ソヴィエト・パレス」（同年一〇月号）
- 第六回「サヴォイ邸」（同年一二月号）
- 第七回「チャンディガール議事堂」（一九八七年三月号）
- 第八回「カルタゴ夏の住宅」（同年五月号）
- 第九回「ロンシャン礼拝堂」（同年一一月号）
- 第一〇回「ル・コルビュジエの制作学 前編」（同年一二月号）

-第一一回「ル・コルビュジエの制作学
後編」(一九八八年二月号)
■「人工的な"自然"環境」
(『Walture』高橋カーテンウォール工業、
一九九一年八月(一号)から
一九九四年四月(一二号)まで(六号を除く))
-第一回「アラブ文化研究所」
(一号、一九九一年八月)
-第二回「オタニミエ工科大学」
(二号、同一一月)
-第三回「ラ・ヴィレット公園」
(三号、一九九二年一月)
-第四回「バルセロナパビリオン」
(四号、同四月)
-第五回「九龍城址・香港上海銀行」
(五号、同八月)
-第六回「ヴェネツイアのカーニバル」
(七号、一九九三年一月)
-第七回「森の火葬場」(八号、同四月)
-第八回「パエストゥムの神殿」
(九号、同八月)
-第九回「パレルモの町」(一〇号、同一一月)
-第一〇回「神奈川県立近代美術館」
(一一号、一九九四年一月)
-第一一回「アテネ・アクロポリス」
(一二号、同四月)
■「「空間・ディテール」再点検
ニッポン住宅批評　再録・現場対談」
(『建築知識』二〇〇四年四月号から
二〇〇六年三月号まで)
-第一回「材木座の住宅」
(下吹越武人、二〇〇四年四月号)
-第二回「プライベート・ギャラリー」
(塩塚隆生、同年一一月号)
-第三回「石神井台の家」
(鈴木陽子、二〇〇五年八月号)
-第四回「T-house」
(藤本壮介、二〇〇六年三月号)

インタビュー・講演録

■「ル・コルビュジエと私」
(聞き手・藤井博巳、三宅理一)
『a+u』一九八三年七月号、
エーアンドユー
■「住宅設計の発想とプロセス
小田原の住宅」
『ヤマハ建築セミナー通信』
一九八四年五月号、日本楽器製造
■「一本の楠が意味するもの」
『建築ジャーナル』一九八九年一〇月号、
建築ジャーナル
■「建築　設計界」
『日経アーキテクチュア』
一九八九年一〇月、日経BP社
■「〈スピリットの体現として〉
——建築家の自邸」(武蔵新城の住宅)
『新建築住宅特集』一九九〇年五月号、
新建築社
■「ル・コルビュジエに学ぶ」
『建築を考える一』(菊竹清訓編)
鹿島出版会、一九九一年一一月
■「さまざまなスケールが織りなす
住まいのリズム」
『PSD』一九九三年九月、
住まいの図書館出版局
■「集合住宅の九〇年代」(連載「集合住宅を
ユニットから考える」第九回)
『新建築』二〇〇三年八月号、新建築社
*その後、二〇〇六年に同社より刊行された
単行本『集合住宅をユニットから考える』
(渡辺真理、木下庸子著)に所収。
■「建築家富永讓が語る
ル・コルビュジエ〈白の時代〉」
『ル・コルビュジエ——パリ、白の時代』
エクスナレッジ、二〇〇四年四月
■「富永讓インタビュー
透明性から野性へ」(聞き手・後藤武)
『ル・コルビュジエのインド』
(彰国社編、北田英治写真)、
彰国社、二〇〇五年六月
■「〈建築論の現在〉第一一回セミナー
住宅のコンセプチュアリズムと
建築のラディカリズム」
(伊東豊雄+坂本一成とともに
パネリストとして講演)
『新建築住宅特集』二〇一〇年八月号、
新建築社

対談　( )内は対談相手

■「超高層住居に関する諸問題」(菊竹清訓)
『季刊カラム』一九七一年六月号、
新日本製鐵
■「なぜジョゴラか」(長尾重武)
『SD』一九七三年四月号、
鹿島出版会
■「現代建築の表現
——都市との関わりから」(植田実)
『アーキテクト通信』一九八三年七月号、
日本楽器製造
■「発信する建築へ」(安藤忠雄)
『SD』一九九〇年一〇月号、
鹿島出版会
■「ファッションと建築」(コシノジュンコ)
『建築夜楽校Ⅱ』
TOTO出版、一九九二年六月
■「トップ対談」(高橋治男)
『Walture』六号、
高橋カーテンウォール工業、
一九九二年一一月
■「対談　ル・コルビュジエの住宅に
未来をみる」(妹島和世)
『ル・コルビュジエの全住宅』
(東京大学工学部建築学科
安藤忠雄研究室編)、二〇〇一年四月、
TOTO出版
■「空間対談　敷地全体を領域化する」
(伊東豊雄)
『LIVE ENERGY』二〇〇三年一二月号、
東京ガス

座談会

( )内は座談会メンバー

■「素材から空間へ(白井晟一の世界)」
(横山正、白井昱磨、福田晴虔)
『建築文化』一九八五年二月号、
彰国社
■「〈批評〉をめぐるクリティーク
(批評としての住宅)」(藤井博巳、三宅理一)
『都市住宅』一九八五年二月号、
鹿島出版会

■「20世紀建築が獲得したもの
——モダニズムの地平をめぐって」
（高山正実、谷川正己、佐々木宏）
『建築雑誌』
日本建築学会、一九九二年五月

■「〈変換〉と近代建築という伝統」
（渡辺真理、木下庸子）
『建築文化』一九九三年四月号、
彰国社

■「Future Vision Flashback
インタビューを終えて」
（大江新、陣内秀信、渡辺真理、
永瀬克己、田島則行）
『Future Visionの系譜
——水の都市の未来像』
鹿島出版会、二〇〇六年

■「前川國男から受け継ぐもの」
（槇文彦、内藤廣、鈴木博之）
『前川國男　現代との対話』
六耀社、二〇〇六年一〇月

■「公営住宅になにが可能か」
（蓑原敬、小林秀樹、小野田泰明）
『すまいろん』二〇〇八冬号、
住総研

審査講評

■「〈新建築住宅設計競技1974〉の
審査を終えて」（芦原義信氏に協力）
『新建築』一九七四年一二月号、
新建築社

■「ダーウィンの家　審査講評」
『新建築』一九九三年七月号、
新建築社

■「平成五年度懸賞設計競技講評」
『建築ジャーナル』一九九四年四月号、
建築ジャーナル

■「設計道場卒業制作講評」
『ＰＳＤ』一九九四年五月、
住まいの図書館出版局

■「エリック・サティの家　審査講評」
『新建築』一九九四年七月号、
新建築社

■「カンディンスキーの家　審査講評」
『新建築』一九九五年六月号、
新建築社

■第一八回吉岡賞審査座談会
「三つの空間レベルを統合する力」
（飯田善彦と）
『新建築住宅特集』二〇〇二年三月号、
新建築社

■「日本建築学会賞・作品選考委員の見解」
『建築雑誌』
日本建築学会、二〇〇五年八月

■「日本建築学会賞・作品選考委員の見解」
『建築雑誌』
日本建築学会、二〇〇六年八月

■「2007年建設業協会賞選評」
『建設業協会賞作品集』
日本建設業連合会、二〇〇七年一一月

■ＳＤレビュー 2007総評「完成した作品を
この目で早く見てみたいという欲望を
かき立てるもの」、「講評」
（伊東豊雄＋富永讓＋元倉真琴＋工藤和美）
『SD2007』
鹿島出版会、二〇〇七年一二月

■「2008年建設業協会賞選評」
『建設業協会賞作品集』
日本建設業連合会、二〇〇八年一一月

■ＳＤレビュー 2008総評
「身体の力と〈形式のポストモダン〉」、
「講評」
（伊東豊雄＋富永讓＋工藤和美＋千葉学）
『SD2008』
鹿島出版会、二〇〇八年一二月

■「2009年度ＪＩＡ新人賞　選評」
『ＪＩＡマガジン』二〇一〇年三月号、
日本建築家協会

■「〈場所の力〉を生かし、居心地良い空間」
（日事連建築賞審査講評）
『日事連』二〇一一年一〇月号、
日本建築士事務所協会連合会

■「〈建築にとって何が重要か〉が問われる」
（日事連建築賞審査講評）
『日事連』二〇一二年一〇月号、
日本建築士事務所協会連合会

■「各々のモラルの中に希望の光を見い出す」
（日事連建築賞審査講評）
『日事連』二〇一四年一〇月号、
日本建築士事務所協会連合会

書評

■「ひとつの徹底した見方の提示」
（『アメリカ建築のアーバニズム上・下』評）
『新建築』一九七四年四月号、
新建築社

■「芸の力」（『建築家との対話』評）
『建築文化』一九七五年二月号、
彰国社

■「にぎやかな形態の実験室で」
（『アメリカ建築の新方向』評）
『ＳＤ』一九七六年一一月号、
鹿島出版会

■「一九七七年の現状に対する直接な批評」
（『人間の家』評）
『ＳＤ』一九七七年九月号、
鹿島出版会

■「作品から周辺へ発散してゆくベクトル」
（『白井晟一研究Ｉ』評）
『ＳＤ』一九七八年八月号、
鹿島出版会

■「日本の伝統的な建築装置を見る眼」
（『書院造りと数寄屋造りの研究』評）
『ＳＤ』一九七九年三月号、
鹿島出版会

■「いま蘇ってくる幼年期の夢」
（『エスプリ・ヌーヴォー［近代建築名鑑］』評）
『ＳＤ』一九八〇年七月号、
鹿島出版会

■「小さな家」（『小さな家』評）
『a+u』一九八一年四月号、
エーアンドユー

■「新たな統合法——コラージュへ」
（『マイケル・グレイヴス作品集』評）
『新建築』一九八三年四月号、
新建築社

■「イデオロギーをめぐる逆説」
（『《ル・コルビュジエ》
20世紀思想家文庫—10』評）
『ＳＤ』一九八四年一月号、
鹿島出版会

■「ロッシ自伝――神話の物語」
(『アルド・ロッシ自伝』評)
『SD』一九八五年三月号、
鹿島出版会

■「充実した読書の経験――パラーディオ
〈建築四書〉注解」
『建築文化』一九八六年六月号、
彰国社

■「日本の空間を解読するための
精密な包囲陣」(『見立ての手法』評)
『新建築』一九九〇年一二月号、
新建築社

■「知識として、情報としての建築の
はじまりの歴史」
(『イタリア・ルネッサンスの建築』評)
『SD』一九九一年七月号、
鹿島出版会

■「ル・コルビュジエとは誰か?」
(『ル・コルビュジエ―理念と形態』評)
『SD』一九九二年八月号、
鹿島出版会

■「槇文彦という一冊の都市」
(『記憶の形象――都市と建築との間で』評)
『SD』一九九三年一月号、
鹿島出版会

■「近代の建築と都市に関する見事な著作」
(『ロシア・アヴァンギャルド建築』評)
『新建築』一九九四年一月号、
新建築社

■「言葉の建築」(『ルイス・カーン研究』評)
『SD』一九九四年七月号、
鹿島出版会

■「カメラのフレームという名の敷地」
(『マスメディアとしての近代建築』評)
『SD』一九九六年一〇月号、
鹿島出版会

■「人間側からの脈絡を求めて」
(『篠原一男12の対話
世紀の変わり目の建築会議』評)
『建築技術』一九九九年一二月号、
建築技術

■「風景の構築――控え目なものの力」
(『私のルイス・カーン』評)
『建築文化』二〇〇四年二月号、
彰国社

■「現代史としてのルネサンス建築史」
(『イタリア16世紀の建築』評)
『SD2006』
鹿島出版会、二〇〇六年一二月

■「〈作品生成への波立ち〉公表される言葉の
裏側にあるもの」(『丹下健三を語る』評)
『SD2013』
鹿島出版会、二〇一三年一二月

設計要旨

■「卒業制作67
――COMMUNION SPACE 21C」
『造:product+system』
きづき書房、一九六七年四月

■「自然と人為のあいだで」(芹沢文学館)
『SD』一九七〇年九月号、
鹿島出版会

■「京都信用金庫の空間に関する
いくつかの概念」
『新建築』一九七二年四月号、
新建築社

■「京都信用金庫のコミュニティプラザ
プラザのシステム」
『新建築』一九七二年一二月号、
新建築社

評論・エッセイ

■「現代建築手法百科　領域の無化」
『商店建築』一九七二年一一月号、
商店建築社

■「素材の力――東京海上ビルに関する批評」
『建築』一九七四年六月号、
中外出版

■「光の中空体――パラッツォ・マッシモ・
アルレ・コロンネ」
『SD』一九七五年一二月号、
鹿島出版会

■「〝昼〟の時代における〝夜〟
――〝家〟篠山紀信写真展をみて」
『建築と積算』一九七六年一月号、
日本建築積算協会

■「マッキントッシュのデザイン展をみて」
『新建築』一九七九年五月号、
新建築社

■「1979年東京大学卒業設計講評」
『近代建築』一九七九年五月号、
近代建築社

■「川崎市民プラザを見て」
『SD』一九七九年一〇月号、
鹿島出版会

■「理性の光――ル・コルビュジエのデッサン」
『建築文化』一九七九年一一月号、
彰国社

■「輝きの都市に向かって
鉄骨の森を横断する」
『新建築』一九七九年一二月号、
新建築社

■「私の住宅――建築家と社会の構図
アンケートに答えて」
『新建築』一九八〇年八月号、
新建築社

■「私の中の菊竹清訓の作品」
『SD』一九八〇年一〇月号、
鹿島出版会

■「幾何学の受け持つ意味の容量」
『新建築』一九八一年一月号、
新建築社

■「コルビュジエと吉阪さん」
『建築文化』一九八一年五月号、
彰国社

■「共通の関係から切り離された物体」
『a+u』一九八三年二月号、
エーアンドユー

■「写真によって蘇るもの」
『新建築』一九八三年七月号、
新建築社

■「ル・コルビュジエの母の家」
『INOUI LADY』二一号、
一九八四年五月、資生堂

■「建築・展覧会・映画」
『建築文化』一九八四年六月号、
彰国社

■「夢想をかくまう舞台」、
「〈家〉の変容」、「記憶の暗箱」
『都市住宅』一九八五年二月号、
鹿島出版会

■「ル・コルビュジエの手摺」
構造計画パンフレット7『手摺』
日本建築学会、一九八五年五月

■「一枚の立面・空白の鏡」
（建築家のビジュアル・メッセージ
――住居2010年への予告）
『建築文化』一九八五年一二月号、
彰国社

■「複数の物語――枠のないファサード」
『SD』一九八六年一月号、
鹿島出版会

■「建築――私との出会い」
『建築文化』一九八六年一一月号、
彰国社

■「私のディテール――架構と被膜1」
『新建築』一九八六年一二月号、
新建築社

■「私のディテール――架構と被膜2」
『新建築』一九八七年一月号、
新建築社

■「私のディテール――架構と被膜3」
『新建築』一九八七年二月号、
新建築社

■「ほんをかうとき」
『建築文化』一九八七年一〇月号、
彰国社

■「建築再発見――目の記憶・類推的思考」
『建築雑誌』
日本建築学会、一九八八年一〇月

■「架構という物体性――篠原一男の住宅」
『建築文化』一九八八年一〇月号、
彰国社

■「空間を身体化する儀式」
『建築知識』一九八八年一〇月号、
建築知識

■「魅せどころ」
『東京新聞』一九八九年三月一日号

■「古川邸　白井晟一」
『ディテール』一九八九年四月号、
彰国社

■（タイトルなし）
『建築　私との出会いⅢ』
彰国社、一九八九年七月

■「ル・コルビュジエの裏側にいる
ジャンヌレ〈圧縮された建築〉
――画家としてのル・コルビュジエ」
『新建築住宅特集』一九九〇年三月号、
新建築社

■「鏡の眩惑――類型の解体構築としての
近代建築」（シリーズ「建築二〇世紀」
ジュゼッペ・テラーニ／カサ・デル・ファッショ）
『新建築』一九九〇年七月号、
新建築社

■「変容し生成する映像
――下村純一の写真」
『BRUTUS』一九九〇年八月、
マガジンハウス

■「一本の軸に沿って積み重なる台地
（プラットフォーム）」
『新建築』一九九一年七月号、
新建築社

■（解説文）『ヨーロッパ建築六〇〇選』
工業調査会、一九九一年八月

■「スロープ礼賛」
『建築雑誌』
日本建築学会、一九九一年一〇月

■「新しい建築美学への予報」
『産経新聞』一九九二年九月一〇日朝刊

■「歩くという習慣」
『マイホームプラン』一九九二年一二月号、
金財マイホームプラン社

■「空間のニュアンスを喚起――T邸」
『建築知識』一九九三年五月号、
建築知識

■「私のデビュー作　青山南町の住宅」
『INAX REPORT』一一七号、
INAX、一九九三年一二月

■「CORBUSIERの考えたトイレ」
『TOTO通信』一九九四年一月号、
TOTO

■「素晴らしき女性たちへ――昨今」
『卒業白書』
住まいの図書館出版局、一九九四年二月

■「建築精神の瑞々しさ／坂倉準三」
『ディテール』一九九四年四月号、
彰国社

■「序文」
『現代建築集成3　教育施設』
メイセイ出版、一九九四年七月

■「幾何学的精神空間と階段――身体の
容器としての近代建築をめぐって」
『カイダン博覧館Ⅱ』
ヨコモリ文庫、一九九五年二月

■「〈現実性〉と〈建築への欲求〉」
『コンペ&コンテスト』
ギャラリー間、一九九五年九月

■「建築――空間に遊ぶ身体を表明する
一つの詩法」
『槇文彦　建築という現在
――現場からのリポート』
ギャラリー間叢書05、TOTO出版、
一九九六年一一月

■「直感する力を鍛える」
『JIAニュース』一九九七年四月号、
日本建築家協会

■「床面の構築術〈線の時代〉から
〈点のあつまりの時代〉へ」
『建築雑誌』
日本建築学会、一九九九年八月

■「内なる空――〈小さな都市〉の回復」
『新建築』一九九九年九月号、
新建築社

■「住宅の計画・母の家」
『建築士のための指定講習会テキスト
「建築家の役割と技術」』
日本建築士会連合会、一九九九年一二月

■「再生された緑の中の建築的刺激素の
混成(ハイブリッド)」
『新建築』二〇〇〇年七月号、
新建築社

■「白い幾何学の中の生活の香り」
『INAX REPORT』一四九号、
INAX、二〇〇一年一二月

■「ル・トロネの修道院と
ラ・トゥーレット修道院」
『週刊朝日百科 世界100都市 015』
朝日新聞社、二〇〇二年三月

■「II 空間言語六 空中庭園
——ユニテ・ダビタシオン」
『ヴィジュアル版建築入門5 建築の言語』
(ヴィジュアル版建築入門編集委員会編)
彰国社、二〇〇二年九月

■「解読すること——ラ・ロシュ・ジャンヌレ邸」
『SD』二〇〇二年一二月号、
鹿島出版会

■「人間の王国——ル・コルビュジエの
絵画機械」(大村真也と共同執筆)
『ル・コルビュジエ パリ、白の時代』
エクスナレッジ、二〇〇四年四月

■「場の身体性を求める一貫した思考」
『建築知識』二〇〇四年四月号、
エクスナレッジ

■「エンゼル病院」『建築家のメモ
——メモが語る100人の建築術』
(日本建築家協会関東甲信越支部
建築交流部会監修)、
丸善、二〇〇四年一〇月

■(ル・コルビュジエ、前川國男、坂倉準三、
吉阪隆正の解説を執筆)
『日本のモダニズム建築』
彰国社、二〇〇五年三月

■「建築への原理的な追求」
『昭和住宅メモリー』
エクスナレッジ、二〇〇五年八月

■「風景の中に〈くつろぎ〉とともに
連結されてゆく空間」、「花咲くパリへ」、
「前川國男作品解説」(森山智就と共同執筆)
『前川國男展カタログ』二〇〇五年一二月

■「総評」『二〇〇五年度日本建築学会
設計競技優秀作品集(風景の構想
——建築をとおしての場所の発見)』
日本建築学会、二〇〇六年四月

■「建築批評の新しさ」
『INAX REPORT』一六九号、
INAX、二〇〇七年一月

■「現代へと差し出された架橋
——晩年の作品が示唆するもの」
『ユリイカ』二〇〇七年五月号
(特集 ル・コルビュジエ)、青土社

■「住宅定番ディテール
富永讓の部屋の感覚をつくるもの」
『ディテール』二〇〇七年九月号、
彰国社

■「ル・コルビュジエ展
——建築とアート、その創造の軌跡」
『建築史学』四九号
建築史学会、二〇〇七年九月

■「モダニズムから学ぶこと」
『住宅デザインの教科書』
エクスナレッジ、二〇〇八年二月

■「わたしの10本」
『DETAIL JAPAN別冊 映画の発見!』
リード・ビジネス・インフォメーション、
二〇〇八年七月

■「日本女子大学定点観測三〇年史」
『建築雑誌』
日本建築学会、二〇〇八年八月

■「緑・〈人間の場所〉・
海——ポルトフィーノ」
『SD2008』
(特集「発信するイタリアの小都市」)、
鹿島出版会、二〇〇八年一二月

■「建築家と建築論」
『建築雑誌』
日本建築学会、二〇〇九年二月

■「国際スタイルを日本の伝統で再現
建築界——アーカイブ 吉田五十八」
『建設通信新聞』二〇〇九年三月二六日号

■「自然なるものへの直観を取り戻そう」
『法政大学環境報告2008-9』
法政大学環境センター、二〇〇九年六月

■「五 建築的散策」
『建築の「かたち」と「デザイン」』
鹿島出版会、二〇〇九年八月

■「建築にしかできないこと」
『建築と日常』〇号、
長島明夫、二〇〇九年九月

■「〈アーカイブ 建築夜話ふたたび〉を
ふり返る(上)」(吉田五十八について)
『建設通信新聞』、二〇一〇年二月二五日

■「いまこそハートをつくる教育を」
『日刊建設工業新聞』、
二〇一〇年五月一四日

■「二〇一〇年日本建築学会賞(作品)
選考経過/委員の見解」
『建築雑誌』
日本建築学会、二〇一〇年八月

■「〈うつろい〉と〈おもかげ〉
——吉田五十八邸における時間と空間」
『日本建築学会大会
建築歴史・意匠研究協議会
「建築の思索と制作を横断する
一〇のキーワード」資料集』
二〇一〇年九月

■「086浮雲」「107激しい季節」
「126秋刀魚の味」「137柔らかい肌」
「149東京流れ者」「181緋牡丹博徒 お竜参上」
「187ダーティーハリー」「188恐怖のメロディ」
「238ハメット」「コラム 日本家屋」
『映画空間 400選』(長島明夫、結城秀勇編)、
INAX出版、二〇一一年三月

■「京都会館の価値建築家ら訴える」
『朝日新聞』(記者による記事)、
二〇一一年一二月一九日朝刊

■「京都会館の価値考察」
『京都新聞』(記者による記事)、
二〇一一年一二月一九日朝刊

■「コルビュジエの〈小さな家〉」
『日本経済新聞』二〇一二年一月一二日

■「〈ゼロ〉の場所への眼差し」
『建築知識』
エクスナレッジ、二〇一二年三月号

■「凛とした佇まいを次の若い世代に
伝承する努力を」
『法匠会報』四七号、
法政大学建築同窓会、二〇一三年三月

■『漂うモダニズム』（槇文彦著）帯文、
左右社、二〇一三年三月

■「素材の持つ意味を読み解くこと」
『美しい住宅インテリアの見本帖』
エクスナレッジ、二〇一三年五月

■「モダニズムから学ぶこと」
『住宅とは何か』
エクスナレッジ、二〇一三年七月

■「今治市庁舎・公会堂・市民会館」
『丹下健三　伝統と創造――瀬戸内から
世界へ』
美術出版社、二〇一三年八月

■「登場人物に寄り添い〈小さな事情〉を
包み込む場所」
『映画「ちいさいおうち」
劇場用プログラム』二〇一四年一月

■「時空への旅の教え
ル・コルビュジエ「東方への旅」を巡って」
『SD2014』
鹿島出版会、二〇一四年一二月

研究・論文

■「住宅産業に対する建築家側からの
アプローチ」
『造：product+system』
一九六八年九月

■「〈構え〉論」
『建築』一九六九年一月号、
中外出版

■「藤が丘計画の解明」
『近代建築』一九六九年一月号、
近代建築社

■「ローコスト住宅の建て方」
『ハウスプラン』一九七二年一二月号、
産報出版

■「プランのたて方とローコストの限界」
『ハウスプラン』一九七三年一月号、
産報出版

■「コミュニティバンクの空間計画」
『コミュニティバンク論
――地域社会との融合をもとめて』
（CDI編）、鹿島出版会、一九七三年九月

■「物の味方」
『建築文化』一九七五年七月号、
彰国社

■「2軒の住宅から」
『現代集合住宅の展望』
新建築一九七七年六月臨時増刊、
新建築社

■「高橋秀の形式」
『SD』一九七七年八月号、
鹿島出版会

■「ル・コルビュジエと日本建築」
『建築文化』一九七七年一〇月号、
彰国社

■「巨匠とは何か？」
『現代世界建築の潮流』
新建築一九七七年一二月臨時増刊、新建築社

■「表現の危機〈リチャード・マイヤーの
形式が意味するもの〉」
『SD』一九七八年一月号、
鹿島出版会

■「純粋直方体に何が可能か？」
『新建築』一九七八年六月号、
新建築社

■「純粋直方体・仮面・幾何学」
『建築文化』一九七八年六月号、
彰国社

■「ル・コルビュジエの作品にみられる
対比と対立」
『季刊カラム』一九七八年一〇月号、
新日本製鐵

■「ル・コルビュジエの建築装置
――幾何学の風景」
『a+u』一九七九年一月号、
エーアンドユー

■「建築デザインの基礎概念
プロポーション1」
『a+u』一九七九年七月号、
エーアンドユー

■「建築デザインの基礎概念
プロポーション2」
『a+u』一九七九年八月号、
エーアンドユー

■「建築デザインの基礎概念
プロポーション3」
『a+u』一九七九年九月号、
エーアンドユー

■「〈現代の空間〉を求める作業」
『新建築』一九七九年一〇月号、
新建築社

■「建築の方法：上田の住宅一九七七・
小田原の住宅一九七八」
『建築文化』一九七九年一〇月号、
彰国社

■「様式の真空へ」
『白井晟一研究Ⅲ』
南洋堂出版、一九八一年二月

■「都市の事実」
『新建築』一九八一年五月号、
新建築社

■「比例の芳香」
『SD』一九八二年一月号、
鹿島出版会

■「図・言葉・建築」
『アルド・ロッシ作品集』
a+u一九八二年一一月臨時増刊、
エーアンドユー

■「住宅東京物語」
『新建築季刊住宅特集』
新建築社、一九八五年四月

■「コンクリートの生の環境」
『安藤忠雄』
丸善、一九八六年一月

■「メタルの環境〈メタルのシアター計画〉」
『都市住宅』一九八六年三月号、
鹿島出版会

■「生活を記述する建築という脚本」
『新建築住宅特集』一九八六年八月号、
新建築社

■「都市の中の建築」
『空相の現代建築』一九八七年六月、
鹿島出版会

■「都市住宅三つの選択肢」
『ディテール』一九八八年四月号、
彰国社

■「一人の建築家の誕生
——ル・コルビュジエの手帖〈東方への旅〉
に見られるスケッチの視覚とその定着法」
『ル・コルビュジエの手帖』
同朋舎、一九八九年七月

■「住宅の文脈——外側の環境の構造から
記憶の構造へ」
『新建築住宅特集』一九八九年一〇月号、
新建築社

■「形の計画」
『建築計画教科書』
彰国社、一九八九年一〇月

■「建築——時間に関する覚え書き」
『SD』一九九〇年一〇月号、
鹿島出版会

■「増改築論——〈記憶の凝縮器
（コンデンサー）〉としての木造建築」
『新建築』一九九一年四月号、
新建築社

■「海外の独立住宅」「海外の集合住宅」
（岸本由香と共同執筆）
『コンパクト建築資料集成〈住居〉』
日本建築学会編、
丸善、一九九一年六月

■「二〇世紀の形のモデルとしての
「自然」と「機械」」
『建築二〇世紀　2』
新建築社、一九九一年七月

■「闇と青空　形態の解放区のなかの建築」
磯崎新国際建築巡回展実行委員会、
一九九一年八月

■「壁をめぐる旅の空間
——前川國男の「建築的散策路」」
『SD』一九九二年四月号、
鹿島出版会

■「幾何学による場の切り取り」
『SD』一九九二年六月号、
鹿島出版会

■「ラ・ロッシュ・ジャンヌレ邸」
『新建築住宅特集』一九九二年一〇月号、
新建築社

■「ガルシュの住宅」
『新建築住宅特集』一九九二年一一月号、
新建築社

■「都市の空白庭園としての公共建築」
『建築文化』一九九二年一一月号、
彰国社

■「小さな家」
『新建築住宅特集』一九九二年一二月号、
新建築社

■「ル・コルビュジエの
住宅と運動のイメージ」第一部
『GA HOUSES』三八号、
A.D.A EDITA Tokyo、一九九三年七月

■「ル・コルビュジエの
住宅と運動のイメージ」
『日本建築学会大会
建築歴史・意匠部門研究協議会資料
「ル・コルビュジエとカーンにおける
建築の思索〈近代建築再考の試み〉」』、
日本建築学会、一九九三年九月

■「ル・コルビュジエの
住宅と運動のイメージ」第二部
『GA HOUSES』三九号、
A.D.A EDITA Tokyo、一九九三年一一月

■Riflessioni sull'architettura di Tadao Ando
1975-1994, *Tadao Ando*, Electa, 1994.12.

■「小さい住宅の構造の選択
——コンクリート・木・鉄骨」
『新建築住宅特集』一九九五年二月号、
新建築社

■「移行の様相——〈建築的時間〉を生成する
枠組み（フレーム）」
『建築文化』一九九五年二月号、
彰国社

■「「頼りになる生の土台」として」
『SD』一九九五年三月号、
鹿島出版会

■「サヴォア邸〈建築的散策路〉と
〈映画的手法〉」
『アイカアイズ』一九九五年三月号、
アイカ工業

■「〈面〉と〈空ショット〉」
『建築文化』一九九五年四月号、
彰国社

■「広場型集合住宅における
空間的コミュニティの概念と
計画に関する論評」
『日本建築学会技術報告集』第一七号
日本建築学会、二〇〇三年六月

■「〈忍耐強い探求〉を支える〈制作の歓び〉」
『日本建築学会大会「設計教育のPDの
ための資料集」』
日本建築学会、二〇〇四年九月

■「製作と生成の間
——ル・コルビュジエの建築生成過程」
『日本建築学会大会
建築歴史・意匠研究協議会
「建築デザインと建築論の間」資料集』
日本建築学会、二〇〇五年九月

■「はじめに」
『真鶴——港町の魅力発見と
これからの展望』
法政大学大学院エコ地域デザイン研究所、
二〇〇八年三月

■「既成市街地の中での日本型広場への試み」
『日本建築学会大会
建築デザイン発表概要集』
日本建築学会、二〇〇八年七月

■「前川國男」「ル・コルビュジエ」
『建築論事典』（日本建築学会編）、
彰国社、二〇〇八年九月

■「港町再生プロジェクト」
『法政大学大学院エコ地域デザイン研究所
二〇〇七年度報告書』
法政大学大学院エコ地域デザイン研究所、
二〇〇八年九月

■「港町再生プロジェクト」
『法政大学大学院エコ地域デザイン研究所
二〇〇八年度報告書』
法政大学大学院エコ地域デザイン研究所、
二〇〇九年三月

■「ル・コルビュジエの近代
建築言語の共同体の意識化
――1911年東方への旅のスケッチの
場所を訪れて」
『科学研究成果報告書』二〇一〇年三月

■「存在の曙――〈超越的なもの〉をめぐって
丹下健三とル・コルビュジエ」
『日本建築学会大会　建築歴史・意匠研究
協議会「丹下健三の世界再読、
生誕一〇〇年記念」資料集』
日本建築学会、二〇一三年八月

■「〈地形〉としての施設環境」
『月刊シニアビジネスマーケット』
綜合ユニコム、二〇一五年二月

翻訳

■「理想的ヴィラの数学――パラディオと
ル・コルビュジエの比較分析」
(コーリン・ロウ著、澤岡清秀と共訳)
『a+u』一九七五年一〇月号、
エーアンドユー

ドローイング

■「Treasure Box 1,2」
『建築』一九七三年二月号
(特集「未完の建築その2」)、
中外出版

■「フェルナン・レジェへのオマージュ
一九八四」
『2001年の様式』新建築創刊六〇周年記念
一九八五年七月臨時増刊、
新建築社

■「一枚の立面・空白の鏡」
(建築家一五人のヴィジュアル・メッセージ
――住居二〇一〇年への予告)
『建築文化』一九八五年一二月号、
彰国社

TV出演

■「ホームズ君の「お家」探検！
ル・コルビュジエへの旅」
(『スカイパーフェクトTV』二〇〇三年
一〇月から二〇〇四年三月まで)
-第一回「母の家」(二〇〇三年一〇月)
-第二回「ラ・ロシュ・ジャンヌレ邸」
(同年一一月)
-第三回「サヴォア邸」(同年一二月)
-第四回「ロンシャン礼拝堂」
(二〇〇四年一月)
-第五回「ラ・トゥーレット修道院」
(同年二月)
-第六回「人間の家」(同年三月)

年	月	経歴・受賞	作品	掲載誌	作品論・引用・紹介記事	旅
2008		「2008年度日本建築学会作品選奨」受賞（成増高等看護学校）				
	2	町田市鶴川駅前公共施設設計プロポーザル審査副委員長			"JAPANESE ARCHITECTURE"（*ARCHIWORLD Co. LTD*） →ひらたタウンセンター・エンゼル病院	イタリア（ナポリ、ローマ、ティボリ、ピサ、フィレンツェ）
	3	レモン展（学生設計優秀作品展）組織委員長				
	9		神山町の住宅			
	10				上野淳「地域に還る、住居に還る一医療福祉施設計画の最前線」（SK） →エンゼル病院	ドイツ（ベルリン） イタリア（ローマ）
2009	2	村野藤吾賞選考委員			『自宅的熟成』（台湾三彩文化出版、 『続 建築家が建てた幸福な家』中国語版）	
	3	JIA新人賞選考委員				
	6	日本建築学会学会賞（作品部会）審査委員長				
	10	工学院大学八王子キャンパス総合教育棟設計プロポーザル審査委員				
	11					アメリカ（ラスベガス、ロサンゼルス、ラ・ホヤ）
2010	1				『私の街 さかた 酒田市広報』→ひらたタウンセンター	
	4	日本建築士事務所連合会建築賞審査委員（〜2014）			『建築設計演習1』（鹿島出版会）→エンゼル病院	
	8				松井晴子『建築家が建てた50の幸福な家』（エクスナレッジ） →青山南町の家	イタリア（ベネチア、ウーディネ、フリウリ） 〈ベネチアビエンナーレ〉
	9		FBC福岡バースクリニック	SK1101、日本建築学会作品選集2013		
2011		横須賀市救急医療センター・横須賀市医師会館建築設計候補者選考 最優秀				
	11				『日本新建築第048号』（大連理工大学出版社） →FBC福岡バースクリニック	
	12					ポルトガル（リスボン、ポルト、マルコ・デ・カンヴァージス、アヴェイロ）
2012	2					フランス（アルル、ニーム、アヴィニョン、ゴルド、マルセイユ、ル・トロネ、ニース）
	12					インド（アーメダバード・チャンディガール・デリー・アグラ）
2013	2					フランス（リヨン・フィルミニ・パリ・ランス）
	12					モロッコ（マラケシュ・フェズ・カサブランカ） フランス（パリ）
2014	3		八幡厚生病院新本館棟	SK1412、シニアビジネスマーケット1502、KJ1504		
	3		横須賀市救急医療センター・横須賀市医師会館	SK1412、シニアビジネスマーケット1502、KJ1504		
	4	法政大学名誉教授				
	4	第12回長野県建築文化賞審査委員長			藤森照信「現代建築併走」→武蔵新城の住宅（TOTO通信）	
	9	会津美里町庁舎及び複合文化施設建設公募型プロポーザル次点				
2015	1				『吉田五十八自邸／吉田五十八』書評（青木淳・評、読売新聞0118朝刊）	
	4	日本建築士事務所連合会建築賞審査委員長				
	4	JIA日本建築大賞審査委員				

年	月	経歴・受賞	作品	掲載誌	作品論・引用・紹介記事	旅
	1				『法匠会報38号』→ひらたタウンセンター	
	4	日本建築学会建築論・建築意匠小委員会委員(～現在)				
	4	日本建築学会設計競技委員会委員				
	6				「丘の上のやすらぎエンゼル病院」(ナーシングトゥデー)	
	9				八束はじめ「最もル・コルビュジエを愛した建築家による美しいエッセイ」(10＋1)→『ル・コルビュジエ 建築の詩』書評	スイス(チューリッヒ、ジュネーブ) フランス(ロンシャン、ラ・トゥーレット、パリ) 〈ル・コルビュジエTV撮影〉
2004		「2004年医療福祉建築賞」受賞(エンゼル病院)				
	1		田端新町の住宅A・B棟 2003			
	5		軽井沢三笠の家			
	6	日本建築学会学会賞(作品部会)審査委員				
	7	日本建築学会論文査読委員(～現在)				
	10	日本建築学会主催設計競技全国審査委員長				
	11					ハワイ
2005	4					アメリカ(ロチェスター、フォートウェイン、ボストン、ニューヨーク、ニューヘブン、フィラデルフィア、ダラス、フォートワース)
	6	日本建築学会学会賞(作品部会)審査委員長				
	6	工学院大学八王子キャンパススチューデントセンター設計プロポーザル審査委員				
	11	立川市新庁舎設計者選定競技優秀賞				
	12					イタリア(ミラノ、ジェノヴァ、チンクエテッレ、ポルトベーネレ、ポルトフィーノ) フランス(マントン、カップマルタン)
2006	3		成増高等看護学校	SK0610、日本建築学会作品選集2008、建築雑誌0808、日本建築家協会優秀作品選2007		
	4				松井晴子「富永譲の青山南町の家」『建築知識』(エクスナレッジ) *後に松井晴子著『続 建築家が建てた幸福な家』(エクスナレッジ、2007.11)に収録	フランス(パリ、シャルトル、ランス、サンドニ)
	7		「宙」渡月荘金龍 食事処	SK0710		
	8					デンマーク(コペンハーゲン、ヘルシングーア、ゴオドア) スウェーデン(ストックホルム、マルメ、ハンド、ヘルシンボリ、クリッパン)
	10					トルコ(イスタンブール、エディルネ) ギリシャ(アテネ、デルフィ)
	12	山形大学工学部創立100周年記念館公募型プロポーザル次点				
2007		「第8回JIA環境建築賞」受賞(成増高等看護学校)				
	1	建築業協会賞(BCS賞)選考委員(～2008)				
	3	武蔵野美術大学キャンパス計画プロポーザル審査委員				
	4	SDレビュー審査委員(～2008)				
	8		みなとみらい内科クリニック			
	12				「街路を楽しく歩くような病院に」→エンゼル病院(KJ)	

年	月	経歴・受賞	作品	掲載誌	作品論・引用・紹介記事	旅
1998		国際技能振興財団主催「国際技能工芸大学キャンパス設計提案競技」ヒヤリング対象者に選定				
	2				『こだわりの家づくり』（高橋書店）→大磯の住宅・東大泉の住宅	
	2				『モダンハウスII』（JA）→松庵の住宅	
	3				『建築設計資料65 公共建築建て替え』（建築資料研究社）→茨城県営長町アパート	
	4				『現代集合住宅設計モデル集』（新日本法規出版）→茨城県営長町アパート	
	5		駒込曙町の住宅 1997	JT9810		
	7		長野市今井ニュータウンD工区	SK9802、9909、SD9909、SK住宅特集9512、ランドスケープデザイン15、NA950814、日本建築学会作品選集2002、HOUSING COMPREX		
1999	3		茨城県営長町アパート	SK9608・9909、ディテール130、建築技術9909、建築設計資料65、現代集合住宅設計モデル集、スケルトン住宅って何?（建設省パンフレット）、日本建築学会作品選集2001	今井ニュータウンD工区（ランドスケープデザイン）	
	6				『スケルトン住宅って何?』（建設省）→茨城県営長町アパート	
	7				『今井ニュータウン建設記録』（長野市）→今井ニュータウンD工区	
	9				「開放的な空間を演出するボイドラーメン」（建築技術）→茨城県営長町アパート	
	11					イタリア（ローマ、アッシジ）
2000	8		慈友クリニック	SK0103、KJ別冊0012		
	9				奥山信一「モダンの修辞から紡ぎ出した都市の事実」（KC）	
2001		「2001年度日本建築学会作品選奨」受賞（茨城県営長町アパート）				フランス（パリ） イギリス（ロンドン）
					『渡辺篤史のこんな家を建てたい』（講談社）→大船の住宅	
					『建築グルメマップ1 東京を歩こう』（エクスナレッジ）→魚志ん・王子の住宅他	
	11	新建築社主催 吉岡賞審査委員				
2002		「平成13年度静岡県住まいの文化賞優秀賞」受賞（トポア）				
		横須賀市鴨居住宅エスキスコンペ優秀案				
	2					トルコ（イスタンブール、ブルサ）
	4	法政大学教授（～2014）				
	5				『建築グルメマップ2 九州・沖縄を歩こう』（エクスナレッジ）→熊本市営新地団地C 『建築グルメマップ3 東北を歩こう』（エクスナレッジ）→ひらたタウンセンター	
	7		ひらたタウンセンター	SK0210、日本建築学会作品選集2003、JA65		
	8		中村橋の住宅 2002	JT0212		
	9		エンゼル病院	SK0212、日本建築学会作品選集2005、ゆか0509、医療福祉建築0510、KJ0712		
	11					タイ（バンコク、アユタヤ）
2003		「2003年度日本建築学会賞（作品）」受賞（ひらたタウンセンター）				

年	月	経歴・受賞	作品	掲載誌	作品論・引用・紹介記事	旅
	12		蛇石アトリエ 1992	JT9307		
1993	1		トポア 1992	JT9304、GA JAPAN3、RYUSEI9307、JA9401、KB9405、S.D.S「和風」、ディテール0709	「昔懐かしい空間を再び――川崎市大山街道ふるさと館」（産経新聞0128朝刊）	
	4	日本建築学会講演展示委員会委員				
	4	日本建築士会連合会懸賞設計競技審査委員				
	6		荏田の住宅 1992	JT9312、家づくり図集		
	7				「富永譲〈トポア 1992〉にいける」（いけ花 龍生）	
	9					イタリア（シチリア、パレルモ、ノート、シラクーサ、エンナ、アグリジェント、セリヌンテ、トラパニエリチェ、セジェスタ）
	10		熊本市営新地団地C	SK9403、KB9403・9211、SD9010、NA940228・950220、JA10、APcom9407-8、現代建築集成・集合住宅、パブリック・ハウジング・デザイン・リスト：公共住宅の新しい試み		
1994	4		大磯の住宅 1993	JT9407、室内9506	"The Open Spaces of City - Abitare Italia"（*Casa Italia in Japan*）	
	7		王子の住宅 1993	JT9411、家づくり図集 狭い敷地での間取り		
	8				「暮らしの風景が見える隙間」（APcom）→熊本市営新地団地C	
	10		東大泉の住宅 1994	JT9502・9508、KB9502、月刊ハウジング9511、こんな家に住みたい・こだわりの家づくり、建て替え必読本（月刊ハウジング別冊9604）		イタリア（ローマ、ピサ） フランス（パリ、ロンシャン、ベルフォート、ドール、ラ・トゥーレット、リヨン） スイス（チューリッヒ）
	11		大船の住宅 1994	JT9502、KB9502、建築家がつくる家③		
1995	7		ホテル・ザ・クレイン 1994	SK9511		
	9		警視庁千住警察署桜木町交番 1995	SK9511		
	12				『世界の建築家581人』TOTO出版	
1996		東京芸術大学大学院美術研究科建築専攻非常勤講師（～02）				
		国連居住環境会議 IAA（国際建築アカデミー）主催「エコポリス住宅競作展国際コンペ」2席入賞（王子の住宅・大磯の住宅・大船の住宅・東大泉の住宅）				
		JCDデザイン賞'96ホテル部門入選（ホテル・ザ・クレイン）				
		山形県平田町タウンセンター公開設計競技最優秀賞				
	4				『建築計画・設計シリーズ11 公民館・コミュニティセンター』（市谷出版社）→大山街道ふるさと館	
	6		みさち 1996	JT9706	国連居住環境会議「エコポリス住宅競作展」入賞者発表（SK）	
1997	1				『日本当代百名建築師作品選』（中国建築工業出版社）→大山街道ふるさと館	
	7		矢野口の住宅 1996	JT9712	『魅力発見 東京まち歩きノート』（彰国社）→茨城県営長町アパート	
	9				『CONTEMPORARY JAPANESE ARCHITECTURE 1985～1996』（展覧会パンフレット、日本建築学会）→トポア	
	11				『和洋の心を生かす住まい』（彰国社）→千歳烏山の住宅	

年	月	経歴・受賞	作品	掲載誌	作品論・引用・紹介記事	旅
	11		サロン・ドートンヌ（パリ・フランス）		植田実＋下村純一「魚志ん」（ジャパン・ハウス）	
1989	1		剣持東文堂 1987	施工8906、SD9010		イタリア（ローマ、ナポリ、パエストム）ギリシャ（アテネ）
	3		早稲田ゼミナール所沢校 1988	SK9003、JA9007、SD9010		
	4	日本建築学会建築設計資料集成編集委員（～1996）				
	5		橋本ビル 1988	SD9010		
	5		千歳烏山の住宅 1988	JT8910、KB9005、SD9010、家づくりの図集、和洋の心を生かす住まい		
	8				『建築巡礼12 ル・コルビュジエ』書評（建設通信新聞）	
	9		〈東京国際フォーラム設計競技〉応募案		著者インタビュー『建築巡礼12 ル・コルビュジエ』（KC）	
	10		ユーロバリア・ジャパン〈TOKYO〉計画展		「一本の楠が意味するもの」（KJ）	
	10				「建築設計界」（NA）	
	12		ヴィラ桜 1988	SD9010		
1990	1		打放しコンクリート住宅の挑戦展			
	2				くまもとアートポリス（NA）	
	4				ベルコリーヌ南大沢（NA）	
	5		くまもとアートポリス展		南大沢ジードルンク（JT）	
	8		松庵の住宅 1989	ディテール9010秋季号、JT9012、ソフィア9106、新感覚の三階建住宅、モダンハウス、つきあいを楽しむ住まい		
	9					イタリア（ヴィチェンツァ、ベネチア、ボローニャ、ローマ、カプラローラ）〈アヴィターレイタリア〉
	12		修善寺フォーラム渡月 1990	SK9104、産経新聞910328		
1991		東京都豊島区庁舎・区民公会堂建築設計競技審査委員				
	1					アメリカ（ニューヨーク）
	3				「歴史の面影残して再出発」（産経新聞0328朝刊）→修善寺フォーラム渡月	
	4	日本建築学会設計競技全国審査委員			「和と洋の素材とデザインがとけ合う新感覚の木造」『新感覚の三階建住宅』（講談社）→松庵の住宅	
	6				「住宅街に素直に溶け込んでいる若々しい和風」（ソフィア）→松庵の住宅	
	10		日暮里の町屋 1990	JT9112		
1992	3		川崎市大山街道ふるさと館 1991	SK9211、建築計画・設計シリーズ11、日本当代百名建築師作品選	「日伊共同で近未来住空間をプランニング」（『BRUTUS』）→アビターレイタリア家具	
	3		ベルコリーヌ南大沢6ブロック〈コルテ・ライン〉（クラスター G1-3,4,5）	JT9005、SD9010		
	5					香港
	9					イタリア（カッラーラ、シエナ、サン・ジミニアーノ、ルッカ）

年	月	経歴・受賞	作品	掲載誌	作品論・引用・紹介記事	旅
	12		ユングフラウ 1984	SD9010	佐野洋子「屋根裏部屋を作る」(Dame)→武蔵新城の住宅	
	12		早稲田ステューデンス 1984	SK8508、KB8508、JA8601、ディテール8710、SD9010		
1985	2		早稲田ゼミナール高田馬場校舎インテリア設計 1984		「ヴァナキュラーな都市風景」三宅理一(TJ) 『現代和風建築集』(講談社)→小田原の住宅	
	3		ポケットハウス	SD9010		
	3		パリ・ビエンナーレ(パリ・フランス)			
	4		Kサロン 1985			
	9				鈴木博之「抽象化されながらもダイナミックな感動を横溢させる図面群の魅力」(KB)	
	10				「私の都市住宅獲得術」(家庭画報)	
	12				長尾重武「近代建築様式とは何か」(TJ) "Wohnhaus in Odawara"(*architectur+wettbewerbe*)	
1986	1		〈藤沢市湘南台文化センター設計競技〉応募案		板井宝一郎「都市への眼差し」(TJ)	
	2		綱島の住宅 1985	JT8608、太陽8611、SD9010		
	3		荏田の住宅 1985	JT8608、GA HOUSES 20、いけ花龍生8611、SD9010、家づくり図集		
	4	東京大学工学部建築学科非常勤講師(～1988)				
	6				築地仁「映像の建築と都市――架構」(SD)	
	8				「ユニークな円筒型」(東京新聞)	
	9				リチャード・ケネディ「Tokyo Toe」(ジャパン・タイムス)	
	11				「12人の建築家による12の空間――綱島の住宅」(太陽)	
1987	2					イタリア(ローマ、ピサ、フィレンツェ、サン・ジミニアーノ) スペイン(グラナダ、コルドバ、バルセロナ)
	4	東京工業大学工学部建築学科非常勤講師(～1989)				
	5		西荻南の住宅 1986	JT8711、KB8805、3階建住宅を創る		
	10		魚志ん 1987	SK8802、JA8805、毎日グラフ880529、ジャパン・ハウス、SD9010		
	11		幸風苑 1986	SK8802、JA8805、SD9010		
	12				「高齢者社会に強い味方 幸風苑完成」(毎日新聞・神奈川新聞)	
1988	3		なら・シルクロード博飛火野会場 1988	SK8806、NA880530、ディテール8807、なら・シルクロード博、SD9010		
	3		警視庁駒込警察署上富士前派出所 1987	SK8809、SD9010		
	4	東京芸術大学美術学部建築学科非常勤講師(～1989)、 東京都立大学工学部建築学科非常勤講師(～1989)、 武蔵野美術大学造形学部建築学科非常勤講師(～2001)				
	5				大竹清一郎「今どきの家」(毎日グラフ)→魚志ん	
	7				「プロの住まい術」(週刊読売)→武蔵新城の住宅	
	10					フランス(パリ) スペイン(バルセロナ) 〈サロン・ドートンヌ出品〉

年	月	経歴・受賞	作品	掲載誌	作品論・引用・紹介記事	旅
	6		武蔵新城の住宅 1979	SK8104、KB8104、JA8111-12、GA HOUSES14、流行通信8204、婦人公論8304、アサヒグラフ830812、BOX8310、DIME8412、週刊読売880710、L'Architecture d'Aujourd'hui8304、SD9010、ディテール0709、JT9005、TOTO通信2014春号		
	10				越後島研一「54年度建築活動の動向――設計」（建築雑誌）	
	11		アンドレア・パラディオ展			
1981	1				彦坂裕「パラディアンドリームの破産」（SD） デヴィッド・スチュアート「イタリア文化会館でのパラディオ展」（a+u）	
	4	東京電機大学工学部建築学科非常勤講師（～1983）				
	5		経堂の住宅 1980	SK8202、KB8202、JA8211-12、GA HOUSES14、アサヒグラフ830812、SD9010、ディテール0709		
	5		建築家のアトリエから―模型展―			
	6				植田実「建築家シリーズ〈富永讓〉」（in） "House at Newlywed"（domus）	
	10		建築と芸術展（パドヴァ・イタリア）			
	12				クリス・フォーセット"The Japanese House"	
1982	4				"Tokyo Through the Eyes of 12 Young Architects"（JA） 「建築から家へ3」（流行通信）	
	11		早稲田ゼミナール学生会館 1982	SK8312、SD9010、建築ガイド6東京		
1983	1		裾野の住宅 1982	SK8405、GA HOUSES 14、ディテール8804、トランヴェール8809、SD9010	"Wohnhaus in Odawara"（*Baumeister*）	
	2		住吉診療所 1981	SK8304、JA8310、メディカルニュース8405、SD9010	三宅理一「ル・コルビュジエアリズム」（SK）	
	3				三宅理一「貧しさの美学」（SK）	
	3				大橋富夫「住まいのワンポイント」（婦人公論）	
	4				"Maisons Japonaises"（*L'Architecture d'Aujourd'hui*）	
	5		日本展（デュッセルドルフ・西ドイツ）			
	8				植田実「屋根裏部屋の再発見」（アサヒグラフ） →経堂の住宅・武蔵新城の住宅	
	9				中原洋「意地の都市住宅」→武蔵新城の住宅（BOX）	
	10		SDレビュー1983展		「すじかいの見える家」（読売住宅案内）→小田原の住宅	イタリア（ローマ、アッシジ、スペッロ、リミニ、ラヴェンナ、ヴィチェンツァ、パドヴァ） シンガポール
	10		メタルのシアター計画（Sグループパヴィリオン）	SD9010		
1984	3					エジプト（カイロ） ギリシャ（アテネ） トルコ（イスタンブール）
	5		本駒込の住宅 1983	SK8408、KB8408、JA8411-12、家庭画報8510、週刊新潮850919、SD9010	「船窓のある医院」（メディカルニュース）→住吉診療所	
	8		新ゆりグリーンタウン高層集合住宅アカシア街区 1983（5,6,7号棟）	SD8312、SD9010、『SDレビューの25年』0609		
	8		日本デザイン展（モスクワ・ソヴィエト）			
	9				"The Rational Modernism of Yuzuru Tominaga"（JA） →早稲田スチューデンス・新ゆり高層住宅	

富永讓　年譜

頻出する雑誌名は略称を用いた。
新建築→SK｜建築文化→KB｜住宅特集→JT｜
日経アーキテクチュア→NA｜建築知識→KC｜
都市住宅→TJ｜建築ジャーナル→KJ

年	月	経歴・受賞	作品	掲載誌	作品論・引用・紹介記事	旅
1943	5	台湾省台北市に生まれる				
1967	3	東京大学工学部建築学科卒業(卒業計画賞受賞)				
	4	菊竹清訓建築設計事務所勤務(～1972)				
1972	8	フォルム・システム設計研究所設立				
1973	4	東京大学工学部建築学科助手(建築意匠[芦原義信]研究室～1979)				
	8		相模大野の住宅 1973	ハウスプラン7402		
	11		青山南町の住宅 1973(内なる空I)	SK7402、ハウスプラン7404、JA7404、SD9010、KC0604、建築家が建てた50の幸福な家		
	12		コート世田谷 1973(内なる空II)	SK7503、JA7506、SD9010		
1974	4	宮崎小夜子と結婚				
	6		鵠沼の住宅 1973(地の切削I)	SK7408、JA7411-12、Architecture Francaise 7510、住まい(新しい教科書10)		
	8					フランス(パリ) イタリア(ベネチア、ヴィチェンツァ、フィレンツェ、ローマ)
	12		深沢の住宅 1974(内なる空III)	KB7505		
1975	2	長男・類誕生				
	4	日本女子大学家政学部住居学科講師(～2007)				
	10				"Habitation Inspiree de la Tradition", *Architecture Francaise.*(雑誌掲載)	
1976	3					ギリシャ(アテネ) イタリア(ローマ、フィレンツェ、ベネチア) スペイン(バルセロナ、グラナダ、コルドバ、マドリッド) フランス(パリ、ロンシャン、ラ・トゥーレット) ドイツ(シュトゥットガルト) オーストリア(ウィーン)
	11		渡辺歯科診療所 1976(内なる空IV)	SK7708、SD9010		
1978	3		香取宝飾店ビル 1976	SK7806、KB7806、インテリア7808、JA7809、SD9010		
	6		美容室〈VELVA〉 1978	インテリア7809、SD9010	多木浩二「装飾とコラージュ」(KB) 八束はじめ「身体を喪ったディオニソス」(SK)	
	11		上田の住宅 1977	SK7910、KB7910、JA7912、SD9010		
1979	4	日本国有鉄道学園建築家講師(～1985)				
	5		小田原の住宅 1978	SK7910、KB7910、JA7912、現代和風建築集、読売住宅案内8310、domus8106、Baumeister8301、L'Architecture d'Aujourd'hui8304、architectur wettbewerbe8512、SD9010		
	6	富永讓＋フォルムシステム設計研究所に改組				
	10				槇文彦「平和な時代の野武士達」(SK)	
1980	2				「100号100人100作品」(KB)→小田原の住宅	
	4				石山修武「〈小田原の家〉篠原スクール雑感」(TJ)	

富永 讓——とみなが・ゆずる

建築家、富永讓＋フォルムシステム設計研究所主宰、法政大学名誉教授

一九四三年奈良県出身。
一九六七年東京大学工学部建築学科卒業、同年より菊竹清訓建築設計事務所勤務。
一九七二年富永讓＋フォルムシステムズ設計研究所設立。
一九七三―七九年東京大学助手を務めたほか、
東京藝術大学、日本女子大学等で教鞭を執る。
二〇〇二―一四年法政大学教授。

作品に〈八幡厚生病院新本館棟〉、
〈横須賀市救急医療センター・横須賀市医師会館〉（ともに二〇一四年）、
〈ひらたタウンセンター〉（二〇〇三年、日本建築学会作品賞）、
〈エンゼル病院〉（二〇〇四年、医療福祉建築賞）、
〈成増高等看護学校〉（二〇〇六年、二〇〇八年日本建築学会作品選奨）ほか多数。

著書に『吉田五十八自邸／吉田五十八』（二〇一四年、東京書籍）、
『現代建築解体新書』（二〇〇七年、彰国社）、
『ル・コルビュジエ 建築の詩』（二〇〇三年、鹿島出版会）、
『富永讓 建築家の住宅論』（一九九七年、鹿島出版会）ほか多数。

陣内秀信 ─ じんない・ひでのぶ ─ 建築史家

一九四七年福岡県生まれ。
一九七一年東京大学工学部建築学科卒業。
一九七三年から七五年にかけてイタリア政府給費留学生として
ヴェネツィア建築大学に留学、翌年にはユネスコの
ローマ・センター（文化財保護修復研究国際センター）に留学。
一九八三年東京大学大学院工学系研究課博士課程修了。
一九九〇年より法政大学工学部（現・デザイン工学部）建築学科教授。
パレルモ大学、トロント大学、ローマ大学で教鞭をとる。
　イタリアなど地中海沿岸部を中心に都市史、建築史を調査研究。
著書に『東京の空間人類学』（筑摩書房）、『水の都市 江戸・東京』、
『ヴェネツィア――水上の迷宮都市』（共に講談社）など多数。

妹島和世 ─ せじま・かずよ ─ 建築家

一九五六年茨城県生まれ。
一九八一年日本女子大学大学院修了。
伊東豊雄建築設計事務所勤務（一九八一～八七年）を経て、
一九八七年妹島和世建築設計事務所を設立。
一九九五年西沢立衛とＳＡＮＡＡを共同設立。
慶應義塾大学で特別招聘教授、日本女子大学、多摩美術大学で客員教授を務める。
　代表作に〈金沢21世紀美術館〉、〈ルーヴル・ランス〉、
〈スイス連邦工科大学ＲＯＬＥＸラーニングセンター〉（以上、ＳＡＮＡＡ）、
犬島〈家プロジェクト〉、〈鬼石町多目的ホール〉など多数。
プリツカー建築賞、ヴェネツィア・ビエンナーレ金獅子賞、
毎日芸術賞、村野藤吾賞など受賞多数。

佐々木睦朗 ─ ささき・むつろう ─ 構造家

一九四六年愛知県生まれ。
一九七〇年名古屋大学大学院工学研究科修士課程修了。
木村俊彦構造設計事務所勤務（一九七〇～七九年）を経て、
一九八〇年佐々木睦朗構造設計研究所を設立。
名古屋大学教授（一九九九～二〇〇四年）を経て、
二〇〇四年より法政大学教授。
　構造設計を手がけた代表作に〈せんだいメディアテーク〉（伊東豊雄）、
〈金沢21世紀美術館〉、〈スイス連邦工科大学ＲＯＬＥＸラーニングセンター〉
（ＳＡＮＡＡ）、〈北方町生涯学習センター〉（磯崎新）など多数。
著書に『フラックス・ストラクチャー』（ＴＯＴＯ出版）、
『構造設計の詩法』（住まいの図書館出版局）など多数。
日本建築学会賞、ＢＣＳ建築賞、松井源吾賞など受賞多数。

坂本一成 ─ さかもと・かずなり ─ 建築家

一九四三年東京都生まれ。
一九七一年東京工業大学大学院博士課程修了。
在学中は篠原一男研究室に所属。
武蔵野美術大学（一九七一～八三年）、
東京工業大学（一九八三～二〇〇九年）で教鞭をとり、
現在はアトリエ・アンド・アイ 坂本一成研究室を主宰。
　代表作に〈House F〉、〈House SA〉、〈コモンシティ星田〉、
〈東工大蔵前会館〉など多数。
著書に『坂本一成 住宅――日常の詩学』、
『建築に内在する言葉』（ともにＴＯＴＯ出版）、
『建築構成学 建築デザインの方法』（共著、実教出版）など多数。
村野藤吾賞、日本建築学会賞など受賞多数。

渡辺真理｜わたなべ・まこと｜建築家

一九五〇年群馬県生まれ。

一九七七年京都大学大学院修士課程修了。

一九七九年ハーバード大学デザイン学部大学院修了。

磯崎新アトリエ勤務（一九八一〜八七年）を経て、
一九八七年木下庸子と設計組織ADHを共同設立。

一九九六年より法政大学工学部（現・デザイン工学部）建築学科教授。

代表作に〈真壁伝承館〉、〈東雲キャナルコートCODAN5街区〉、

〈コーネル大学医学部カタール校〉、〈兵庫県西播磨総合庁舎〉など多数。

著書に『集合住宅をユニットから考える』（木下庸子との共著、新建築社）、

『孤の集住体——非核家族の住まい』（木下庸子との共著、住まいの図書館出版局）など多数。

日本建築学会賞、JIA新人賞など受賞多数。

隈研吾｜くま・けんご｜建築家

一九五四年神奈川県生まれ。

一九七九年東京大学大学院修士課程修了。

一九八五〜八六年コロンビア大学建築・都市計画学科客員研究員。

一九九〇年隈研吾建築都市事務所設立。

コロンビア大学、慶応義塾大学、イリノイ大学などで教鞭をとり、
二〇〇九年より東京大学建築学科教授。

代表作に〈GINZA KABUKIZA〉、〈浅草文化観光センター〉、〈根津美術館〉、

〈アオーレ長岡〉、〈ブザンソン芸術文化センター〉、〈FRACマルセイユ〉など多数。

著書に『僕の場所』（大和書房）、『建築家、走る』（新潮社）、

『小さな建築』『自然な建築』（ともに岩波新書）、

『日本人はどう住まうべきか?』（養老孟司との共著、日経BP社）など多数。

日本建築学会賞、村野藤吾賞、毎日芸術賞など受賞多数。

伊東豊雄｜いとう・とよお｜建築家

一九四一年京城市（現・ソウル市）生まれ。
一九六五年東京大学工学部建築学科卒業。
菊竹清訓建築設計事務所勤務（一九六五〜六九年）を経て、
一九七一年アーバンロボット（URBOT、現・伊東豊雄建築設計事務所）設立。
東京大学、東北大学、多摩美術大学などで教鞭をとり、
現在は伊東建築塾を主宰、塾長を務める。
代表作に〈シルバーハット〉、〈せんだいメディアテーク〉、
〈多摩美術大学図書館（八王子）〉、〈みんなの森 ぎふメディアコスモス〉など多数。
著書に『風の変様体』、『透層する建築』（ともに青土社）、
『あの日からの建築』（集英社）など多数。
日本建築学会賞作品賞、ヴェネツィア・ビエンナーレ金獅子賞、
王立英国建築家協会（RIBA）ロイヤルゴールドメダル、プリツカー建築賞など受賞多数。

槇文彦｜まき・ふみひこ｜建築家

一九二八年東京都生まれ。
一九五二年東京大学工学部建築学科卒業。
一九五四年ハーバード大学デザイン学部修士課程修了。
一九六五年槇総合計画事務所設立。
ワシントン大学（一九五六〜六一年）、ハーバード大学（一九六二〜六五年）、
東京大学（一九七九〜八九年）で教鞭をとる。
代表作に〈代官山ヒルサイドテラス〉、〈スパイラル〉、
〈幕張メッセ〉、〈東京体育館〉、〈風の丘葬斎場〉、
〈京都国立近代美術館〉、〈MITメディアラボ〉、
〈4ワールドトレードセンター〉など。
著書に『漂うモダニズム』（左右社）、『記憶の形象』（筑摩書房）、
『見えがくれする都市』（共著、鹿島出版会）など多数。
プリツカー建築賞、UIAゴールドメダル、高松宮殿下記念世界文化賞などを受賞。

写真・図版

浅田美浩――037(上), 037(上から3段目), 114-115, 116, 120-121, 134, 135(上), 137
アトリエ・アンド・アイ坂本一成研究室――184(下), 187, 189
伊東豊雄――208
川辺明伸――122, 126(上)
隈研吾――201
佐々木睦朗――176, 177, 178, 181
陣内秀信――162, 163
多木浩二――212
田中宏明――184(上)
古館克明――214
槇文彦――221, 222, 223, 224
松岡満男――カバー, 032, 036, 037(上から2段目), 089(左), 135(下), 142, 143(上), 145, 146-147, 148-149, 150, 151(上)
山田脩二――211
SANAA――166, 169, 170
co - auteurs du Musee du Louvre-Lens : © SANAA / Kazuyo Sejima et Ryue Nishizawa - IMREY CULBERT / Celia Imrey et Tim Culbert - MOSBACH PAYSAGISTE / Catherine Mosbach,Photographie © SANAA

その他、特記なきかぎり
富永讓+フォルムシステム設計研究所

編集協力

根岸博之
谷森亮佑(法政大学)
永野尚吾(富永讓+フォルムシステム設計研究所)

飯田光太郎
石川香織
石川志織
稲山由夏
小柳雄太
阪口達哉
佐藤みなみ
高垣麻衣花
高橋貴実乃
中野喬介
中原康平
奴賀千尋
廣田健史
宮崎千尋
柳澤恵里
若林萌子
和知祐樹

富永《とみなが》譲《ゆずる》・建築《けんちく》の構成《こうせい》から風景《ふうけい》の生成《せいせい》へ

二〇一五年一〇月二〇日　第一刷発行

編著者　富永《とみなが》　譲《ゆずる》
発行者　坪内文生
発行所　鹿島出版会
〒一〇四—〇〇二八
東京都中央区八重洲二—五—一四
電話　〇三—六二〇二—五二〇〇
振替　〇〇一六〇—二—一八〇八八三
印刷・製本　壮光舎印刷

ISBN 978-4-306-04624-5 C3052

本書の内容に関するご意見・ご感想は左記までお寄せ下さい。
URL : http://www.kajima-publishing.co.jp
e-mail : info@kajima-publishing.co.jp